EL PROTAGONISTA

EL PROTAGONISTA

Memorias de la máxima figura
del periodismo deportivo mexicano

José Ramón Fernández

Grijalbo

El papel utilizado para la impresión de este libro ha sido fabricado a partir de madera
procedente de bosques y plantaciones gestionadas con los más altos estándares ambientales,
garantizando una explotación de los recursos sostenible con el medio ambiente y beneficiosa para las personas.

El protagonista
Memorias de la máxima figura del periodismo deportivo mexicano

Primera edición: marzo, 2026

D. R. © 2026, José Ramón Fernández

D. R. © 2026, derechos de edición mundiales en lengua castellana:
Penguin Random House Grupo Editorial, S. A. de C. V.
Blvd. Miguel de Cervantes Saavedra núm. 301, 1er piso,
colonia Granada, alcaldía Miguel Hidalgo, C. P. 11520,
Ciudad de México

penguinlibros.com

ISBN: 978-607-386-312-4

Impreso en México — *Printed in Mexico*

Índice

I

MI VIDA EN EVENTOS DEPORTIVOS

II

JOSÉ RAMÓN EN EL TERRENO DE JUEGO

III
MANO A MANO CON JOSÉ RAMÓN

A mis maravillosos padres, a mis hermanos Ana María (QEPD),
Luis Ángel (QEPD), Pilar, Jesús (QEPD), Carlos y Lelis.

A los productores Enrique Valdés, Manolo González
y a toda la gente que colaboró para la realización de programas
que dieron cobertura a eventos de excelente categoría.

A Rodolfo Martínez, que me invitó a trabajar a ESPN.

A mi actual pareja, Adriana, que ha sido
una base fundamental durante 25 años.

A Lorea, mi hija, que me da orgullo que estudie
en la Universidad de Nueva York.

A mis queridos y extraordinarios hijos
José Ramón, Juan Pablo y Asunción.

A Asunción, quien ha sido una madre entregada para ellos.

Prólogo

Lorea Fernández Castañón

Para la mayoría de los mexicanos, la voz de José Ramón Fernández es reconocible en cualquier sitio; crea una especie de magia colectiva que atrae la atención, despierta sonrisas y evoca sueños. Son vibraciones que transportan la memoria a los años de oro de la televisión deportiva mexicana. Su voz es ahora sinónimo de respeto, admiración, pasión, honestidad, pero, sobre todo, patrimonio de la afición.

De niña, mi papá me contaba cuentos que no eran de hadas ni de princesas, sino que eran historias reales de campeones que conseguían hazañas impensables y que él las había vivido y contado a millones de personas.

Sin embargo, la formación que me dio con sus relatos iba más allá. Siempre subrayaba que el esfuerzo, el sacrificio, la preparación, el amor a lo que uno hace son indispensables para cumplir sueños y convertirse en leyenda.

Él no lo sabía, pero los nombres de los atletas me pasaban tan rápido que no alcanzaba a memorizarlos; yo solo pensaba que él era el más grande de todos los héroes y que estos relatos eran su propia historia de vida.

El periodismo me acompañó desde que nací oyendo a mi padre en televisión, en radio y en casa; observando su preparación diaria:

leyendo, investigando, informándose, analizando distintas opiniones, poniéndose al día para que sus palabras no solo fueran certeras, verídicas, directas, fuertes y valientes, sino también apasionadas y con corazón.

Él tiene 79 años de historias, yo 19 escuchándolas. Él tiene la experiencia de haberlo visto todo y yo las ganas de querer ver. Él es la voz que definió toda una época y yo la universitaria que intenta, algún día ser escuchada, estudiando y preparándome para labrar mi camino con el orgullo que me da ser su hija.

Me maravilla la magnitud de su carrera. Su voz inconfundible, su ética, su verdad, su entusiasmo y el amor a su trabajo me impulsan para marcar una diferencia, para poner el alma en el camino que estoy construyendo.

Escribir el prólogo del libro de José Ramón Fernández es el honor más grande que he tenido en mi vida. Es la oportunidad perfecta para decir:

Gracias por enseñarme a caminar con dignidad y sencillez.

Gracias por ser mi apoyo, mi ejemplo, mi orgullo.

Gracias por ser el papá más cariñoso y amoroso.

Gracias siempre y eternamente por tanto, ¡por todo, papá!

Presentación

Odín Ciani

Tu legado, José Ramón, comienza desde los primeros pasos de tu historia profesional, cuando el camino era empinado, pero tú ya sabías que llegar a la meta no era imposible.

En aquel México de injusticias y monopolios, donde el sistema no admitía críticas, donde la comunicación era un monólogo y la competencia no formaba parte de una verdadera democracia, tú entendiste que podías marcar la diferencia. Supiste mostrar, como una lupa, la desproporción entre lo justo y lo impuesto por el poder de una mano dura y poco equitativa.

Tu voz y tu pluma se volvieron incómodas, pero necesarias. Incisivas. Abriste la puerta a una nueva forma de ver lo que para muchos era invisible o rutinario. Encontraste la fórmula para evidenciar a quienes vivían en las sombras, no por elección, sino por falta de poder, de recursos o simplemente por no formar parte del sistema dominante.

Tu carrera se llenó de inconformes, porque eso hacías: incomodar. Señalabas con el índice, sin pelos en la lengua, con la verdad por delante, a quienes se aprovechaban de su poder, su posición o su "verdad" disfrazada. Y eso era necesario, porque el progreso de un pueblo en busca de justicia no podía esperar.

El deporte fue tu pretexto, tu canal, tu campo de batalla. Lo usaste como parteaguas de un cambio, como una oportunidad para encontrar diversidad, para despertar pasiones y rivalidades sanas, para convertir lo cotidiano en motivo de lucha, de competencia, de sentido. Encontraste en él una manera de reflejar lo que suma y lo que resta en una verdadera disputa, donde la justicia no puede ser tímida ni ceder ante intereses ajenos al reglamento.

Te convertiste en referente para quienes queríamos informar con justicia y verdad, con la responsabilidad que esta hermosa profesión exige. La veracidad y la oportunidad marcaron el pulso diario de tu compromiso. Jamás te permitiste cambiar tu discurso. Nunca abandonaste tus principios. No fuiste perfecto, pero tampoco callaste tus errores.

Fuiste juez y parte de tu propia vida, aceptando —a veces con dolor— decisiones que cobraron su factura, pero que también contribuyeron a la grandeza que alcanzaste.

El periodismo deportivo encontró en ti un estilo sin tapujos, sin miedo, con una verdad incómoda que destapaba lo raro, lo oculto, lo que brillaba sin ser oro. Hiciste visible lo injusto y lo falso.

Le diste motivos al que quería trascender. Hiciste que lo invisible se volviera real, que saliera de la sombra de lo imposible. Muchos seguimos tu ejemplo.

Tu voz y tu estilo hablaron de los grandes, y tú hiciste crecer su grandeza al reconocer sus esfuerzos y proezas. Supiste comunicar con claridad la diferencia entre el triunfo y la derrota, con un juicio duro, pero cargado de conocimiento.

En ti no hubo improvisación. Tu responsabilidad y profesionalismo contagiaron a quienes creyeron en ti. Para muchos fuiste referente, maestro y guía. Para otros, incómodo y desafiante.

Lograste crear una escuela que, poco a poco, impregnó de tu estilo y enseñanza tanto "a los de enfrente" como a los que venían detrás. Incluso a los que te odiaban, pero te admiraban en silencio, deseando igualar tu éxito o apagar tu luz, que opacaba sus intentos por competir con tu incansable creatividad.

Unos te aman, otros quizá no. Pero ambos lados de la moneda creen en ti y en la verdad de tu crítica.

Tu ímpetu, constancia y dedicación te llevaron a ser quien eres y a estar donde estás: en esas líneas doradas donde muy pocos han llegado, y menos aún llegarán.

Para el deporte, la comunicación y el periodismo, fuiste —y serás siempre— un antes y un después.

Gracias, José Ramón.

Gracias por ser y por existir.

Gracias por tus enseñanzas, por tus regaños, por esos fuertes golpes en la mesa, pero también por tus palabras, tus gritos y tus confidencias al oído.

En lo personal, gracias por tu cariño, tu confianza y tu amistad.

Gracias, maestro. Gracias, líder.

Pero, sobre todo, gracias, querido amigo.

Porque al final del día, solo estamos los que somos, y solo somos los que estamos.

I

Mi vida en eventos deportivos

1

Los primeros años

De niño tuve la enorme suerte de que la escuela donde cursé la primaria estaba justo enfrente de mi casa, a las afueras de la ciudad de Puebla, ya que desde la ventana de la cocina se alcanzaba a escuchar el bullicio del plantel.

En las mañanas, después de desayunar, cuando sonaba el timbre que anunciaba el inicio de las clases, me bastaba con tomar mi mochila, darle un beso a mi madre y salir corriendo a toda velocidad para cruzar la calle y entrar en pocos segundos al colegio.

Mis padres, ambos de origen español, siempre nos procuraron a mis seis hermanos y a mí una buena educación. Eran muy trabajadores: mi madre, doña Adelina Álvarez López, se dedicaba a las labores de la casa; mientras que mi padre, Mariano Fernández de la Cruz, siempre se esforzó por abrirse paso a través de pequeños negocios.

Mi padre llegó a México a los 17 años de edad. Era la segunda mitad de los años treinta del siglo pasado y en España se libraba la Guerra Civil entre republicanos y nacionalistas, conflicto que obligó a miles de españoles a emigrar para poner a salvo su vida.

En aquel tiempo, mi padre tenía un tío en la ciudad de Puebla, quien se encargó no solo de recibirlo, sino de darle su primer empleo: atender mesas en una cantina. Allí trabajó hasta que juntó el dinero suficiente para montar su propio negocio, que era una tienda de regalos, una cristalería muy bonita, donde vendía desde vajillas hasta piezas de porcelana, de murano y diferentes objetos que traía desde España.

En muchas ocasiones, nosotros le ayudábamos a atender a los clientes y a limpiar el establecimiento; mi padre era muy metódico y le gustaba tener todo en orden. Aquellos eran días tranquilos que para mis hermanos y para mí transcurrían entre la tienda familiar, los juegos con los amigos y los estudios. Por la cercanía del plantel, todos íbamos al Colegio Benavente y nos formamos con los lasallistas.

Corría el año de 1957 cuando terminé la educación primaria y decidí embarcarme rumbo a España para estudiar la secundaria con los jesuitas de Oviedo, en un colegio que se llamaba San Ignacio de Loyola. Me acuerdo de que me fui en barco, en un viaje que duró 18 días; mi padre me despidió en el puerto de Veracruz. Fueron seis años de estar lejos de la casa paterna, conociendo otra cultura y otra forma de pensar. Regresé a México en 1963 y las cosas habían cambiado mucho: ya teníamos televisor, pero también había nuevos hermanos.

No fue fácil la estancia en España, lejos de mi país y de mis seres queridos, aunque había adquirido una formación muy sólida con los jesuitas, que eran una orden progresista con la que tuve estudios avanzados de Filosofía.

A mi regreso, a principios de los años sesenta, se habían roto las relaciones diplomáticas entre México y España, luego de que Francisco Franco diera un golpe de Estado; muchos de los republicanos, que integraban el bando derrotado por el régimen nacionalista y dictatorial, se habían exiliado en la Unión Soviética, otros en Francia y algunos más en México, principalmente en los tiempos del general Lázaro Cárdenas como presidente de la República.

El general Franco era un militar totalmente de derecha, que para fortuna de los españoles en esa época no intervino en la Segunda

Guerra Mundial, y no es que fuera un hombre pacífico, sino que logró negociar con Hitler para no involucrarse en el conflicto, toda vez que la nación había quedado muy golpeada por la Guerra Civil, en la que murieron miles de españoles, pues peleaban hermanos contra hermanos.

Cuando volví de España, me di cuenta de que los estudios que había hecho eran más adelantados en comparación con los que se impartían en el país; por ejemplo, en el sexto año ya íbamos a la Universidad de Oviedo a tomar clases de Filosofía, de Raíces Griegas y Latinas y de Historia Universal. Al regresar a Puebla, como me llevaba muy bien con los hermanos lasallistas, ellos me ayudaron a obtener mi certificado de secundaria, y la preparatoria, que aquí era de tres años, la logré cursar en uno. De hecho, terminé dándoles clases a mis compañeros, porque cuando no llegaba algún maestro, yo era el encargado de impartir la lección. Claro, muchos se reían, pero yo tenía que dar la clase y era estricto con ellos.

De chico iba mucho al futbol con mi padre. Nos gustaba ver jugar al Puebla en un campo muy viejo con gradas de madera que se llamaba El Mirador; ahí nos tocó apoyar al famoso equipo de La Franja para disputar la copa con el León. Era la época en que en México jugaban el España y el Asturias, dos equipos muy fuertes que lo ganaban todo, principalmente el España; hasta que el América, Atlante y otros clubes se quejaron de que el España jugaba con puros europeos y que no era fácil competirles. En sus filas militaban Isidro Lángara y Ángel Zubieta, jugadores de altísimo nivel que llegaron a México huyendo de la guerra; ellos estaban de gira en la Unión Soviética cuando se desata el conflicto en España; entonces, brincaron hacia México y se quedaron aquí a impulsar el futbol profesional. Formaban parte de una Selección Española muy sólida que había jugado los cuartos de final con Italia en el Campeonato Mundial de 1934; España perdió porque Benito Mussolini casi casi amenazó a los italianos con fusilarlos, pero tenían todos los méritos

25

para estar entre los mejores. Son historias que yo no viví, sino que las escuché de mi padre.

Don Mariano, mi padre, era buena persona, muy trabajador. No era rico ni mucho menos, llegó a México con una mano adelante y otra atrás, pero fue progresando a fuerza de trabajo y dedicación. Lógicamente pertenecía a la colonia española que habitaba en Puebla, una comunidad muy grande. Mi madre, también española, se naturalizó mexicana para no tener problemas con sus bienes.

Mi padre tenía mucha personalidad, era un hombre enjundioso, una persona de carácter, era drástico con nosotros; mi madre era más tranquila, una mujer cordial, estaba más pendiente de nuestras necesidades y emociones. Mi padre murió a los 75 años y mi madre a los 99; los últimos años de su vida la tuvimos que internar en una estancia para ancianos; la cuidaron muy bien, aunque nunca tuvo una enfermedad. Mi padre sí padeció más, tenía problemas en el corazón, fumaba mucho y eso fue deteriorando su salud.

Mi madre falleció de causas naturales. El médico me llamó una semana antes del deceso y me dijo: "Tu madre ya no quiere comer, ya está en la etapa final de su vida". A doña Adelina le faltaban dos meses para llegar a los 100 años. La cuidaba mi hermana. Unos días antes de su muerte la fui a ver, ya casi no me reconocía, tenía demencia senil, pero físicamente no tenía ninguna enfermedad, se puede decir que murió de viejita. Era una gran mujer, nos ayudó mucho, nos entusiasmaba a luchar y salir adelante. Las Navidades las pasábamos con ellos; los fines de año, cuando se podía viajábamos para tener momentos en familia. Fueron buenos padres y pienso que nos educaron muy bien.

Cuando me preguntan qué rasgos de mi personalidad provienen de la formación de mis padres, pienso que a ellos les debo la tenacidad y el rigor. Si no se tiene rigor, cada quien hace lo que quiere. La disciplina y la exigencia son necesarias para que las cosas salgan bien, tanto en lo personal como en lo profesional.

Después de que terminé la preparatoria, ingresé con ciertas dificultades a la entonces Universidad Autónoma de Puebla (UAP), que a mediados de los años sesenta era la única que había en el estado; se alojaba en el edificio Carolino, que hoy es un museo maravilloso. Cuando digo que no fue fácil entrar a la universidad me refiero a que a quienes veníamos de colegios privados nos costaba mucho trabajo ingresar, porque la institución era de origen marxista-trotskista, el rector era comunista y casi todos los profesores eran "rojillos". En ese tiempo, tres o cuatro años antes del movimiento de 1968, existía el prejuicio de que quienes procedíamos de escuelas particulares éramos de derecha y, por lo tanto, no éramos dignos de confianza en este tipo de instituciones.

En ese contexto, los compañeros de mi generación tuvimos que crear la Facultad de Administración de Empresas desde cero, ya que lo más cercano que existía era la carrera de Contaduría. Fuimos varios los exalumnos de colegios privados quienes nos metimos a estudiar los planes de estudios de otras escuelas para armar un programa acorde a las necesidades de nuestra institución.

En el tercer año de la carrera llegué a ser secretario general de la Facultad y solía ir a juntas muy tensas con las autoridades universitarias; las reuniones se realizaban en el Salón Paraninfo del edificio Carolino, que era donde se graduaba la mayoría de los estudiantes. En aquel entonces la UAP era una universidad combativa y se fue a huelga a principios del 68 en solidaridad con el movimiento que se desarrollaba en la Ciudad de México.

En Puebla también mataron a estudiantes y maestros, y eso tensó mucho la relación con las autoridades. Me acuerdo de que llegamos a ir hasta la casa del gobernador, que era el general Rafael Moreno Valle, para exigir justicia. Una noche llegamos a reunirnos más de 300 alumnos y, con antorchas en mano, nos enfilamos a la casa del mandatario; le pedimos que saliera a dialogar, pero los soldados que estaban a cargo de su seguridad le aconsejaban que no lo hiciera. Después de varias horas de presión, Moreno Valle finalmente se apersonó; le dijimos que, como había usado el Ejército para matar a estudiantes, le dábamos 48 horas para que se fuera de Puebla. Si no lo hacía, tomaríamos la alternativa de quemar su casa y llevarlo retenido. El gobernador tenía problemas en varios frentes de la vida política, así que en 48 horas se fue de Puebla y se nombró a un interino.

Una vez que terminé la carrera, mi primer empleo fue en el área de Mercadotecnia de Volkswagen de Puebla. Viajaba mucho a diferentes ciudades del país porque descubrimos que las partes importantes de la armadora empezaron a ser copiadas y se vendían en el mercado negro; la misión era investigar cuántos establecimientos "pirata" había y cómo las fabricaban. Desplegamos una operación en el norte del país y los resultados de la investigación se los pasamos a los alemanes, unos jefes duros de carácter.

Yo no tenía problema con el temperamento de los directivos, pero me enfadaba el clasismo que imperaba en la empresa. Un día encaré al director general de la planta y le dije que era muy triste ver la segregación que se vivía en las instalaciones; en aquel entonces había un comedor exclusivo para los alemanes, uno más para los ejecutivos mexicanos, otro para los administrativos y un cuarto en el área de los obreros, que era enorme. Estuve en Volkswagen durante aproximadamente un año, no aguanté más, me peleé con mi jefe por esas actitudes discriminatorias.

Pero antes de abandonar la empresa, busqué la manera de darles un "escarmiento" a los teutones. Organizábamos partidos de futbol y nos íbamos a unos campos que estaban justo enfrente de la planta. Los mexicanos jugábamos para meter goles, pero también para pegarles, y les dábamos duro; los alemanes eran unos troncazos, fuertes y altos, pero les faltaban cualidades técnicas; nosotros éramos menos corpulentos, pero esa desventaja la cubríamos con picardía. Al árbitro generalmente lo poníamos nosotros, así que teníamos cierta complicidad para nuestro plan; arreábamos con todo a los europeos, y a la hora de meter la pierna, lo único que decíamos era "perdón", les dábamos la mano y a seguir jugando. Así era como descargábamos la energía contra los jefes. Yo jugaba en el medio campo, pero también llegué a estar en la defensa; a pesar de mi estatura, era un "perro" en la cancha, aunque en el fondo lo hacíamos por jugar y divertirnos.

Yo terminé muy rápido mi ciclo en Volkswagen, salí de la empresa al cabo de un año. Mi hermana Pilar sí se quedó, era secretaria del director general y duró ahí como 27 años; mi hermano Luis también trabajó mucho tiempo en la planta, pero yo terminé por aburrirme y preferí buscar otros horizontes.

2

Inicios en la televisión

Cuando recuerdo mis inicios en la televisión y mis primeras aventuras en las coberturas de eventos deportivos, no dejo de pensar que, antes de 1973, mi perfil estaba encaminado hacia las letras o hacia la administración de empresas. Cuando me preguntan en qué momento se dio el giro y cómo me sedujo el mundo de la comunicación, suelo decir en broma que yo pintaba para ser cura, más que para locutor. Lo que sí puedo asegurar es que la afición al futbol la tuve desde niño por influencia de mi padre y eso se reflejó cuando salí de Volkswagen y entré al canal de televisión, donde me dediqué a hablar de deportes; eso me fue abriendo las puertas hacia el periodismo deportivo.

De hecho, mi debut como cronista fue un tanto fortuito. A los pocos días de mi ingreso al Canal 13 de Puebla, que era propiedad de Televisión Independiente de México (TIM), de Grupo Monterrey. Estábamos transmitiendo un partido amistoso entre España e Italia, cuando me acerco al director y le digo: "Oiga, licenciado, la persona que está narrando el partido dice que va ganando Italia 1-0, pero es al revés. Creo que confundió los uniformes". Muy preocupado, me respondió: "¡No me digas eso, no puede ser! Ven, acompáñame; vas a narrarlo tú". Y me puso al micrófono.

Ya con la voz, le cambié la jugada al narrador y dije: "Señoras y señores, España juega con la camiseta roja, mientras que Italia porta la casaca azul; en estos momentos está ganando España 1-0". El locutor se enojó, renunció y se fue; entonces yo me quedé en su lugar. Ese fue mi primer contacto con los medios y hacía de todo: locutor, narrador, redactor de noticias, realizador de comerciales, etcétera. En Canal 13 de Puebla éramos una repetidora del Canal 8 de la Ciudad de México, por lo que alternábamos programas del canal central con programación local. Desde luego, seguíamos mucho al equipo del pueblo, a la escuadra de La Franja, un plantel que era mucho mejor de lo que es ahora.

El Canal 8 de la Ciudad de México estaba en los estudios de cine de San Ángel, y yo iba los sábados a esas instalaciones para narrar partidos de la Liga Española de México. Para esas faenas hacía mancuerna con Eduardo Andrade, quien antes de ser político fue locutor y periodista deportivo; narrábamos partidos de equipos como Llanes, Bilbao, San Sebastián, Valencia y Celta, escuadras que jugaban muy bien al futbol.

Por esos días comencé a tener contacto con algunos ejecutivos del Canal 8 y la relación se fue estrechando en la medida en que me invitaban a participar en eventos deportivos. A principios de la década de los años setenta, Televisión Independiente comenzó a despuntar en cobertura y calidad, entre otras razones porque contrataron como director general a Luis de Llano Palmer, un hombre brillante. Originario de Valencia, De Llano era republicano y había participado como combatiente en la Guerra Civil contra las tropas de Franco. Antes de asilarse en México, tuvo una estancia en Nueva York, donde trabajó en los estudios de la NBC haciendo radio; era un hombre inteligente, culto y creativo.

Emilio Azcárraga Milmo, que era muy listo para los negocios, se dio cuenta de que Canal 8 estaba creciendo mucho y que representaba una competencia en contenido e innovación. Canal 8 empezó a hacer telenovelas de gran éxito, produjo el programa de concursos *Juan Pirulero* y la famosa serie de *El Chavo del 8*; también había figuras como Raúl Velasco, Lolita Ayala, Eduardo Andrade y Juan Ruiz Healy. Al darse cuenta del potencial de TIM, Azcárraga le propuso a la familia Garza Sada una fusión estratégica; después de algunas negociaciones, se concreta la operación: Grupo Monterrey se queda con 25% de las acciones y Azcárraga con el 75% restante.

Al principio, los locutores de TIM narrábamos los partidos del Canal 8, pero con el tiempo fuimos incursionado a los canales 2 y 5; a mí me tocaba narrar los juegos de los sábados. Se dieron las envidias típicas, las estrellas de Televisa eran Fernando Marcos, Ángel Fernández, Fernando Luengas, Toño Andere, buenos comentaristas, aunque veteranos en ese tiempo. Eduardo Andrade y yo éramos muy jóvenes, y, desde luego, no nos querían, pero había que remontar esas rencillas y seguir trabajando.

Jaime de Haro, que en aquel entonces era un hombre importante en el organigrama de Televisa, nos propuso hacer una barra deportiva en Canal 8; la idea era que los sábados transmitiéramos contenidos entre las tres de la tarde y las ocho de la noche, incluyendo los partidos de Cruz Azul. Así estuvimos laborando algún tiempo, tratando de adaptarnos al nuevo esquema de trabajo; fueron jornadas intensas, pero aprendíamos cómo hacer televisión.

Cuando desaparece TIM y Televisa se queda con todo el paquete de medios, aparece Canal 13 como propiedad del gobierno mexicano. Luis de Llano, que no tenía buena relación con Emilio Azcárraga, se fue al Canal 13, donde continuó su gran carrera en la creación de telenovelas y teleteatros; ahí surgieron grandes estrellas como Ofelia Guilmáin, también republicana española refugiada en México; Ignacio López Tarso, Luis G. Basurto, Antulio Jiménez Pons, importantes actores, productores y directores de esa época.

Yo en cuanto pude me escapé de Televisa, donde nunca estuve a gusto. Mi estancia fue como de tres meses y nunca encajé, entre otras cosas porque tuve un director de deportes terrible, Emilio

Diez Barroso, que era primo de Emilio Azcárraga y después llegó a ser presidente del club América. Era un tipo soberbio, mala leche, de esos niños ricos a los que les cayó la fortuna por herencia. Yo lidié con él algún tiempo, pero finalmente dije adiós.

Los directivos de Televisa me decían en ese entonces que Canal 13 no servía para nada, que era un capricho del gobierno mexicano. "En tres meses se acaba ese canal, nosotros lo vamos a despedazar", me decían cuando renuncié a Televisa. Así hablaban ellos en ese tiempo, con la prepotencia habitual.

El Canal 13 era muy pequeñito en aquel entonces. Los estudios se localizaban en la calle de Mina, en el mero centro de la Ciudad de México. A un lado teníamos el cabaret King Kong, enfrente había una cantina y en la esquina estaba el Teatro Blanquita; había bullicio a todas horas y era común encontrar alcohólicos tirados en el suelo.

Los camarógrafos eran muy vivos: un día nos enteramos de que habían hecho un orificio en una de las paredes contiguas al centro nocturno y en aquel entonces cobraban 10 pesos por dejar ver de manera clandestina a las bailarinas del King Kong. El "negocio" funcionó hasta que los directivos del canal se enteraron de los hábitos voyeristas de sus empleados y ordenaron tapar el famoso hoyito.

A pesar de la modestia de las instalaciones y del bajo presupuesto, Canal 13 empezó a tener una muy buena programación. Y no era para menos, pues el canal tenía a gente muy valiosa, como el ya mencionado Luis de Llano, y a Paco Ignacio Taibo —muy diferente al hijo—, que hizo *Los niños de Morelia*, una telenovela magistral; ambos eran hombres sabios, unos filósofos. Se compraron muchas series de cadenas de televisión estadounidense como ABC y NBC, que eran grandes producciones dobladas al español o subtituladas. Algunas de las más exitosas fueron *La guerra y la paz* y *Las seis esposas de Enrique VIII*. El problema que teníamos era que don Luis de

Llano era muy temperamental y prácticamente cada semana presentaba su renuncia. Como era un canal de gobierno, con frecuencia nos pedían interrumpir la transmisión para difundir mensajes del presidente de la República, de la Cámara de Diputados o del Senado. A don Luis no le gustaban esos cortes y hacía corajes con los directivos del canal; a pesar de su carácter tan volátil, sabía mucho de televisión y fue una de las personas a quienes más les aprendí.

En el nuevo canal creamos la gerencia de eventos deportivos. Dada la carga de trabajo, en 1973 tomé la decisión de irme a vivir a la Ciudad de México. Tenía 23 años, ya me había casado en Puebla y estaba dedicado de tiempo completo al Canal 13. Me acuerdo de que cuando me despedí de mis padres, los abracé y todos lloramos durante un largo rato.

Uno de los primeros logros del Canal 13 en el ámbito deportivo fue conseguir los derechos de transmisión del torneo eliminatorio para el Mundial de Alemania 1974 en la Confederación de Norteamérica, Centroamérica y el Caribe de Futbol (Concacaf), que nos provocó una pugna terrible con Televisa, porque la empresa estaba acostumbrada a adueñarse del futbol y hacer lo que quería. Cuando fracasa la Selección Nacional en el premundial, aprovecharon y quitaron al presidente de la Federación Mexicana de Futbol para poner a uno acorde a los intereses de Televisa, desde entonces ese cargo ha sido siempre de ellos.

La sede del torneo fue Haití y a México le tocó disputar la clasificación en canchas de Puerto Príncipe. Las tarifas para transmitir los juegos eran carísimas, pero negociamos buenos subsidios con las autoridades estadounidenses, al grado de que casi nos salió gratis. Las cadenas de Estados Unidos llevaban unidades móviles con equipo satelital; eran camiones bien equipados que fueron trasladados de Miami a la capital haitiana, con cinco o seis cámaras de televisión. Ellos nos permitían usar sus instalaciones y ahí estuvimos narrando los partidos de México.

En aquellos tiempos, las figuras nacionales eran Enrique Borja, Manuel Lapuente, Toño de la Torre, el "Gonini" Vázquez Ayala, Octavio Muciño, Héctor Pulido y Horacio López Salgado. Era un grupo muy competitivo, pero resulta que quedaron fuera del Mundial. Los mexicanos perdieron un partido clave frente a Trinidad y Tobago por 4-0, en medio de un cúmulo de anomalías. El portero titular, Nacho Calderón, estaba lesionado; a Rafa Puente, el arquero suplente, le dolió la cabeza todos los días, y Héctor Brambila, el tercer portero, se la pasaba en el bar.

Eso lo sabíamos porque durante la cobertura de las eliminatorias nos mezclaban a periodistas con jugadores, y entonces coincidíamos en los vuelos, en los hoteles y en los restaurantes. Así supimos que había dos tipos de jugadores: unos muy disciplinados que se concentraban en los partidos, no se desvelaban y seguían las instrucciones del técnico Javier de la Torre, y otros que andaban de farra todo el tiempo.

El día que México jugó contra Trinidad y Tobago, en el estadio Sylvio Cator, de Puerto Príncipe, bajé a los vestidores de los equipos para hacer algunas entrevistas y recoger aspectos para mi crónica. En esas andaba, cuando, para mi sorpresa, me di cuenta de que el periodista deportivo Nacho Matus, quien llegó a ser director de importantes diarios como *Esto* y *Ovaciones*, estaba poniendo la alineación del equipo mexicano. Mientras que el entrenador, Javier de la Torre, estaba sentado en una silla, agachado y con los brazos cruzados. Matus estaba dando indicaciones a los jugadores Manuel Lapuente y Pepe Delgado sobre cómo debían desempeñarse en el medio campo. Lapuente, que era ya un tipo inteligente y desde entonces sabía analizar el futbol, le dijo a Matus: "No podemos jugar así, Delgado y yo tenemos el mismo estilo; nos van a desbordar estos negros, que son enormes y corren como ardillas. Tienes que poner un contención que nos ayude a armar el juego. Pon a Toño de la Torre". Al final no hubo acuerdo, todos terminaron enfadados, saltaron al terreno de juego y los trinitarios les hicieron cuatro goles.

Con ese resultado, México perdió la eliminatoria y quedó fuera del Mundial de 1974; aunque después la Selección Nacional le ganó 1-0 a Haití, ya no había posibilidades de superar los puntos del anfitrión. El premundial de Haití fue un gran fracaso que comenzó con un recibimiento muy hostil hacia los mexicanos, porque un mes antes del torneo el diario *Excélsior* había publicado un reportaje en el que se decía que, dada la pobreza en el país caribeño, "los animales comían mejor que las personas". Los haitianos tomaron muy a pecho esa publicación, al grado que sacaron copias y tapizaron las paredes de las construcciones cercanas al hotel donde estaba la concentración mexicana y sus protestas no dejaban descansar a los jugadores.

El premundial de Haití nos dio impulso, porque la gente comenzó a buscar nuestra programación y entonces llegaron los anunciantes. El primer equipo de futbol que nos abrió las puertas para que Canal 13 transmitiera sus juegos fue Pumas de la Universidad; la gente de la UNAM se acercó para ofrecernos la oportunidad y en ese tiempo el arreglo fue por unos 80 mil pesos al año —no era nada, comparado con las cifras que se manejan hoy en día—, así que pudimos colocar nuestro palco de transmisión en Ciudad Universitaria. Era toda una experiencia transmitir los jueves por la noche, porque el estadio de CU tenía unas luces muy potentes y cuando caía el sol se veía espectacular tanto la cancha como la zona de gradas.

Después llegaron más equipos y, poco a poco, Canal 13 fue ganando terreno.

En esas andaba, cuando surge el programa *DeporTV* en el Canal 13. El formato y el nombre fueron ideas de Luis de Llano, quien un día nos llamó a varios colaboradores a su oficina para presentarnos el proyecto. Al revisar diversas opciones para el nombre del programa, Luis de Llano le pidió al entonces jefe de Programación que leyera la palabra compuesta "DeporTV". El hombre dijo en voz alta: "Deporte-te-ve". El jefe lo interrumpió y le dijo: "¡No seas pendejo! ¿Cómo así? A ver, léelo, José Ramón". Un poco nervioso por la ira de Luis de Llano, tomé la nota y leí: "Depor-te-ve". Más entusiasmado, De Llano dijo: "Así es: Depor-te-ve".

Y así fundamos el programa, que arrancó a principios de enero de 1974. En un inicio nos apoyamos en contenidos en blanco y negro que habíamos comprado a la cadena ABC de Estados Unidos, que tenía un programa llamado *Wide World of Sports*, en el que transmitían competencias de patinaje, esquí, leñadores levantando troncos, gimnasia, entre otros. Gracias a la señal de ABC pudimos transmitir en México el campeonato europeo de gimnasia de 1975, en el que Nadia Comaneci debutó en competencias internacionales. Como no teníamos cámaras de video, recurrimos a una cámara de cine que operábamos con una moviola para poder capturar las principales acciones de los juegos y pasarlas durante los resúmenes.

Al principio, el programa duraba una hora y yo tenía de pareja a Raúl Orvañanos. Al poco tiempo de iniciar, nos visitó Luis Echeverría para inaugurar los estudios de Canal 13 en el Ajusco, donde actualmente se encuentra la sede de Televisión Azteca. Los hicieron muy rápido y eran los primeros estudios del país hechos específicamente para televisión, porque los de San Ángel eran funcionales, pero habían sido edificados para hacer cine. En aquel tiempo no había tantas construcciones en la zona del Ajusco y desde las ventanas del Canal 13 se podían ver perfectamente Ciudad Universitaria y el Estadio Azteca. Hoy eso es imposible.

El primer director que tuvimos en Canal 13, hombre al que le aprendí mucho, fue Enrique González Pedrero, quien venía de ser secretario general del PRI. En una de nuestras múltiples charlas, el tabasqueño me llegó a confesar que ser director del Canal 13 era una "terrible humillación", luego de haber sido el número dos del entonces partido todopoderoso; pensaba que su nombramiento era un castigo, aunque no sabía el motivo; él mismo reconocía que no sabía nada de televisión, pero aun así hizo un gran esfuerzo por involucrarse en la empresa y sacar adelante el canal.

González Pedrero era un tipo muy inteligente, preparado, muy amigo de Pablo González Casanova, quien fue rector de la UNAM después del movimiento de 1968. Un día me llamó a su oficina, que estaba en el piso 17 de la Torre Latinoamericana; de modo que teníamos que caminar por atrás del Palacio de Bellas Artes y cruzar San Juan de Letrán para llegar desde Mina a su despacho.

—Oiga, don José Ramón, usted que está en deportes, ¿podría decirme por qué no tenemos los derechos para transmitir el Mundial de 74? —me preguntó al llegar a su oficina.

—No los tenemos porque no pertenecemos a un organismo que se llama Organización de Televisión Iberoamericana —le respondí.

—¿Y esa organización quién la maneja?

—Televisa.

—¡Ah, Televisa! ¿Tiene amigos ahí?

—Sí, Miguel Alemán es amigo mío.

—¡Vamos a llamarle!

González Pedrero y Miguel Alemán Velasco se conocían porque ambos militaban en el PRI. Cuando el primero manifiesta su deseo de que Canal 13 ingrese a la OTI, el veracruzano le explica que el organismo es encabezado por Guillermo Cañedo, quien por esos años tenía una relación muy estrecha con el entonces recién electo presidente de la FIFA, João Havelange. Velasco le ofrece a González Pedrero interceder ante Cañedo para afiliar al Canal 13.

A pesar de que Cañedo no quería que entráramos a la OTI, González Pedrero se movilizó para ganar apoyos y lograrlo. Una vez dentro, los problemas no terminaron, porque Cañedo quería ceder a Canal 13 solo el 25% de los eventos. Nosotros nos opusimos y argumentamos que si ambas televisoras habíamos comprado el Mundial, lo justo era que cada una tuviera derecho a 50% de los partidos, y que cada empresa hiciera su propia producción. Finalmente, Cañedo aceptó la distribución equitativa de los juegos, quizá por presiones políticas, y pudimos transmitir el Mundial.

Canal 13 seguía con su ruta ascendente y reclutando a grandes figuras, entre ellas el periodista Joaquín López Dóriga. Joaquín y yo habíamos sido compañeros en el Colegio Benavente. Él era interno, vivía en el plantel, mientras que yo sí podía entrar y salir para ir a casa. Los internos eran, en su mayoría, alumnos que habían sido expulsados de colegios importantes de la Ciudad de México, como el Simón Bolívar o La Salle; eran internados en el Benavente, ya sea por "grillos" o por problemas de conducta.

Emilio Azcárraga se negaba a correr riesgos y por mucho tiempo quiso comprar el Canal 13, pero el gobierno de Echeverría no veía con buenos ojos a los directivos y les dijo que por ningún motivo se vendía, que había creado los estudios del Ajusco para que los mexicanos tuvieran una alternativa televisiva.

Después de que se inauguraron los estudios del Ajusco, llegó gente de Televisa pensando que se pagaba mejor. La realidad es que los sueldos no eran espectaculares, era un canal de gobierno y el presupuesto era muy corto. Las asignaciones mejoraron durante el sexenio de José López Portillo, principalmente cuando la hermana del presidente, Margarita López Portillo, estuvo al frente de la Comisión de Radio, Televisión y Cinematografía (RTC).

3

El primer gran evento
(Montreal 76)

A los pocos años tuvimos los Juegos Olímpicos de 1976, en Montreal, Canadá. Fue el primer gran evento al que pudimos darle cobertura con la debida planeación. La OTI había comprado los derechos y los prorrateaba entre sus socios, que eran varios países de América Latina, entre ellos México, Brasil, Argentina, Colombia, y Venezuela.

En aquella época, la OTI no tenía muchos recursos y, por lo tanto, no rentó espacios en el Centro Internacional de Televisión de Montreal. Esa situación nos puso en aprietos, porque no teníamos un espacio físico para instalarnos. En Canal 13 conocíamos a un productor estadounidense a quien habíamos ayudado en la cobertura de carreras de automovilismo en México, y le pedimos que nos apoyara. No era una misión sencilla, así que nuestro amigo estudió el asunto y días después nos dijo: "Vamos a hacer lo siguiente. Pidan permiso para llevar dos tráileres grandes de Filadelfia a Montreal. Ya en Montreal, busquen un espacio cerca del centro de televisión donde se puedan estacionar; en un tráiler montamos todas las máquinas y en otro tráiler armamos la escenografía para que tengan un estudio". Y así lo hicimos. Nos dieron permiso de aparcar al fondo del estacionamiento del Centro Internacional de Televisión y ahí comenzamos a trabajar.

La primera cadena que estaba al entrar al edificio de medios era la ABC de Estados Unidos, que pagaba mucho dinero por tener los derechos de transmisión. A fuerza de convivir con periodistas y técnicos durante los días previos, nos hicimos amigos de unos puertorriqueños que trabajaban para la ABC. Les platicamos nuestras penurias para instalarnos y a ellos les dio mucha curiosidad conocer nuestro improvisado estudio de televisión. "¿Cómo montaron todo esto en un tráiler? ¡Qué bárbaros!", exclamaron los colegas de la cadena estadounidense, impresionados por el talento de los técnicos mexicanos.

Un poco por simpatía, otro poco por solidaridad, nuestros amigos de la ABC nos ofrecieron compartirnos las entrevistas interesantes que realizaban. Entonces, cuando a nosotros nos faltaba algún material o no alcanzábamos a cubrir algún evento, íbamos con ellos y nos prestaban las escenas. Así estuvimos operando, hasta que un día la ABC llevó de invitada a Nadia Comaneci, la estrella rumana que conquistó al mundo en las Olimpiadas de Montreal.

Ella rompió la gimnasia en todos los sentidos; las campeonas olímpicas solían ser mujeres de más de 25 años y Comaneci era una chiquilla menudita de 14; un año antes, en DeporTV, ya habíamos pasado los campeonatos europeos de gimnasia, y dijimos: "Esta chica va a romper la gimnasia en Montreal", con rutinas y movimientos inauditos. Y, efectivamente, Comaneci llegó a Montreal, ganó oro por todos lados, sacó varias calificaciones de 10 y la ABC tuvo el privilegio de la primera entrevista con la multicampeona.

Nosotros pensamos que nos iban a pasar el video de la entrevista para retomar algunos fragmentos, pero no fue así. Nos quedamos pasmados cuando vimos a la mismísima Comaneci y a su comitiva caminar hacia nuestro humilde tráiler para que la entrevistáramos. La atleta venía acompañada de sus entrenadores, Béla y Marta Károlyi, dos policías rumanos y dos policías estadounidenses que la custodiaban todo el tiempo; Comaneci era perseguida por el dictador rumano Nicolae Ceauşescu y requería protección y vigilancia de forma permanente. Cuando la chica sube al tráiler, piensa que la van a secuestrar, pero pronto le explicaron que éramos periodistas mexicanos. El contingente era muy grande y no cabíamos en el camión, así que pedimos a los policías que nos esperaran afuera.

Comaneci no hablaba inglés, menos español, pero contestaba lo que podía. Nuestro traductor era Béla Károlyi o su esposa, que hablaban un poco de español y un poco de inglés. Le preguntamos a Nadia: "¿Cómo haces esas piruetas?", "cómo surgieron esas rutinas que nadie ha hecho?". Tímida, inexperta para hablar ante los medios, Comaneci contestaba de manera muy breve, pero para nosotros era toda una experiencia periodística. Károlyi trataba de completar las respuestas y nos hablaba de los entrenamientos y de las innovaciones técnicas que terminaron por apabullar a las gimnastas soviéticas, las hasta entonces dueñas de la disciplina. Y fue así como contribuimos a la coronación de Comaneci como la reina de la gimnasia y de los Juegos Olímpicos de 1976.

La experiencia de los tráileres en Montreal nos demuestra que la escasez de recursos no es necesariamente una desventaja, porque hace que brote la creatividad. Cuando no se tiene abundancia de recursos, se piensa más en un proyecto y se busca optimizar cada peso, lo que en muchas ocasiones produce cosas sorprendentes.

En Televisa estaban enojadísimos porque en Canal 13 habíamos conseguido la charla con Nadia Comaneci, que para entonces se había convertido en una celebridad que todos los medios del mundo aspiraban a entrevistar. En la principal televisora ya sentían una fuerte competencia en materia de eventos deportivos.

Fue también durante la cobertura de los Juegos de Montreal que incurrí en una osadía mayúscula. Como no tuvimos acceso a los estudios del Centro de Televisión, habilitamos una pequeña cabina en uno de los tráileres para narrar eventos en vivo y ahorrarnos así el pago por el alquiler de las cabinas de transmisiones en los estadios y los diversos centros de competencias. Era el 23 de julio de 1976 y me encontraba narrando los 20 kilómetros de marcha, una de las justas donde los atletas mexicanos eran competitivos y destacaban bajo la dirección del polaco Jerzy Hausleber.

Cuando faltaban dos kilómetros para llegar a la meta, el pelotón era encabezado por el mexicano Daniel Bautista, quien iba en medio de dos marchistas originarios de Alemania Oriental, Hans-Georg Reimann y Peter Frenkel. Se hallaban por el kilómetro 18, cuando los tres comienzan a tirar cada vez más fuerte para buscar la delantera; los alemanes se alternaban en el esfuerzo para tratar de fatigar a Bautista, pero el potosino dio una gran muestra de resistencia y de fortaleza mental.

En un momento determinado, cuando ya se veía a lo lejos el Estadio Olímpico de Montreal, me doy cuenta de que Bautista da un jalón y los alemanes ya no logran seguirle el paso; Bautista da un segundo jalón y los rivales se quedan todavía más atrás. De pronto, la distancia ya era de unos 500 metros. La marcha era un deporte muy seguido por el público mexicano, porque en los Juegos Olímpicos de 1968 José "el Sargento" Pedraza había ganado la medalla de plata, tras un duelo hombro a hombro con el soviético Vladimir Golubnichy. Todo mundo recuerda ese momento porque Pedraza y Golubnichy entraron pegaditos al estadio de Ciudad Universitaria; el mexicano dejó el alma en aquel cierre, pero no le alcanzó para superar al ucraniano. Seis años después, el duelo de Bautista con los alemanes era una especie de revancha para los mexicanos.

Cuando Bautista toma distancia de los teutones, y veo que se alcanza a divisar el pebetero del Estadio Olímpico, yo me anticipo varios minutos y me lanzo con la narración: "Señoras y señores: México consigue su primera medalla de oro. ¡Oro en marcha para Daniel Bautista!". Fue un gran atrevimiento, porque el triunfo todavía no era real, faltaba entrar al estadio y dar la vuelta a la pista. Es más, a los atletas aún les faltaba pasar por el túnel de acceso, y era frecuente que a los mexicanos los descalificaran en ese trayecto, ya que los jueces son muy rigurosos al observar si los marchistas en algún momento flotan y despegan ambos pies del piso.

Aquella noticia anticipada se volvió una locura, porque muchos colegas que estaban dentro del estadio decían: "¿Cómo sabe este loco que Baustista ganó medalla si todavía no llegan a la meta?". Televisa cortó las novelas y toda su programación para meter la llegada. Mi alma descansó un poco cuando vi a Bautista entrar al estadio; al comenzar a avanzar por la pista dije al aire: "Confirmamos el oro para Bautista".

Al poco tiempo, tuvimos a Bautista en nuestra rústica cabina con ruedas; también entrevistamos a Teófilo Stevenson, que era un boxeador cubano espectacular, todo un roble. Igualmente, conversamos con el cubano Alberto Juantorena, un corredor fuera de serie. Los Juegos de Montreal también se caracterizaron por tener a atletas polémicos y misteriosos, como Lasse Viren, a quien le decían "el Finlandés Volador", debido a que logró ganar en dos justas olímpicas el doblete de 5 mil y 10 mil metros. Fue un deportista muy polémico porque durante algunos años se especuló que se sacaba sangre, la congelaba una hora y se la inyectaba, lo que presuntamente aumentaba la producción de glóbulos rojos y le permitía tener más potencia que el promedio de los competidores.

Montreal fue mi debut en la cobertura de Juegos Olímpicos, con la pequeña delegación que mandó el Canal 13; los directivos ponían muchas objeciones para darnos presupuesto, pero logramos conseguir patrocinios para equilibrar los gastos. Además, en lugar de hospedarnos en hoteles, nos dimos cuenta de que rentar departamentos modestos era más funcional para nuestros bolsillos.

4

Cuando conocí a Menotti
(Argentina 78)

El siguiente evento importante en la agenda del naciente Canal 13 fue el Mundial de 1978, con la agravante de que Argentina estaba en manos de la Junta Militar comandada por el general Jorge Rafael Videla, quien había dado un golpe de Estado contra los peronistas e impuso un régimen dictatorial. La presencia de los militares se reflejaba incluso en los medios de comunicación y en el futbol, pues el delegado argentino que acudía a las reuniones de la Organización de Televisión Iberoamericana (OTI) era un coronel con un carácter terrible.

Argentina era el favorito, lógico. Tenía que ganar, no solo por su calidad futbolística y su condición de anfitrión, sino porque hubo presiones de los militares, que buscaban legitimarse con un título mundial y, al mismo tiempo, poner un velo a la ola de violaciones a los derechos humanos cometidas contra los opositores al régimen.

Fue en ese contexto que conocí a César Luis Menotti, el director técnico de la albiceleste. Lo entrevistamos los días previos al Mundial y nos hicimos muy buenos amigos. Era un tipo fascinante, que se la podía pasar hablando de futbol hasta las cuatro de la madrugada; había ocasiones en que le decía: "Flaco, vamos a dejarla aquí, al rato debo levantarme temprano". Pero Menotti te hipnotizaba con su charla; no tenía problema para desvelarse, tomaba café tras café y así se le iban las horas.

Menotti fue campeón en 1978, pero le costó trabajo. Lo presionaron mucho, tanto el régimen de Videla como los directivos de los clubes. Quería llevar a la Selección Nacional a Diego Armando Maradona, que en ese entonces tenía solo 17 años. Pero en el futbol de Argentina mandaban los clubes, como mandan en México. Desde aquella época, River Plate y Boca Juniors eran los equipos más poderosos. River le pidió a la Federación Argentina de Futbol que llevara a Beto Alonso, un mediocampista de mucha calidad, porque no había muchos jugadores de los llamados "millonarios".

En el esquema de Menotti estaban Daniel Passarella, René Houseman y Mario Alberto Kempes, quien fue la figura indiscutible del 78, al ser campeón de goleo. Kempes era el único argentino que jugaba en el extranjero, militaba en el Valencia de España, donde llegó a ser estrella. Total, que no llevan a Maradona, optan por Alonso y se arma todo un revuelo. Argentina ganó sus dos primeros partidos, perdió contra Italia, pero logró pasar a la siguiente fase, donde sufrió para vencer a Polonia y empatar con Brasil. En la semifinal, Argentina necesitaba ganar por cuatro goles a Perú y logró meterles seis, con lo que terminó colándose en la final contra Holanda.

Holanda llegó a Argentina con un gran impulso, después de haber brillado cuatro años antes en Alemania, donde quedaron como subcampeones. Yo no fui al Mundial de 1974, porque acababa de entrar al Canal 13, pero fue en aquella edición cuando aparece la famosa Naranja Mecánica dirigida en el campo por Johan Cruyff.

El técnico era Rinos Michels, uno de los creadores del llamado "futbol total", que se caracterizaba por la constante transformación de la alineación original y en la plurifuncionalidad de los jugadores. Rinos era el autor intelectual del planteamiento táctico y Cruyff el encargado de ponerlo en práctica dentro de la cancha. Era un futbol donde el lateral derecho jugaba también de extremo, donde Cruyff empezaba como centro delantero, pero a los pocos minutos lo veíamos de mediocampista. Era una delicia ver jugar a Holanda.

La Naranja Mecánica arrasó con todos en el Mundial de 1974, hasta que se topó en la final con los locales. Pero en las eliminatorias barrió con Uruguay, Bulgaria, Argentina, Alemania Democrática y hasta con Brasil, que para ese Mundial viajó sin Pelé, quien ya no se sentía en condiciones de portar la playera verdeamarela.

Yo había visto jugar a Pelé contra Italia en la final del Mundial de 1970. Aquel domingo 21 de junio estaba con mi padre en la parte alta de las gradas del Estadio Azteca, ya que no alcanzamos mejores boletos para estar a nivel de cancha. Pero días antes fuimos a ver la semifinal de Italia contra Alemania, partidazo entre dos potencias que pitó Arturo Yamasaki.

Alemania venía de ser subcampeón del mundo, traía a Franz Beckenbauer, Gerd Müller, Wolfgang Overath y a Sepp Maier en la portería, era un equipazo. Italia también traía excelente nivel, aunque había fracasado en el certamen de 1966, en Inglaterra, donde fueron vencidos por Corea del Norte en las eliminatorias. Eso a los italianos les dolió mucho, por lo que cerraron las fronteras un tiempo y en ese lapso surgieron jugadores de la talla de Gianni Rivera, Luigi Riva y Roberto Boninsegna.

Todos ellos fueron protagonistas del "Partido del Siglo", llamado así por la enorme cantidad de goles, emociones, dramatismo y derroche de fuerza física de los jugadores. Es el cotejo donde ocurre la épica escena en la que, ante la falta de cambios disponibles, Franz Beckenbauer decide ingresar al terreno de juego con el brazo derecho vendado; momentos antes le habían hecho una fuerte entrada que le dislocó el hombro. Al final, Italia se llevó la victoria con un gol de Rivera, pero el desgaste fue de tal magnitud, que la Azzurra terminaría pagando la factura.

Del otro lado, Brasil había eliminado a Uruguay, una escuadra que traía a Roberto Matosas, Luis Cubilla, Dagoberto Fontes,

Ildo Maneiro y a Ladislao Mazurkiewicz, que era un porterazo; los uruguayos terminaron jugando por el tercer lugar contra la Unión Soviética. Entonces, viene la final, Brasil e Italia, domingo 21 de junio de 1970, 12 del día. Los europeos habían dado un gran partido el miércoles anterior y no estaban físicamente enteros; el sol del mediodía les caía a plomo. El primer tiempo terminó 1-1 con un gol maravilloso de Pelé, que se eleva por encima de Tarcisio Burgnich y conecta con la cabeza; el empate lo consigue Boninsegna, pero sería la única cosecha para los italianos. En el segundo tiempo, Italia se desploma y entonces Brasil hace lo que quiere, en un concierto dirigido por Pelé y acompañado por Jairzinho, Tostão, Rivelino, Gérson y Everaldo. Brasil ganó 4 goles a 1 y Pelé se convirtió en el rey del México 70.

Volviendo al relato sobre la cobertura del Mundial de Argentina 1978, recuerdo que aquella ocasión sí tuvimos acceso a instalaciones profesionales y montamos nuestra escenografía en el Centro de Televisión de Buenos Aires, desde donde nos trasladábamos a ciudades como Rosario, Córdoba y Mar del Plata para ver jugar a México, pero también a otras selecciones que pintaban para ser campeonas, como Brasil, Italia y Holanda.

La Naranja Mecánica llegó en buen momento a la cita de Argentina, pero sufría la ausencia de Cruyff, quien se rehusó a participar en el Mundial, entre otras cosas porque no estaba de acuerdo con el régimen de los militares; aun así, Ernst Happel reclutó a Johan Neeskens, Johnny Rep y Rob Rensenbrink, quienes dieron un gran espectáculo, pero les fue insuficiente. En el partido final, Argentina se fue al frente con gol de Kempes al minuto 38, pero, poco antes del silbatazo final, Dick Nanninga emparejó las cosas; el Estadio Monumental, que era la casa de River, se quedó en silencio total. Vienen los tiempos extras y surge de nuevo la figura de Kempes para anotar el segundo tanto, mientras que Daniel Bertoni concreta el 3-1 definitivo.

Los argentinos se convierten en campeones del mundo, levantan el trofeo y entonces el aparato gubernamental aprovecha el triunfo para tratar de legitimarse. A Menotti lo acusaron mucho tiempo de haber subestimado a Maradona y de no llevarlo al Mundial, pero un año después el destino les hizo justicia a ambos. El Flaco fue el director técnico de Argentina en el Mundial juvenil de 1979, celebrado en Japón, donde Diego Armando hace maravillas y se convierte en la figura de ese torneo.

El debut de Maradona en mundiales fue en España 1982, cuando Menotti ahora sí no tiene dificultades para alinear al virtuoso Pelusa con la albiceleste. Sin embargo, no fue un buen Mundial, ni para Argentina ni para Maradona, que es expulsado por el árbitro mexicano Mario Rubio durante el juego de semifinales contra Brasil, que termina ganando 3-1 el encuentro. El Mundial lo gana finalmente Italia 3-1 frente a Alemania, con goles de Paolo Rossi, Marco Tardelli y Alessandro Altobelli.

Durante la cobertura del Mundial de Argentina los integrantes de Canal 13 nos hospedamos en un pequeño hotel del centro de Buenos Aires, y solíamos comer en un lugar que estaba cruzando la calle. Era una "cantina" (así les llaman los argentinos a los restaurantes) que nos habían recomendado por servir buenas carnes y ensaladas. Ya instalados, el jefe de meseros se me acercó y me dijo con mucha cautela: "¿Ya vio quién está hasta el fondo?". Yo giré la mirada con cierta discreción y alcancé a ver a un señor ya mayor, con lentes oscuros y acompañado de una rubia espectacular.

"¿No sabe quién es?", me preguntó. "Perdóneme, pero no lo reconozco", le respondí. "Es Jorge Luis Borges", me dijo. "Vaya a saludarlo, suele ser muy amable con los periodistas", agregó. Antes de dirigirme hacia la celebridad de las letras argentinas, el mesero me hizo una recomendación vital: "Tenga cuidado, no vea mucho a la rubia, porque el señor se enoja. Don Jorge tiene como 30% de visibilidad, pero aun así sabe cuando alguien anda de indiscreto, así que no le vaya a soltar un bastonazo". Recuerdo que por esas fechas Borges estaba cerca de los 70 años, mientras que su acompañante no pasaba de los 30.

—Buenas tardes, maestro —saludé.

—¿Quién es usted? —me preguntó.

—Soy un periodista.

—Ah, siéntese.

—¿De dónde viene?

—De México...

—Ah, de México. Muy bien. Cuando esté de regreso, salúdeme a García Márquez, y también a Carlos Monsiváis.

Borges había venido a varias reuniones de literatos en México y a ferias del libro; era muy respetado en el ámbito cultural mexicano. El escritor tenía una columna en *El Clarín* de Buenos Aires, diario donde también colaboraba Menotti. El Flaco describía con fascinación lo que significaba el futbol y lo representativo que es para Argentina; también se explayaba al desmenuzar la revolución que significó el "futbol total" de Holanda para los planteamientos tácticos. Por su parte, Borges destrozaba el futbol y criticaba con todo a los militares.

—¿Y qué temas investiga? —me cuestionó Borges.

—Soy periodista deportivo —le contesté.

—Ah, o sea que está siguiendo el Mundial...

—Así es, maestro.

—¿Y en qué le puedo servir?

—Yo quisiera un autógrafo, nada más.

—Con todo gusto, ¿dónde le pongo el autógrafo?

—Aquí en este papel donde tengo unos apuntes...

—¿Estas son las alineaciones de los equipos?

—Sí, son las alineaciones del partido de México contra Alemania.

—¿Y quién ganó?

—Alemania, 6-0.

—Creo que no debí preguntar…

Argentina 78 fue una tragedia para el equipo mexicano. El entrenador era José Antonio Roca y llevaba a Hugo Sánchez, Víctor Rangel, "Gonini" Vázquez Ayala, Alfredo Tena y Pilar Reyes, entre otros. En ese partido, Karl-Heinz Rummenigge agarraba la pelota y volvía locos a los mexicanos. La Selección Nacional había perdido con Túnez, 3-1 el primer partido; 6-0 con Alemania y 3-1 con la Polonia del extraordinario delantero Zbigniew Boniek. Aquí en México se decía con soberbia: "A Túnez nadie lo conoce, le ganamos fácil", "Alemania ya es un equipo viejo" y "Polonia no trae nada". Tanto la afición como los medios y el medio futbolístico subestimamos a los rivales y todos le pasaron por arriba a México. Fuimos el último lugar del mundial. A los alemanes los dirigía Helmut Schön, que era muy buen técnico, y tenían gran parte de lo que había sido la Alemania campeona de 1974. Polonia, en tanto, había ganado la medalla de oro de los Juegos Olímpicos del 72.

Y regresando al encuentro con Borges, el autógrafo del maestro argentino lo conservo con cariño en una hoja donde estaban anotadas las alineaciones de México y Alemania. "Con cariño para un comentarista mexicano que le gusta el futbol, algo que a mí no. Borges", así decía la nota.

Cubrir el Mundial del 78 fue una actividad de alto riesgo. Cierta noche, ya terminada la jornada laboral, Alberto Fabris del Toro y yo salimos de cenar y comenzamos a caminar por las calles de Buenos Aires rumbo al hotel. Después de avanzar algunos metros, nos quedamos parados en una esquina platicando para hacer un poco de tiempo.

No habían pasado ni 10 minutos, cuando se nos acercan dos jeeps con las torretas encendidas y nos arrojan una luz cegadora. "¡Levanten las manos y pónganse contra la pared!", nos gritaron. Seguimos sus instrucciones y permitimos que nos revisaran, sin oponer resistencia. Pensamos que al ver nuestras acreditaciones de periodistas nos dejarían en paz, pero no fue así.

—¿Qué hacen aquí? —nos preguntaron.

—Vinimos a tomar un café y habíamos salido a caminar, pero ya nos íbamos al hotel.

—¿Son periodistas?

—Sí, señor.

—¿De dónde vienen?

—De México.

—¿Saben que está prohibido estar en este lugar?

—No, no lo sabíamos.

Los agentes de seguridad proyectaron una luz sobre la fachada del edificio de enfrente y entonces pudimos ver que se trataba de una instalación militar.

—Está prohibido permanecer aquí —insistían.

—No lo sabíamos.

—Pues vamos a tener que llevarlos detenidos, porque son muy sospechosos.

—Esto es una confusión —les dije—. ¿Por qué no nos acompañan al hotel y preguntan si estamos hospedados? Así podrán comprobar que somos parte de un canal mexicano de televisión.

—¡Ah, son de televisión!

—Así es, venimos a cubrir el Mundial.

El jefe del comando ordenó que fuéramos al hotel y nos acompañaron hasta el cuarto. Después de revisar que no teníamos nada fuera de lo normal, nos advirtieron: "Está prohibido andar de noche en parejas o solos cerca de instalaciones militares. ¿O qué no se dan cuenta de que hay una guerra aquí?". No volvimos a salir solos; después de ese momento, salíamos a las calles en manada.

5

El primero boicot olímpico y la Guerra Fría
(Moscú 80)

En 1980, los Juegos Olímpicos se celebraron en Moscú, unas competencias marcadas por las tensiones geopolíticas de la Guerra Fría. Fueron las primeras Olimpiadas en ser boicoteadas por los países occidentales liderados por Estados Unidos; en contraste, naciones satélites de la Unión Soviética tuvieron una participación destacada, al igual que algunas delegaciones que no estaban de acuerdo con las políticas hegemónicas de Washington, como fue el caso de México, Argentina y Brasil.

Por supuesto, Cuba estuvo en el certamen y llevó a grandes figuras; en esa época, la isla recibía importantes subsidios de la Unión Soviética, lo que le permitía invertir mucho dinero en el deporte y producía atletas maravillosos.

La URSS organizó unos Juegos Olímpicos espectaculares; la inauguración fue muy vistosa, con jóvenes provenientes de todas las repúblicas soviéticas. La clausura fue muy emotiva, con la imagen del oso Misha derramando una lágrima, lo que conmovió a millones de espectadores.

Como potencia económica que era, la Unión Soviética contó con instalaciones deportivas de gran calidad; en contraste, la tecnología en el Centro Internacional de Televisión no era de lo mejor. Los equipos de video y grabación eran de manufactura húngara y muchos tenían varios años de antigüedad, lo que los volvía impredecibles, más aún cuando teníamos premura en la transmisión de imágenes. Un día, durante la cobertura de las competencias, una de las máquinas se detuvo y entonces tuvimos problemas para grabar. De inmediato, llamamos a los ingenieros soviéticos para que nos ayudaran, y a los pocos minutos llegaron tres técnicos vestidos con gesto adusto y batas blancas, parecían médicos.

Después de varios intentos, los ingenieros no habían dado con la falla. Parecía que el desperfecto no tenía compostura, hasta que uno de nuestros ingenieros, muy listo él, pidió la palabra:

—¿Quieren que lo arregle? —preguntó el mexicano.

—¿Cree usted poder? Nosotros ya lo intentamos —respondieron los locales.

—¿Me permiten hacerlo?

—Sí, claro.

El ingeniero, entonces, le dio una patada a la máquina y enseguida aparecieron las imágenes en la pantalla.

—¿Cómo lo hizo? No creo que sea buena idea patear el equipo... —dijo intrigado uno de los rusos.

—No fue una patada, fue un golpe técnico —respondió el ingeniero, lo que desató la carcajada de los mexicanos presentes.

Ellos no entendían el humor mexicano. Teníamos unas traductoras rusas que hablaban muy bien español, pero en este tipo de bromas siempre preguntaban: "¿Qué quiso decir?".

Un ingeniero y yo habíamos ido meses antes a la Unión Soviética para comenzar a preparar la logística. Se trataba de conocer el Centro de Televisión, visitar las instalaciones deportivas, cotizar hoteles y hacer contacto con los organizadores del evento. Televisa no quiso ir a los Juegos Olímpicos porque estaba del lado de Estados Unidos y apoyaba el boicot contra Moscú. En aquel entonces nos enfrentamos a temperaturas de hasta 25 °C bajo cero, era un invierno brutal. Yo llevaba un abrigo que me había comprado en España, pero la gente se reía de mi atuendo y de mis zapatos. Me decían: "No se puede caminar en la nieve así, te vas a congelar". Me puse un abrigo de los que ellos usaban, era grande y pesado. Les dije: "Huele muy mal", pero después me explicaron que esos ropajes están hechos con aceite de ballena para que calienten más.

En aquellas circunstancias, recuerdo que no podía grabar en las calles, porque cada vez que abría la boca sentía que se me congelaba la garganta. Los soviéticos que me veían sacaban una botella de vodka y me decían: "Dale dos tragos y podrás hablar sin problema". Yo intenté hacerlo, pero terminaba escupiendo. "No, no lo escupas, tómatelo", me insistían. Finalmente, me hice de valor y di un par de tragos. Es increíble cómo se abre la garganta, solo así pude grabar ante la cámara.

Una cobertura de Juegos Olímpicos requiere mucho trabajo previo; implica preparar gente, escoger al equipo, diseñar productos televisivos, estudiar los calendarios para saber dónde estarán las mejores competencias e idear escenografías, entre otros muchos detalles.

Antes de emprender el viaje a Moscú, recuerdo que investigamos qué les gustaba a hombres y mujeres de esa ciudad y nos enteramos de que se volvían locos con los chicles de bomba; a las mujeres les fascinaban las medias de seda y las flores, mientras que los varones podrían dar cualquier cosa por una botella de coñac. Aquella vez hicimos una escala en Madrid para surtirnos de esos productos y tenerlos a la mano para congraciarnos con los locales. Es una táctica muy útil cuando se viaja a otros países para hacer amistad y contar con el apoyo de los anfitriones.

En aquella cobertura nos hicimos muy amigos de ellos, porque el mexicano es amistoso y el soviético es seco, pero se reían con nosotros, les fascinaba ir a las juntas, iban al estudio a ver nuestra escenografía y cómo hacíamos las transmisiones. De hecho, Carlos Albert hasta se enamoró de una chica rusa y fue muy feliz.

A pesar del boicot de los países occidentales, los Juegos de Moscú salieron adelante y hubo magníficas competencias. Aunque Televisa se unió al bloqueo, mandó a Fernando Schwartz para tener algunas imágenes, pero no se comparaba con nuestra cobertura.

Nosotros contamos con todo detalle, por ejemplo, lo que le ocurrió en la alberca a Carlos Girón, quien buscaba el oro en los clavados. En la fase final del trampolín de tres metros, el mexicano hizo excelentes ejecuciones que pusieron a temblar al soviético Aleksandr Portnov, quien era el claro favorito. Ocurrió entonces que, en su último turno, Portnov se desconcentró y no lo hizo bien, lo que le restó puntos en la calificación y dejaba a Girón como el campeón. No obstante, hubo un reclamo por parte de los soviéticos porque presuntamente se escuchó un grito durante la participación del ruso. Los jueces ordenaron repetir el clavado y esta vez fue excelente, con lo que superó a Girón, que al final se quedó con la plata. Aquella vez entrevistamos al tijuanense y estaba muy triste, furioso con la conducta de los jueces.

Otra noticia que transmitimos para México en tiempo real fue la lamentable descalificación de Daniel Bautista, quien llegaba como campeón olímpico y buscaba refrendar su liderazgo en la marcha de 50 kilómetros. Bautista iba en primer lugar después de casi cuatro horas de competencia, pero al pasar por un túnel, a solo dos kilómetros de la meta, le aplicaron la tercera amonestación, lo que dejó el podio para los soviéticos y los europeos.

Para esa cobertura nos hospedamos en el hotel Cosmos, de Moscú, un inmueble de unos 15 pisos. Recuerdo que en cada nivel había una mujer policía cuya misión era controlar quiénes entraban y salían. El contexto de la Guerra Fría y el boicot de los Juegos llevaron a los locales a extremar las medidas de seguridad.

Los del Canal 13 estábamos hospedados en el mismo piso que los periodistas de *O'Globo* de Brasil, que eran un auténtico torbellino, pues trataban de meter chicas rusas a los cuartos. A la entrada del hotel siempre había soldados con perros policía que rastreaban cada maleta que metíamos.

En aquel tiempo, el presidente de la Unión Soviética era Leonid Brézhnev, uno de los jefes de Estado que protagonizó más tensiones con países de Occidente. Durante su gestión, entre 1962 y 1982, la URSS experimentó largos periodos de estancamiento económico, lo que derivó en desempleo y hambre; Brezhnev no gozaba de popularidad, pero durante la inauguración de las competencias nadie se atrevió a chiflarle debido a la presencia de la policía.

La revancha del bloque oriental llegó cuatro años después, en 1984, cuando los Juegos Olímpicos se celebraron en Los Ángeles, en Estados Unidos. Todo el bloque socialista, con excepción de Rumania, hizo el vacío. Rumania sí participó debido a que Nadia Comaneci no había tenido continuidad en su preparación y ya comenzaban a surgir gimnastas rusas que amenazaban su reinado, como es el caso de Olga Kórbut. La competencia era intensa y dependía en gran medida de quién tenía más jueces para calificar. Los soviéticos tenían muchos, mientras que Rumania, aunque muy fuerte, no tenía tantos. En algunos aparatos, en lugar de que ganara Comaneci, se llevaba la victoria Kórbut; era una rivalidad a muerte entre las escuelas soviética y rumana.

6

La carrera de Hugo en España
(España 82)

España fue la sede del Mundial de 1982, la decimosegunda edición de la Copa del Mundo de la FIFA. Fue un torneo histórico, no solo por la calidad técnica desplegada por los jugadores en la cancha, sino porque el número de países participantes pasó de 16 a 24.

Fue una cobertura muy retadora, ya que el torneo se jugó en 17 estadios repartidos por varias ciudades españolas, entre ellas Madrid, Barcelona, Bilbao y Sevilla. Italia se coronó campeona del mundo por tercera vez, al vencer a Alemania 3-1 en una final memorable disputada en el estadio Santiago Bernabéu de Madrid.

La Selección Italiana, dirigida por Enzo Bearzot, contó con figuras como Paolo Rossi, quien fue el máximo goleador del torneo. Pero el Mundial de 1982 también marcó el auge de estrellas como Michel Platini, Arthur Antunes "Zico" y Diego Armando Maradona.

Italia empezó el torneo con el pie izquierdo, pues empató sus primeros tres juegos y pasó a la segunda ronda de milagro, por una pequeña diferencia de goles sobre Camerún. La prensa se les fue encima a los azzurri. Pero el equipo fue creciendo. A la mitad del Mundial, Italia eliminó a pesos pesados como Argentina y Brasil, con lo que pegó un salto espectacular, se metió a la final y le ganó a Alemania.

Además de Paolo Rossi, en Italia jugaban el arquero Dino Zoff, los mediocampistas Marco Tardelli y Giancarlo Antognoni, así como los extremos Franco Causio y Bruno Conti.

España representó todo un desafío para los periodistas porque tenía muchas sedes y era costoso enviar a reporteros a cubrir los partidos de las potencias; nosotros montamos un set en el Centro de Televisión de Madrid, y desde ahí narrábamos la mayoría de los juegos. México no fue a ese Mundial porque quedó eliminado en un catastrófico cuadrangular de la Concacaf, en el que mejor Honduras y El Salvador consiguieron boleto.

Era la época en que Hugo Sánchez comenzaba a brillar en España, pues ya había transcurrido un año desde que probó suerte en el Atlético de Madrid, y faltaban tres años para que lo fichara el Real Madrid, donde hizo historia como goleador.

Yo tuve buenos pleitos con Hugo porque, cuando volvía a México, venía con un ego muy elevado, y había que aterrizarlo. Yo le preguntaba: "Hugo, ¿quién es el Real Madrid?". Y él respondía sin rastro de humildad: "Yo". Cuando le cuestionaba si acaso él jugaba solo, me contestaba: "Casi".

Hugo no solía mencionar a Emilio Butragueño, a Míchel González, a Rafael Gordillo, a Manolo Sanchís y a todos aquellos que dejaban el alma en la cancha para ponerle pelotas y que metiera gol. En una ocasión, Míchel vino a México, tuvimos oportunidad de entrevistarlo y describió muy bien las virtudes de Hugo Sánchez. Palabras más, palabras menos, nos dijo: "En el Real Madrid de finales de los ochenta y principios de los noventa, tú ibas corriendo, levantabas la cabeza y sabías que Hugo iba a estar dentro del área. No importaba si el balón le quedaba atrás o adelante, alto o rasante, siempre veía la manera de rematar y meter gol".

Hugo siempre estaba en el área rival y solo se movía en esa zona. No era el típico centro delantero que se abría a los costados o que encaraba a los defensas. En el uno a uno, Hugo nunca ganaba. Era un muy buen rematador, un acróbata, hacía hasta lo imposible por alcanzar el balón. Se tiraba chilenas, se lanzaba de paloma, le pegaba bien a la pelota con la zurda y siempre aparecía en el área, por eso se hizo pentapichichi.

Sin embargo, en esa época dorada del Madrid, la llamada Quinta del Buitre —como se le denominó a la generación de grandes futbolistas surgidos de las fuerzas básicas del Real Madrid, con Emilio Butragueño a la cabeza, y que logró múltiples éxitos entre los años 1980 y 1990— no pudo ganar ninguna Copa de Europa. Tenían enfrente a la bestia negra que era el Milán de Arrigo Sacchi, con Franco Baresi, que era un central maravilloso, Paolo Maldini de lateral izquierdo, y los holandeses Marco Van Basten, Frank Rijkaard y Ruud Gullit. El equipo de Sacchi fue sensacional en esa época y siempre le ganaba al Real Madrid, lo paraba en seco. Al final, Hugo Sánchez se fue de España sin saber lo que es ganar la Copa de Europa.

7

Unos Juegos Olímpicos fríos
(Los Ángeles 84)

Llegaron los Juegos Olímpicos de Los Ángeles, en 1984, y a Estados Unidos le tocaba pagar la factura por el boicot contra la Unión Soviética, cuatro años antes. Esta vez, los países del bloque socialista se ausentaron de la justa, que resultó un tanto deslucida.

Fueron unos Juegos difíciles de cubrir, porque no estábamos en el Centro de Televisión y, de nueva cuenta, hubo que ingeniárselas para buscar un lugar desde el cual transmitir. Por fortuna, localizamos a la persona que nos llevó los tráileres a Montreal y nos llevó a unas instalaciones que él tenía muy cerca del centro de televisión donde nos quedamos.

Tengo la sensación de que los estadounidenses, desde las autoridades políticas y deportivas, hasta los medios de comunicación y los propios aficionados, no les dieron la debida importancia a esos Juegos Olímpicos, y eso se notaba en la falta de planeación. Tenían la alberca en la orilla de la ciudad y el estadio olímpico en el otro extremo; había que recorrer grandes distancias y el tráfico de Los Ángeles no nos ayudaba para cubrir las agendas.

Fueron unos Juegos que considero fríos, con Carl Lewis como una de las estrellas más destacadas, pues ganó las pruebas de 100 y 200 metros, además del relevo 4 × 100 y el salto de longitud. Mary Lou Retton fue la primera estadounidense en ganar la medalla de oro en gimnasia artística individual, lo que la convirtió en una heroína nacional.

A México le fue bien con Ernesto Canto en los 20 kilómetros de marcha y con Raúl González en los 50 kilómetros. Daniel Bautista ya se había retirado, así que nosotros lo llevamos en calidad de comentarista, pero era muy callado y costaba mucho trabajo sacarle palabras. Recuerdo que la ceremonia de inauguración fue poco emotiva, con un astronauta y unos pianos descendiendo de las alturas.

8

Nacen Los Protagonistas
(México 86)

Recuerdo con emoción la época mágica y tumultuosa en la que México se convirtió en el epicentro del futbol mundial. Era 1986 y el país se vestía de fiesta y esperanza, aunque también de tensión y rivalidad. Para la cobertura periodística del evento se creó una empresa llamada Teleméxico, que supuestamente era una colaboración entre Televisa e Imevisión. Digo "supuestamente" porque a nosotros solo nos solicitaron el apoyo de varios camarógrafos especializados en futbol, pero la maquinaria de la transmisión estaba en manos de ellos.

Me acuerdo de que un día fui a las oficinas de Teleméxico, en San Ángel, donde también se había habilitado el Centro de Televisión, para revisar el calendario de los partidos. Esa vez llovió de tal forma que se inundó el primer piso; los periodistas europeos estaban muy molestos porque se había dañado parte de su equipo, y estuvieron a punto de salir a buscar otras instalaciones. Para que no se fueran, la Unión Europea de Radiodifusión, que en ese entonces era presidida por un español, tomó cartas en el asunto y presionó para que Televisa cambiara de ingenieros, reparara las instalaciones y garantizara todas las condiciones para una buena transmisión. Nosotros teníamos un enlace de San Ángel al Ajusco, de modo que no teníamos necesidad de pisar las instalaciones de Televisa durante el campeonato.

67

Durante meses, la preparación fue un torbellino de reuniones y estrategias. En una de esas juntas surgió la idea de hacer un resumen diario de los partidos, de nueve a 10 de la noche, aunque después hubo la necesidad de ampliarlo dos horas o dos horas y media debido a la gran respuesta de los patrocinadores. El nombre de "Los Protagonistas" me vino a la mente gracias a las largas conversaciones que sostuve con César Luis Menotti; él solía dividir a los equipos de acuden a los mundiales en "protagonistas" (que son muy pocos y se refiere a las grandes potencias del futbol que siempre son aspirantes al título: Alemania, Italia, Francia, España, Holanda, Inglaterra, Brasil y Argentina), "invitados" (que son la mayoría de los países y que no siempre están disputando las fases finales) y las "sorpresas" (en alusión a ciertos equipos africanos o sudamericanos que suelen colarse a los cuartos de final).

Cuando me acordé de esas charlas, pensé: "¿Por qué no le ponemos 'Los Protagonistas', con un artículo?". Con una simple partícula reunimos a todos los protagonistas: los equipos de futbol, los que trabajan en los medios y la gente. Durante décadas, *Los Protagonistas* se convirtió en sinónimo de éxito, debate encendido, crítica y entretenimiento para toda la familia.

Sin embargo, no todo era armonía. Hubo momentos en los que las tensiones se desbordaron. Días antes del arranque del Mundial, Carlos Albert, uno de los comentaristas más críticos de la Federación Mexicana de Futbol, fue vetado de la cobertura del torneo. Yo mismo fui a la casa de Guillermo Cañedo, quien vivía en las Lomas de Chapultepec, para pedir una explicación, ya que nuestro equipo de comentaristas y reporteros estaba muy nervioso por la incertidumbre que generaba no contar con todas las acreditaciones de prensa para tener acceso a los estadios.

Cañedo era en ese entonces un hombre muy poderoso. Era vicepresidente de la FIFA, un alto ejecutivo de Televisa y además presidente del Comité Organizador del Mundial, lo que lo convertía en una de las figuras más influyentes en la logística y comercialización del torneo. Debido a su cercanía con João Havelange, entonces presidente de la FIFA, la influencia de Cañedo fue determinante para que México pudiera albergar la Copa del Mundo, luego de la declinación de Colombia. Adicionalmente, tuvo un rol fundamental en la negociación de derechos televisivos y en la estrategia de cobertura del evento a nivel internacional, por lo que él podía decidir quién sí y quién no tenía acreditación. El día que lo fui a ver, me entregó la acreditación de todo el equipo de Imevisión y después me dijo:

—Aquí tengo guardada la tuya —mostrándome la mica.

—¿Y la de Albert? —pregunté.

—No, esa no la tengo ni guardada… No la hicimos.

—¿Por qué?

—Es que Albert nos agrede, nos dice cosas y la Federación ha decidido que no vaya.

—Pues lo van a convertir en un mártir, porque nosotros lo vamos a tener a cuadro todo el día.

—Aquí tengo la tuya, te la entrego; tú sí estás acreditado…

A casi 40 años de distancia, pienso que en la transmisión de los partidos muy probablemente Televisa nos superó, pero eso es explicable por la infraestructura con la que cuentan, la cantidad de personal y porque, además, la empresa fue organizadora del Mundial. Sin embargo, en los resúmenes nocturnos sí les partimos la madre. A Televisa se le ocurrió poner la conducción en manos de Heriberto Murrieta, que en ese entonces era inexperto, y a Enrique Borja, quien fue un extraordinario jugador, pero ante las cámaras era poco carismático y no conectaba con el público.

Nosotros, en cambio, teníamos a un experimentado equipo de comentaristas, como Carlos Albert y Raúl Orvañanos. Invitamos a Nacho Trelles, que tenía una sección que se llamaba "Ahí está el detalle"; Trelles solía cantinflear mucho, pero tenía amplios conocimientos sobre el futbol y podía visualizar detalles determinantes para los partidos que pasaban inadvertidos para la mayoría de las personas. Fernando Marcos era el encargado de analizar el arbitraje, pues es su calidad de exárbitro de futbol, podía evaluar el desempeño de los "hombre de negro", aunque siempre me quedé con la impresión de que esa sección nunca le gustó. Teníamos de invitados a personalidades como Miguel Marín, Manuel Lapuente y Benito Pardo, que era un gran jugador español en el Puebla.

Nosotros fuimos los primeros en incluir a mujeres en la cobertura de eventos que, se suponía entonces, eran exclusivos para los hombres. Invitamos a Silvana Galván, una chica muy talentosa, para hacer notas de "color" sobre lo que sentían las mujeres en un evento de esta naturaleza.

En una ocasión, mientras conversaba con uno de nuestros mejores camarógrafos, le sugerí una estrategia para tener tomas distintas a las de Televisa. Le dije: "Tú tienes que ponerte detrás de la portería cuando juegue México y hacer tomas diferente. No tomes al árbitro ni a los jugadores que van al ataque; enfócate en los que se quedan atrás, defensas que se escupen, se jalan, se dan de cabezazos, se mientan la madre y el árbitro ni se entera".

Esa perspectiva, que normalmente quedaba fuera del encuadre tradicional, ofrecía una visión fresca y auténtica del partido, y rápidamente se convirtió en uno de los segmentos más esperados. Otra sección muy exitosa fue "Lo que no se oyó", en la que buscábamos captar los momentos en que los jugadores se decían groserías; nosotros les poníamos voz y resultaba muy reveladora sobre la intensidad con que se juegan los partidos.

Pero un Mundial no solo se trata de partidos y goles, sino también de historias humanas, de encuentros insólitos y de momentos irrepetibles. Una de esas historias ocurrió cerca de la medianoche, después de terminar uno de los programas de *Los Protagonistas*, cuando el Mundial se enfilaba hacia los cuartos de final. Esa vez, el productor me llamó para decirme que un tal Jorge Valdano quería hablar conmigo. Fui, tomé el teléfono y el argentino me dijo:

—Soy Jorge Valdano, José Ramón. Quiero decirle que todas las noches vemos su programa aquí en el campamento de Argentina. El programa es buenísimo, nos reímos como locos. Es maravilloso; sacan unas escenas formidables, el color, todo lo que hacen es muy bueno.

Yo le di las gracias por sus comentarios y estaba a punto de hacerle algunas preguntas sobre la preparación de Argentina rumbo a la fase de finales, cuando me interrumpió:

—Quiero decirle, José Ramón, que la gran figura de este torneo es Maradona. Ustedes hablan poco de Maradona y pasado mañana vamos a jugar un partido clave contra Inglaterra. ¿Sabés que la guerra por Las Malvinas está muy fresca y que los militares argentinos mandaron a puros jóvenes a las islas y los ingleses los mataron a todos?

—Toda una tragedia…

—Hay un odio terrible entre los argentinos e ingleses. Me gustaría que le dieran más juego a Diego Armando Maradona, que es una gran estrella. Veo que le dan mucha cobertura a España, a Bélgica, a Inglaterra y a Brasil, pero Argentina está jugando muy bien.

—Tienes razón, Jorge, gracias por la recomendación. Mañana mismo le dedicamos gran parte del programa a Maradona. Vamos a conseguir material con Telefe y el Canal 13 de Argentina, y hablaremos de su trayectoria. También abordaremos el problema de Las Malvinas, de cómo aventaron a los jóvenes argentinos a pelear. Solo te pido que me hagas un favor…

—Dime, lo que quieras…

—Consígueme una entrevista con Maradona.

—Sabés que Maradona no da muchas entrevistas, pero te la consigo. Ahora mismo nos ponemos de acuerdo.

—Pero yo no puedo entrar a los campos del América [Argentina tenía su sede en Coapa].

—¿Por qué?

—Porque es un equipo al que critico cada domingo, le pego con todo.

—Entiendo, entiendo, pero podemos hacer algo. No entrés por la puerta principal. ¿Vendrías con camarógrafo?

—Sí, un camarógrafo y un asistente.

—Entrá por la puerta de la cocina al mediodía; yo te espero, te doy el acceso y en un cuartito al lado estará Maradona.

Y así fue. Diez minutos antes de las 12 del día, un camarógrafo y yo llegamos a los campos del América y logramos ubicar la puerta trasera. Tocamos y quien nos abrió fue el mismísimo Valdano.

—¡Bienvenidos! —dijo el argentino—. Entren por favor, ahora mismo no hay vigilancia y podemos pasar a la cocina. Diego no tarda en bajar.

Valdano nos pasó al cuartito y, como a los cinco o seis minutos, llegó Maradona con su típico estilo: recién bañado, físicamente fuerte, con una mezcla de carisma y seguridad en sí mismo. En ese entorno casi clandestino, le dije:

—Ve el programa de hoy por la noche, Diego. Velo. Te vas a sentir feliz de la vida.

—Eso es lo que quiero —contestó Maradona con una gran sonrisa—. Quiero que los mexicanos nos apoyen, porque Argentina quiere ganar el Mundial de futbol y no hay otro como yo en el campo.

Y tenía razón, Maradona era un fenómeno en la cancha. Conseguimos material desde que él era pequeño y jugaba en los terrenos de un barrio muy pobre de Buenos Aires. Aparecía dominando la pelota, burlando rivales y metiendo goles de fantasía. Maradona fue creciendo, pasó por Argentinos Juniors, luego al Boca Juniors, y fue despuntando hasta convertirse en una gran figura.

La figura de Maradona se consagró como el motor del torneo. No era solo un jugador, sino el símbolo de una lucha, de una historia de superación que partía de un barrio marginado para convertirse en leyenda. A lo largo de esos días, la narrativa del Mundial se tejía entre partidos intensos, goles memorables y, sobre todo, la sensación de que algo histórico se estaba escribiendo ante nuestros ojos.

Para ese programa especial, entrevistamos a Menotti, quien había sido campeón con Maradona al dirigir a Argentina en el Mundial Juvenil de 1979. Le dedicamos más de media hora a la estrella de la albiceleste, en una especie de preámbulo al partido del morbo por lo que ocurrió en la guerra de Las Malvinas. Inglaterra traía un gran equipo, pero Argentina derrochaba talento, garra y sed de venganza. En la noche, después del programa, Valdano volvió a hablar. "José Ramón, estamos emocionadísimos. Te paso a Diego, quiere hablar contigo".

Al tomar la bocina, escuché a un Diego Armando eufórico y muy conmovido, al grado de que no se entendía muy bien lo me decía. Lo único que recuerdo es que repetía con frecuencia: "¡Gracias, estoy muy feliz!". Después de desahogarse, Maradona le pasó el teléfono a Valdano, quien cerró la conversación con la siguiente expresión: "Maravilloso programa. De aquí en adelante seremos grandes amigos".

El 22 de junio de 1986 es memorable por el encontronazo entre Argentina e Inglaterra en el Estadio Azteca, un partido en el que Maradona, literalmente, hizo magia en la cancha. La albiceleste ganó 2-1, con la célebre "Mano de Dios" y aquella anotación inmortal en la que deja sembrados en el camino a seis ingleses, un gol histórico por el grado de dificultad. Maradona se volvió la gran figura del Mundial y Argentina se convirtió en el equipo más poderoso. En semifinales, Argentina le pegó a Bélgica 2-0 con dos goles de Maradona y llegó a la final para ganarle 3-2 a Alemania.

Esa Selección Argentina bien pudo llamarse "Maradona y los demás", pues el resto de los jugadores eran unos troncos, pero, de alguna manera, Maradona encontraba la forma de entusiasmarlos y hacerlos jugar a todos. El técnico Carlos Salvador Bilardo tenía un esquema un tanto defensivo, pero Maradona se encargaba de jugar un poco más adelantado y empujaba al equipo al frente, con lo que se convirtió en el auténtico motor de aquel cuadro campeón.

El Mundial de 86 también demostró que las divisiones internas en la Selección Nacional y las malas decisiones de los directivos del futbol pueden terminar en desastre. Éramos anfitriones y, además, Hugo Sánchez estaba jugando en España. Era nuestra oportunidad para destacar en un Mundial, pero nada cuajó.

El técnico de la Selección era Bora Milutinović y la base del equipo era la cantera de Pumas; estaban Luis Flores, Miguel España, Raúl Servín y Manuel Negrete. Bora era un técnico muy inteligente y durante un año entero preparó a esa Selección, jugaba partidos por todos lados; además, no sufrió lesiones previas, por lo que el cuadro estaba completo.

Las figuras predominantes eran Tomás Boy y Fernando Quirarte, eran como los capitanes, y la llegada de Hugo Sánchez desató un revuelo dentro del equipo porque Hugo llegó en un plan muy sobrado por jugar en España y venir del Real Madrid, además de que les restó contratos de publicidad a los demás jugadores. Hugo lo niega todo, pero la verdad es que no lo querían, entre otras cosas porque no se sujetaba a las disposiciones de los capitanes mexicanos, que eran Boy, Quirarte y Javier Aguirre. La gota que derramó el vaso ocurrió en el partido contra Paraguay, que iba 1-1, y, faltando dos o tres minutos para el final, se marca un penalti a favor de México. Hugo tira y lo estrella en el poste. La gente se le volteó a la estrella del Madrid.

El otro problema de México es que el grupo de Cañedo, organizador del Mundial, mete mano en el calendario de juegos y se les ocurre la brillante idea de sacar al equipo del Estadio Azteca y se lo llevan a jugar a Monterrey contra los alemanes en los cuartos de final.

El partido se realizaría en la cancha de los Tigres, un sábado a las cuatro de la tarde, cuando hacía un calor terrible de 30 grados centígrados. La idea era que los alemanes se fundieran por la temperatura, pero todo resulta contraproducente, ya que el juego se va a tiempos extras, y tanto Boy como Hugo Sánchez salen del partido por calambres. Cuando el partido se va a penales, no había quién cobrara los tiros. Los alemanes, más fuertes y mejor preparados, cobran los penales y todos van para adentro. Por México, anotó Negrete, pero fallaron Quirarte y Servín. El portero Harald Schumacher se convierte en la figura y Alemania pasa a semifinales.

Por segunda ocasión, México cometió el error de sacar al equipo del Azteca para, supuestamente, disminuir físicamente a los rivales en otras canchas. En el Mundial de 1970, después de clasificar a la siguiente fase, los organizadores piensan que jugando en Toluca la altura terminaría menguando a los italianos en los cuartos de final. Sin embargo, los europeos resisten la prueba y terminan metiéndole 4-1 al equipo nacional. Así se manejaban las cosas. Los organizadores se sentían dueños absolutos de la Selección Nacional y hacían lo que querían.

9

Llega Andrés Bustamante
(Seúl 88)

En aquel verano de 1988, la ciudad de Seúl era un hervidero de energía contenida. Sus calles, marcadas por un crecimiento económico acelerado y un deseo palpable de mostrarle al mundo la nueva cara de Corea del Sur, se llenaban de pancartas y anuncios alusivos a los Juegos Olímpicos. El ambiente era una mezcla de tradición y modernidad: templos antiguos que convivían con rascacielos recién levantados, puestos de comida que perfumaban el aire con especias y ajo, y avenidas repletas de automóviles que reflejaban la prisa de un país en plena transformación.

Para quienes llegamos a cubrir la justa olímpica, el primer gran reto fue la adaptación: el idioma resultaba casi indescifrable, y los letreros en hangul, llenos de trazos ajenos a nuestro alfabeto, nos hacían sentir en un universo distinto. La gastronomía, con platillos basados en arroz, vegetales fermentados y una infinidad de guisos picantes, exigía un paladar valiente. Se rumoraba la existencia de un caldo de perro, algo que generaba un morbo ineludible entre los visitantes. Algunos nos aventuramos a probarlo, pero también buscábamos con ansia los pocos lugares donde vendían hamburguesas y hotdogs.

En el 88 debutó con nosotros Andrés Bustamante, un comediante de primera, original, irreverente, que les cambió el rostro a las coberturas de eventos deportivos en México. Su llegada no fue

77

casual. Lo conocía desde sus días en la Universidad Anáhuac del Norte, donde yo daba clases de teorías de la televisión. Desde entonces se había ganado mi admiración por su ingenio para improvisar y su facilidad para el albur, siempre ejecutado con elegancia.

Recuerdo que cierto día, uno de mis alumnos me dijo: "El peloncito de hasta adelante —desde aquellos años comenzaba a perder cabello— es talentosísimo. Páselo al frente y los sorprenderá con sus ocurrencias". La universidad contaba con un estudio con cámaras de televisión para que los alumnos aprendieran el manejo de un set. Ese día llegué y les anuncié: "No traigo la clase preparada, pero vamos a pasarla muy bien". Andrés Bustamante se me quedó viendo y entonces le dije: "Ven, pasa aquí al frente". Pensó que quizá se trataría de algún ejercicio, pero se quedó perplejo cuando agregué: "Esta clase la va a llevar Andrés y nos mostrará el arte de la improvisación".

—No, ¡cómo cree usted! —repuso el joven Bustamante.

—Sí, Andrés. Yo te doy permiso, como tu profesor, de que imites a quien quieras, a mí o al rector...

De la nada, Andrés armó una historia y empezó a crear personajes. Me imitó a mí, a otros profesores, a los demás compañeros, y el salón estaba envuelto en una carcajada. En ese momento entró el rector, un padre legionario, y lo invité a tomar asiento y disfrutar del espectáculo. Cuando el rector se sentó, le dije a Andrés:

—Ahora tienes que imitar al rector...

—No, al rector no.

—Sí, imita al rector.

Yo era muy amigo del padre y sabía que no lo iba a tomar a mal. Con algo de pena, Andrés lo imitó y el rector se moría de risa. En ese momento me di cuenta de que Andrés tenía madera para brillar como comediante, no solo por su gracia y su agilidad mental, sino porque es una de esas personas que alburea, pero lo hace con creatividad.

Durante algún tiempo lo dejé de ver, hasta que me lo encontré trabajando en televisión educativa. "¿Qué haces aquí? —le pregunté—. Tienes que estar en un canal como Imevisión, con nosotros". Puso algunos pretextos, pero supo que hablaba en serio cuando le propuse que comprara algunos vestuarios, pelucas y bigotes, y que hiciera sus maletas porque nos íbamos a Seúl. Casi lo empujábamos en el avión para que nos acompañara. Al final, se llevó al productor Luis Urquiza y comenzó a idear cápsulas de humor para integrarlas a la programación. En un principio, ninguno de los dos comprendía del todo cuál sería su función, pero desde los primeros días quedó claro que Andrés Bustamante era la pieza que faltaba para darle a nuestra cobertura un toque irreverente, cercano a la gente y sumamente creativo.

Mientras la mayoría de los medios se volcaba en las hazañas deportivas, nuestro equipo encontró un nicho en la risa y la ironía. Al mediodía en Seúl, que coincidía con las nueve de la noche en México, los televidentes podían disfrutar de un programa fresco, donde la formalidad del comentarista deportivo tradicional daba paso a personajes tan hilarantes como el Doctor Chun-Ga.

Entre las "innovaciones tecnológicas" que presentó el científico coreano estaban unos tenis especiales cuya función era evitar que los marchistas mexicanos fueran descalificados. Por aquellos días, los mexicanos estábamos desconsolados, luego de que un juez —el mismo que sancionó a Daniel Bautista cuando iba liderando la prueba en Moscú 1980— sacó de la competencia a Ernesto Canto cuando iba en primer lugar en marcha de 50 kilómetros y faltaban tres para llegar a la meta. Se trataba de un calzado con un aditamento secreto que, cuando se acercaba un juez con la intención de amonestar, el atleta tiraba de un hilo y entonces aparecía un billete de 100 dólares para que el réferi se hiciera de la vista gorda.

Para un país como México, que sentía en carne propia las descalificaciones y los altibajos de su delegación, la aparición de Andrés

Bustamante era un bálsamo. Lo mismo hacía reír a la gente con sus parodias que nos ponía en aprietos a los conductores con sus locuras. Uno de los acuerdos que tenía con Andrés era que inventara los personajes y que nunca me dijera de qué se iba a tratar. Eso les daba mucha espontaneidad a sus participaciones y a mí me daba la oportunidad de sorprenderme y divertirme de manera genuina, sin que hubiera un guion de por medio.

Recuerdo en particular el día en que Bustamante, metido en la piel del Doctor Chun-Ga, saludó a tres intérpretes surcoreanas que trabajaban con nosotros, pero quedaron perplejas: no entendían ni una palabra. Entre risas, explicaban que su coreano no se parecía en nada a los balbuceos de Andrés, y él respondía, sin inmutarse, que ellas no entendían porque él provenía de otra región, más allá de la península. Era un juego de espejos culturales que desarmaba a cualquiera.

La inauguración de esos Juegos fue otro espectáculo inolvidable. Entre fuegos artificiales y coreografías milimétricamente ensayadas, Corea del Sur se presentaba ante el mundo con una mezcla de orgullo nacional y voluntad de apertura. La ceremonia incluyó una flotilla de embarcaciones surcando el río Han y una música, "Hand in Hand", que resonaría durante años como el himno de la amistad olímpica.

Cuando terminaron los Juegos de Seúl, no solo habíamos sido testigos de competencias emocionantes y proezas atléticas. También habíamos presenciado el debut de un genio del humor, un comediante con la habilidad de transformar la tensión en carcajadas, de tender puentes entre culturas y de recordarnos, con cada parodia, que la risa puede ser tan universal como el deporte mismo. Al terminar la cobertura del 88, le dije a Andrés: "Aquí te quedas".

10

Los cachirules
(Italia 90)

No sé si hay un solo momento en mi vida profesional que haya concentrado tanta frustración, enojo y determinación como lo fue el Mundial de Italia 1990. Para entonces, yo llevaba años involucrado en coberturas deportivas, había asistido a cuatro Juegos Olímpicos, a tres Mundiales y a innumerables torneos de liga. Sin embargo, jamás imaginé que un trabajo periodístico que, en principio, solo pretendía revelar la verdad, terminaría sellando mi ausencia en uno de los eventos más importantes del planeta.

Todo empezó en 1988, cuando descubrimos el escándalo de los "cachirules". En aquel entonces, trabajaba con un equipo de periodistas dispuestos a revisar cualquier detalle en el desempeño de la Federación Mexicana de Futbol (FMF). Uno de mis compañeros, Antonio Moreno, me hizo ver que el álbum oficial de la selección juvenil presentaba a varios jugadores con edades sospechosas. Nosotros, como periodistas, no podíamos pasar por alto tal irregularidad: aparecían jugadores registrados como sub-20 cuando, en realidad, tenían hasta 27 años.

La investigación no fue fácil. Nadie quería tocar el tema, se percibía un silencio incómodo en el medio. Para justificar la falsificación de documentos, se decía que los africanos siempre se pasaban de la edad, que incluso hasta tenían bigote, lo que en el fondo solo desviaba la atención de lo que sucedía en casa. Pero nosotros

81

teníamos actas de nacimiento, documentos reales que contrastaban con la información oficial. Decidimos presentar los hallazgos en dos programas especiales, mostrando las pruebas que confirmaban que la selección mexicana juvenil había inscrito a jugadores mayores de lo permitido.

La reacción de la FMF fue tan virulenta como inmediata. En lugar de reconocer el problema o negociar una salida, Rafael del Castillo, en ese entonces presidente de la Federación, estalló en furia. No tardaron en lloverme acusaciones de "traidor a la patria", de haber puesto en peligro la clasificación de México. La hostilidad se palpaba en los pasillos de los estadios, en las tribunas donde aparecían mantas pidiendo mi salida del país. Sin embargo, nadie se solidarizó con el equipo de periodistas que documentamos la anomalía, ni directivos, ni jugadores, ni medios de comunicación. Nadie quería involucrarse, porque era un tema delicado.

Algo que agravó las cosas, fue que para ese entonces México había ganado la eliminatoria que se jugó en Guatemala y ya tenía su boleto para ir al Mundial Sub-20, que se realizaría en Arabia Saudita. Es decir, nuestra revelación periodística ponía en riesgo la participación de la Selección Nacional en la justa mundialista. Para colmo de males, Del Castillo tenía un pleito a muerte con Joaquín Soria Terrazas, presidente de la Concacaf, quien era acusado de hacer negocios personales con la asignación de sedes para los partidos internacionales. El tema de los cachirules le dio elementos para sacar a México del torneo y de paso vengarse de Del Castillo.

La Federación nos acusó de "traidores a la patria", diciendo que era una infamia para dañar al futbol mexicano, pero lo que nunca entendieron es que nosotros somos periodistas y nuestra la labor no es hacernos de la vista gorda ante las anomalías cometidas por los directivos, sino denunciarlas y hacerlas de conocimiento público.

El tema adquirió dimensiones gigantescas cuando João Havelange, entonces presidente de la FIFA, se enteró del fraude en las eliminatorias del Mundial Sub-20. "Si un país organizador o que haya jugado en ese premundial protesta, tomaremos cartas en el asunto", dijo el directivo. Y así ocurrió: Guatemala protestó formalmente, y la sanción llegó como un martillazo. La selección juvenil quedó eliminada, a pesar de haber calificado.

Rafael del Castillo y su equipo viajaron a Zúrich para entrevistarse con Havelange y tratar de revertir la sanción contra México. La expedición contó con el apoyo de Guillermo Cañedo, quien era el verdadero mandamás de la Federación Mexicana de Futbol y alto funcionario de Televisa. Havelange se había hecho muy amigo de Del Castillo durante el Mundial del 86, por lo que el mexicano pensó que podría disuadir a la cúpula de la FIFA para que le permitieran a México competir.

Sin embargo, Havelange se enojó mucho porque Del Castillo no supo manejar la situación y dijo cosas que le calentaron la cabeza al presidente de la FIFA. Cañedo, por supuesto, se puso del lado de Havelange. Entonces, vino el terremoto: Havelange castigó a todas las selecciones, no solo a los juveniles; la selección mayor también fue castigada debido a la actitud de la Federación Mexicana, que no quiso reconocer que hubo un ilícito. Se esfumaba así el sueño de ir al Mundial de Italia 90.

Cañedo me contó alguna vez que cuando se llevó a cabo la votación interna en la FIFA, México perdió tres votos contra dos. Julio Grondona, entonces presidente de la Asociación de Futbol Argentino, jugó rudo y votó en contra de México, con lo que se decidió que el equipo mexicano no iría a Italia.

En ese punto, mi nombre quedó marcado con tinta roja en la libreta de la Federación Mexicana de Futbol. Yo era el "responsable" de que México no asistiera al Mundial. Del Castillo me culpó de inmediato de la tragedia y mandó de arietes a Carlos Hermosillo y a Hugo Sánchez para golpearme.

Hugo, en su apogeo como goleador en España, se lanzó en mi contra con declaraciones absurdas como: "Yo estaba en mi mejor momento, íbamos a ser campeones del mundo, yo iba a ser el máximo goleador del Mundial…". Hermosillo también tuvo palabras duras hacia mi persona. La prensa se dividió, algunos me defendían y otros me atacaban con vehemencia.

A partir de entonces, todo fue cuesta arriba. Al Mundial de Italia no fui, me quedé con Carlos Albert y debutamos al comediante Brozo, de Víctor Trujillo. A la cobertura viajó una delegación muy pequeña compuesta, entre otros, por el Güiri Güiri y Raúl Orvañanos; nos ayudaron Rafael Puente y Miguel Mejía Barón en algunos programas.

Cuando pensé que las cosas no podían empeorar, nos enteramos de las tretas de Televisa para hacernos a un lado. En aquel tiempo, el director general de Imevisión era Pablo Marentes González, quien no había pagado a tiempo los derechos de transmisión del Mundial. En el contrato con la OTI había una cláusula que decía que si una de las empresas se atrasaba en el pago de los derechos, el otro socio del país podía absorberlos si cubría la cuota. Imevisión se retrasó por unos 15 o 20 días. Televisa aprovechó la oportunidad, pagó y dijo: "Ya absorbimos tus derechos".

Yo protesté, peleé y busqué ayuda. Acudí a Gilberto Borja, que presidía el Patronato de Pumas, y a Jesús Hernández Torres, que era el director general de Radio, Televisión y Cinematografía, y les dije: "No pudimos pagar a tiempo y nos quedamos sin derechos". Finalmente, personal de Gobernación habló con Televisa y les dijo: "No puedes hacer eso". Sin embargo, ellos argumentaron que la señal les pertenecía y que nos daban derecho a un resumen diario de 15 minutos.

Me parecía un ultraje. Desde hacía años, en Imevisión habíamos construido un estilo de cobertura que incluía análisis a fondo, segmentos de humor y reportajes especiales. En las reuniones entre directivos de ambas empresas, exigí hacer un resumen de una hora o una hora y media que se llamaría "Los Protagonistas".

Entonces la gente de Televisa dijo: "Bueno, estoy de acuerdo. Haz tu resumen, pero los partidos de futbol los pasamos nosotros. Tú tomas la señal, pero la publicidad la metemos nosotros".

Pero más complicaciones estaban por venir. El 20 de mayo de 1990 se jugó en el Estadio Azteca el partido de vuelta de la semifinal entre el América y los Leones Negros de la Universidad de Guadalajara (UdeG); el equipo tapatío había ganado 2-0 en el partido de ida y las Águilas necesitaban un triunfo con al menos dos goles de diferencia para poder avanzar a la gran final y buscar el ansiado tricampeonato.

En el primer tiempo, el América de Jorge Vieira logró dos anotaciones por conducto de Luis Roberto Alves "Zague" y Antonio Carlos Santos, resultado que, gracias a que las Águilas terminaron como líderes en la temporada regular, las colocaba con pie en la final. Pero poco antes de terminar el partido, el árbitro José Antonio Garza y Ochoa marcó un penalti en favor de la UdeG, luego de una mano cometida fuera del área por Gonzalo Farfán. El marcador global fue de 3-2 en favor de los Leones Negros y derrumbó los sueños hegemónicos de Coapa.

Al día siguiente, el entonces director general de Imevisión, José Antonio Álvarez Lima, me citó para mostrarme la primera plana de la sección de Deportes del diario *El Universal*. Con rostro serio, el funcionario colocó sobre su escritorio un periódico cuyo principal titular era: "Compraron al árbitro". Entonces habló:

—Televisa dice que tú compraste al árbitro…

—Pero ¿cómo crees que yo voy a comprar un árbitro? ¿Cómo crees que voy a pactar con Garza y Ochoa, con quien ni siquiera me llevo? Tendría que pagarle, no sé, dos, tres o cinco millones de pesos. ¡No los tengo! ¡Es una infamia de Televisa!

Con las repeticiones se pudo comprobar que, efectivamente, la mano de Farfán había sido fuera del área. Para Emilio Azcárraga y Guillermo Cañedo fue una noticia terrible.

—Te van a joder —amenazó el directivo de Imevisión.

—¡Pinche Álvarez Lima! ¿Y no me defendiste? —le reclamé.

—No puedo defenderte.

—Tú tienes una carrera política y quieres ser gobernador de Tlaxcala, seguro estás con ellos, porque necesitas el apoyo del sistema.

La discusión se realizaba en la sala de juntas y sobre la mesa, en el lugar de Álvarez Lima, había periódicos del día, galletas y café. La única testigo era una chica que trabajaba con nosotros desde hacía 30 años en cuestiones administrativas. La mesa contaba con un botón de emergencia, colocado de manera oculta en el lugar que ocupaba el director; si era presionado, en cuestión de segundos aparecía personal de seguridad.

—Tú estás de parte de ellos —insistí.

—No, no me digas eso.

—Y ahora me dices que no me darán mi acreditación para el Mundial. ¿No te das cuenta de que es una campaña en mi contra?

—Pues es que tú sacaste el tema de los cachirules…

—¡Es que existen! Es una irregularidad grave. Tú eres político, vienes de la política y deberías saberlo.

Cuando Álvarez Lima notó que yo estaba perdiendo los estribos, buscó el botón para llamar a sus guaruras, que estaban apostados afuera de la sala de juntas. Al darme cuenta de su intención, un impulso irracional me llevó a lanzarme sobre la mesa para tomarlo por la mano y evitar que activara la alarma. No me importó que el café se derramara sobre el piso ni que las galletas salieran disparadas. Primero debíamos arreglar varios pendientes.

El problema inmediato era calmar los ánimos entre el personal de Imevisión, que se había inconformado por la presencia de un camión de Televisa en nuestras instalaciones; Álvarez Lima había autorizado el ingreso de la unidad móvil para que tuviéramos acceso a la señal de los juegos del Mundial para nuestros resúmenes.

"Nos has traicionado y tienes un problema grave —le advertí a Álvarez Lima—. Allá afuera hay una unidad con el logo de Televisa; la van a apedrear, le van a bajar las llantas y la van a pintar con la leyenda 'hijos de puta' o cualquier otra cosa. Dile a Televisa que la saque de inmediato. Que utilicen otro método para pasarnos la señal, ¡pero que saquen ese camión!". A los pocos días, la unidad de Televisa salió de las instalaciones, con lo que sentí que se desactivaba una bomba de tiempo.

Mientras todo esto sucedía, un reducido grupo de compañeros, entre ellos Raúl Orvañanos, Francisco Javier González y Alberto Fabris del Toro, sí logró viajar a Italia. En ese Mundial debutó el irreverente Brozo, quien terminó por convertirse en una figura popular en las transmisiones de la época. Para nuestro alivio, el programa tuvo muy buen rating y Televisa volvió a infartarse. A pesar de tener todo en contra, el talento de los periodistas, comentaristas y técnicos de Imevisión nos ayudó a navegar en esas aguas turbulentas.

En México, nos quedamos Carlos Albert y yo, intentando sacar adelante un programa de análisis y entretenimiento sin el material principal: los partidos en vivo. Recuerdo una noche, durante una de nuestras transmisiones desde México, en la que tratamos de mantener el tono alegre que caracterizaba al programa. Unas risas forzadas se colaron en pantalla. El público no sabía que por dentro nos consumía la impotencia. Teníamos que improvisar segmentos, comentar jugadas de las que no poseíamos más que segundos de imágenes autorizadas. El "resumen" se convertía en un acto de ingeniería televisiva: debíamos alargar un puñado de tomas hasta llenar la hora de programa.

Ya comenzado el Mundial, me enteré de que mi acreditación sí estaba lista; el propio Cañedo me dijo que había sido elaborada, pero nunca la vi físicamente. Incluso sin credencial, pude haberme ido a Italia para apoyar la cobertura desde afuera de los estadios, pero preferí quedarme en solidaridad con Carlos Albert y con todos los compañeros que resistieron las presiones desde el escándalo de los cachirules. Siempre que pude, defendí a Albert, a quien considero un colaborador leal; incluso años después, cuando tuvo diferencias con Moisés Saba, socio de Ricardo Salinas, intenté abogar por su permanencia en la empresa, pero su estilo corrosivo ha terminado cerrándole las puertas.

Una situación radicalmente opuesta ocurrió con Orvañanos. En 1991, poco después del Mundial de Italia, me dijo: "Ya no quiero trabajar más aquí". En aquel tiempo, los sueldos eran muy bajos, así que no tenía elementos para detener a los colaboradores. "Aquí no gano dinero y quiero ser rico. Me ofrecen una oportunidad en Cablevisión", me notificó. Le respondí: "Pues vete".

El 90 fue un año muy complicado y yo, como jefe de Deportes, tuve que sincerarme con el equipo. Antes del campeonato mundial les dije: "Están en libertad de ir quienes quieran. No hay mucho dinero porque los patrocinadores se enteraron de que tendremos una cobertura muy limitada. El que quiera ir, que vaya. Los paquetes, boletos y hotel están listos". Recuerdo que Orvañanos llegó un día por la tarde, estaba un poco serio y me dijo:

—Tengo un problema.

—¿Qué problema tienes?

—Es que, después del Mundial, tengo planeadas unas vacaciones con mi esposa en Europa. Qué mejor que aprovechar el boleto, ir al Mundial y luego continuar con las vacaciones.

—¿Ya lo tenías preparado?

—Sí, ya lo tenía preparado.

—Bueno, entonces ve. Irán muy pocos. El presupuesto es muy pequeño y gran parte de *Los Protagonistas* se hará en México —le contesté, aunque desde un principio supe que lo de las vacaciones con su esposa era un pretexto, él simplemente no se quería quedar.

Con el paso de los días y las semanas, comprendí que Italia 90 fue el costo que tuve que pagar por decir la verdad. Suena grandilocuente, pero no encuentro otra forma de describirlo. Me convertí en una especie de "enemigo público" para la dirigencia del futbol mexicano y para quienes, en lugar de querer limpiar el deporte, preferían silenciar a los críticos. Sin embargo, aquella tensión no fue en vano: el escándalo de los cachirules quedó como una lección imborrable para la historia de nuestro balompié, y la sanción de la FIFA evidenció que la trampa no podía perpetuarse impunemente.

A pesar de todo, no me arrepiento. Sí me vetaron, sí me insultaron en estadios y me amenazaron en pasillos, pero mi conciencia permaneció tranquila. Mi responsabilidad era —y sigue siendo— exponer lo que considero injusto o fraudulento en el ámbito deportivo. Y si eso significa perder la oportunidad de asistir a un Mundial, lo acepto, porque creo firmemente que la credibilidad y la ética no tienen precio.

Ya en el terreno de juego, la final la jugaron Argentina y Alemania, con Edgardo Codesal como árbitro, quien marcó un penalti decisivo en favor de Alemania, cuando faltaban ocho minutos para que terminara el encuentro. Ese Mundial se caracterizó por el juego defensivo, partidos cerrados y pocos goles, lo que lo convirtió en uno de los torneos con el promedio de gol más bajo en la historia. Sin embargo, también tuvo momentos icónicos que lo hicieron memorable.

La coronación de Alemania, con gol de penal de Andreas Brehme, fue la revancha de la final de 1986, cuando Argentina derrotó a Alemania en el Estadio Azteca. Con ese título, Franz Beckenbauer consigue la hazaña de ser campeón del mundo como jugador y como técnico. El anfitrión quedó en tercer lugar, pero mostró al mundo a Salvatore Schillaci, quien fue la gran revelación al ganar la Bota de Oro con seis anotaciones. Camerún fue la sensación del torneo, al eliminar a Colombia en octavos de final con goles de Roger Milla, quien se convirtió en el símbolo del futbol africano.

Pasó el Mundial de 1990 y las cosas siguieron tensas con Televisa. Yo seguí peleando por que compartiera a la Selección Nacional con nosotros, lo que se logró después de mucha pelea. Televisa dijo: "Yo compro todo el futbol y se los revendo a ustedes". Y así fue el acuerdo entre los dueños de las televisoras.

11

La flecha falsa
(Barcelona 92)

Barcelona 1992 fue toda una revelación. Una ciudad que, aunque siempre había sido vibrante y llena de historia, en esos Juegos Olímpicos se transformó en un escenario espectacular que dejó huella en todos los que tuvimos el privilegio de estar ahí.

Desde el primer día, la atmósfera en las calles era electrizante. La ciudad catalana, tradicionalmente con una mirada hacia su interior histórico, volteó al mar y se reinventó. La transformación urbanística había sido impresionante: la apertura de la ciudad al Mediterráneo con la Villa Olímpica y el Puerto Olímpico le daba un aire moderno y cosmopolita. No se trataba solo de una justa deportiva, sino de una fiesta de la humanidad.

La ceremonia de inauguración marcó el tono de lo que serían unas Olimpiadas inolvidables. En el Estadio Olímpico de Montjuïc, la multitud esperó con ansias un espectáculo que rompió esquemas. Luciano Pavarotti, Plácido Domingo y José Carreras entonaron himnos que erizaron la piel, acompañados por la inconfundible voz de Montserrat Caballé.

Freddy Mercury, aunque ya había fallecido, estuvo presente en el recuerdo de todos con el himno "Barcelona", que compuso en honor a la ciudad. La música, la coreografía impecable y la emoción de los atletas al desfilar bajo la bandera olímpica construyeron un momento único.

Durante la ceremonia de inauguración, Andrés Bustamante, personificado como Ponchito, logró meterse a la cancha del Estadio Olímpico, burlando la férrea seguridad de los Mozos de Escuadra. Mientras una gigantesca bandera olímpica cubría a todos los atletas que habían desfilado y se habían concentrado en el campo, Ponchito y un camarógrafo lograron colarse debajo de la manta para entrevistar a algunos de los competidores mexicanos, lo que permitió capturar las emociones en tiempo real. Todo transcurrió sin percances, hasta que el material grabado reveló algo inesperado: la flecha ardiente que supuestamente había encendido el pebetero olímpico no había sido tan precisa.

La forma en que el pebetero se encendió pasó a la historia como una de las imágenes más icónicas de los Juegos: un arquero lanzó una flecha ardiente que, en un aparente acto de precisión absoluta, prendió la llama olímpica. Para el mundo, aquello fue un acto de perfección. La televisión internacional vendió el momento como un milagro de destreza, pero nosotros capturamos la verdad. La toma captada por Ponchito y su camarógrafo mostraban que el dardo en realidad pasó de largo, sin siquiera tocar el pebetero. Es decir, un ingenioso juego de cámaras de televisión hizo creer que el arquero tenía excelente puntería, cuando lo que en verdad ocurrió fue que la flecha solo pasó cerca y alguien encendió manualmente la llamarada.

Esas tomas exclusivas las transmitimos por la noche, durante el resumen de *Los Protagonistas*. Ponchito se presentó en el estudio para relatar su cobertura y después de describir sus andanzas, le pregunté: "Bueno, ¿y dónde terminó la flecha?". Un poco consternado, Ponchito se levantó de su asiento, giró el torso con pena y exhibió la ballesta incrustada en su trasero. Al público le fascinó la puntada, pero a quienes no les gustó fue a los integrantes del Comité Olímpico.

Al día siguiente, nos llamaron a comparecer con varios directivos importantes. Nos pidieron el casete, discutieron sobre normas de seguridad, pero nunca mencionaron el engaño del pebetero. Para ellos, el problema era nuestra intromisión en la ceremonia y el riesgo que, según ellos, habíamos generado. Entre los presentes había un directivo inglés que no pudo contener la risa al ver la grabación, repitiéndola varias veces, como si no pudiera creer lo que había ocurrido. "Repítamelo otra vez, es increíble lo que hizo este loco", decía. Gracias a un aliado inesperado, el jefe de la televisión que transmitía la señal oficial, logramos salir del problema. Nos requisaron el casete original, pero conservamos una copia como testimonio de aquella anécdota que, por poco, nos cuesta nuestra acreditación.

El argumento de las autoridades olímpicas era que habíamos violado las normas de seguridad y que pusimos en riesgo a los atletas, pero nosotros sabíamos que, en el fondo, lo que había causado el malestar del comité organizador, principalmente de los catalanes, era haber revelado el truco de la flecha.

Más allá de ese episodio, Barcelona 92 fue un éxito absoluto. El formato de cobertura evolucionó y nuestra forma de narrar también. Si bien el futbol olímpico no tenía aún el peso que alcanzaría en años posteriores, los deportes estrella seguían siendo atletismo, natación y gimnasia. Por eso, llevamos a los mejores especialistas en cada área. No éramos solo periodistas; teníamos exatletas que sabían leer los movimientos, entender las reglas más complejas y transmitir con pasión cada momento. La narración se convertía en un arte cuando lográbamos que la audiencia sintiera que estaba en las gradas, respirando el mismo aire que los competidores.

Para aquella cobertura llevamos a gente especializada como Estela de la Torre en gimnasia y Luis Niño de Rivera en clavados, dos disciplinas difíciles de narrar. Barcelona fue un punto de inflexión. Nos mostró que la televisión tenía el poder de construir mitos y que nosotros, con una cámara en la mano y el instinto periodístico encendido, podíamos capturar la realidad detrás del espectáculo.

12

El rompimiento entre Mejía Barón y Hugo
(Estados Unidos 94)

Aquel verano de 1994 en Estados Unidos se fijó en mi memoria como una de las coberturas más intensas y desafiantes de mi carrera como periodista deportivo. Era una época en la que el futbol mexicano y los malos manejos se entrelazaban en un torbellino de emociones y controversias.

Antes del Mundial, entre 1991 y 1992, me vi envuelto en una demanda de la que jamás imaginé ser parte. José Antonio García, presidente de la rama de Primera División de la Federación Mexicana de Futbol, se sintió amenazado por unos documentos que habíamos logrado sacar a la luz, los cuales revelaban que había depósitos poco claros en sus cuentas bancarias. La demanda ascendió a la friolera de 6 millones de dólares, aunque, en el fondo, se desvaneció tan rápidamente como surgió, dejando atrás un rastro de desconcierto y una lección sobre los límites de la transparencia en el mundo del deporte.

Pero el Mundial seguía su curso y ofrecía nuevas historias. México reaparecía en la Copa del Mundo después de ocho años de ausencia, toda vez que en Italia 90 no tuvo participación debido a la sanción impuesta por la FIFA por el conflicto de los cachirules. México debutó en Washington ante la Selección de Noruega y para la transmisión invitamos al Rey Pelé, cuyo carisma y leyenda cautivaron a todos. Sin embargo, en un partido en el que México perdió 1-0 ante Noruega, la narrativa se tornó en una amarga constatación de que el futbol, a pesar de su magia, también está lleno de desencuentros y derrotas. México jugó muy mal, Hugo Sánchez se perdió en ese juego y, cerca del final, Zague falló un remate de cabeza cuando estaba solo a dos metros de la portería.

En Orlando, para el segundo partido, el ambiente dio un giro inesperado. Hugo Sánchez no fue alineado y Luis García apareció como centro delantero e hizo dos goles que desataron la euforia colectiva, con lo que lograron una victoria de 2-1 contra Irlanda. Para el tercer partido, la Selección Nacional enfrentó a Italia; un gol memorable de Marcelino Bernal, con un cañonazo desde fuera del área, permite el empate y el pase de México a la siguiente ronda. Pero, como suele suceder en este deporte de emociones intensas, las disputas internas también se hicieron presentes.

Fue en el encuentro contra Bulgaria cuando se registró una de las mayores polémicas en la historia de las selecciones nacionales. El juego terminó empatado 1-1 en el tiempo reglamentario con goles de Alberto García Aspe por la vía del penalti y de Hristo Stoichkov tras una descolgada por el extremo izquierdo. Para el primer tiempo extra, los búlgaros se veían más fuertes y el técnico mexicano, Miguel Mejía Barón, aún tenía un cambio disponible, por lo que puso a calentar a Hugo Sánchez. Para ese entonces, ya habían pasado los años de gloria del mexicano con el Real Madrid y desde 1992 había transitado con pocos resultados en equipos como el América, el Rayo Vallecano y el Atlante.

Mejía Barón quería meter a Hugo Sánchez en lugar de Benjamín Galindo, quien se venía desempeñando en el medio campo; su idea era mantener a Zague al frente y que Sánchez jugara más retrasado para surtirle balones en el ataque. Hugo desafió al técnico y se negó a entrar al terreno de juego alegando que su jerarquía no le permitía ser medio volante o un lanzador de pases. Cada quien cuenta su versión. Mejía Barón tiene la suya, Hugo cuenta la propia, pero personalmente creo más la del entrenador.

Para algunos, la negativa de Hugo fue un acto de rebeldía y orgullo mal entendido, mientras que para otros representó la señal de un jugador que había perdido el toque y la conexión con la afición. Esa controversia dejó cicatrices en el ambiente y marcó un antes y un después en la relación entre Hugo Sánchez y el cuerpo técnico, llegando incluso a fracturar antiguas amistades.

Mi interpretación personal de los hechos es que Hugo Sánchez fue una carga para Mejía Barón durante el Mundial de 1994. Hugo ya tenía 36 años, evidentemente ya habían pasado sus mejores épocas, pero era innegable que aún poseía renombre. Hugo Sánchez jugó contra Noruega en el primer partido, pero tuvo un pésimo desempeño, pues no generó jugadas de peligro. Para el segundo cotejo contra Irlanda, Mejía Barón alineó a Luis García, quien para entonces era un joven de 25 años y estaba en plenitud de facultades; Luis García debutó con el pie derecho, metió dos goles, y mandó a Hugo Sánchez a la banca.

Esa experiencia fue un trago muy amargo para Hugo Sánchez, no solo porque opacó su prestigio internacional, sino porque era amigo de Mejía Barón y había hecho un "arreglo" con él para jugar en el Mundial. Un año antes, en 1993, el Pichichi le había pedido al entrenador que lo llevara a la Copa América que se realizaría en Ecuador con el objetivo de que fuera el escenario para su retiro de las canchas. Mejía Barón le concedió el deseo y el equipo mexicano mostró un buen funcionamiento, al grado de que llegó a la final contra la Selección de Argentina, que se llevó el trofeo con dos buenos goles de Gabriel Batistuta. Después de ese torneo, Hugo Sánchez se da cuenta de que puede seguir jugando, piensa que puede agarrar un segundo aire y le vuelve a pedir a Mejía Barón que lo lleve al Mundial de Estados Unidos. El técnico aceptó meterlo en la lista de convocados, más por compromiso y amistad que por convicción, pues Hugo no encajaba en su planteamiento táctico, y la prueba está en que el exmadridista se perdió durante el primer partido contra Noruega.

Semanas después del Mundial, Hugo contó la historia de que, después del encuentro de México contra Bulgaria, Stoichvok se le acercó para decirle: "Quiero que le digas a tu entrenador que le agradecemos muchísimo que no te haya metido al campo, porque mis compañeros estaban tan muertos de miedo de que entraras, que psicológicamente nos hubieran ganado".

Volviendo al Mundial de 1994, la final la jugaron Brasil e Italia, en Pasadena, en un estadio para 100 mil espectadores. La Verdeamarela traía un gran equipo, comandado por la dupla explosiva Romario-Bebeto, dos formidables jugadores que se hicieron famosos porque los goles que metían se los dedicaban a sus hijos recién nacidos y durante los festejos simulaban mecer a un bebé con los brazos. Italia también tenía en sus filas a grandes jugadores, pero el calor de Pasadena los aniquiló. Brasil alzó la Copa tras ganar 3-2 en penales.

Recuerdo que hubo cosas insólitas durante el Mundial de Estados Unidos. El gran defensa italiano Franco Baresi se lesionó los ligamentos durante los primeros juegos, pero fue llevado a Nueva York, lo operaron, se recuperó en unos cuantos días y pudo estar presente en la final. Lamentablemente falló un penal, al igual que Roberto Baggio, e Italia perdió el campeonato. Brasil tenía un excelente cuadro y fue un digno campeón; había eliminado a Holanda 3-2 en uno de los mejores partidos del Mundial que se jugó en el Cotton Bowl de Dallas, Texas.

Al día siguiente de ese cotejo, conseguimos que nos prestaran el estadio y jugamos un partido amistoso entre el personal de Imevisión. El encuentro fue entre el equipo de Ponchito y la escuadra de Brozo. Ese partido fue una experiencia divertida, pero nuestros editores también hicieron un gran trabajo para deleite de los espectadores. Ambos comediantes ejecutaban jugadas que los hacían parecer fenómenos del futbol; burlaban a todos, daban pases de fantasía y Ponchito metía cualquier cantidad de goles. Nacho Trelles era nuestro "técnico" y el que definía nuestra estrategia de ataque. Hacía un calor de 40 grados y recuerdo que en pleno partido abrieron los aspersores de agua y todos terminamos empapados. Cubrir un Mundial de futbol es agotador, pero también tiene su lado gratificante, al darnos algunos minutos de diversión. Al día siguiente no podíamos correr ni caminar, pero el trabajo nos exigía seguir adelante y hacer las transmisiones a pesar de los calambres.

13

"Parece que hay una bomba"
(Atlanta 96)

En el verano de 1996, la ciudad de Atlanta era un hervidero de acontecimientos que hacían palpitar el pulso de la historia en cada rincón. Aquellos Juegos Olímpicos no eran solo una competencia deportiva; eran el escenario donde el riesgo, el caos y la pasión se mezclaban para forjar recuerdos imborrables.

Era la madrugada del sábado 27 de julio y la justa olímpica llevaba nueve días de actividades. El reloj marcaba la 1:20 y todo parecía transcurrir sin contratiempos en el Centro Internacional de Televisión. La mayoría de las cadenas habían cerrado sus transmisiones y el inmueble estaba casi deshabitado. Andrés Bustamante y un grupo de nuestros comentaristas se habían despedido hacía como 10 minutos y se dirigían al hotel en que nos hospedábamos, a las afueras de la ciudad.

Nuestra transmisión de *Los Protagonistas* estaba a punto de terminar, solo faltaba el número de El Charro Amarillo, un personaje de Víctor Trujillo que componía corridos con puros albures; sus estrofas solían terminar con ciertos versos para que yo completara la frase con "… la chingada". Eran unos sketches muy divertidos e ingeniosos, aunque El Charro siempre cantó muy feo.

Fue en ese preciso instante, cuando ya todo parecía llegar a su fin, que se desató lo inesperado: el inusual estruendo de patrullas y ambulancias que se dirigían al Centennial Olympic Park, donde

101

cientos de personas se reunían hasta altas horas de la madrugada para convivir y seguir los Juegos a través de pantallas gigantes.

Con la voz entrecortada, un productor nos advirtió que la NBC ya había suspendido su transmisión y que estaban haciendo enlaces desde aquella plaza. La frase retumbó en el aire como un disparo: "Parece que hay una bomba". En ese instante, el tiempo pareció detenerse. Le dije al productor que se "colgara" de las señales de NBC, de la BBC y de otra cadena australiana que en esos momentos tenía reporteros en la zona del ataque.

A esa hora, solo estábamos Víctor Trujillo y yo para hacer la cobertura, por lo que le dije: "Cámbiate y sal a hacer entrevistas y reportes sobre lo que veas". Mientras tanto, me quedé con el productor en el set para conducir la transmisión. Se trató de una bomba casera, pero causó mucho revuelo, ya que fue confeccionada con clavos, y hubo dos personas muertas y más de 100 heridas. El Centennial Olympic Park estaba casi enfrente del Centro de Televisión, por lo que pudimos ver la llegada de unas 20 ambulancias, medio centenar de patrullas y 10 camiones de bomberos.

Por cuestiones de seguridad y ante la posibilidad de que hubiera otros artefactos explosivos en el perímetro del atentado, la policía de Atlanta ordenó desalojar el Centro de Televisión. Para poder seguir la transmisión y evitar que nos sacaran del edificio, se me ocurrió decirle al productor que apagara las luces de nuestro estudio y que pusiera candado a la puerta, con lo que logramos despistar a los dos policías que habían subido a ver si no había periodistas trabajando a esas horas.

Así, de manera casi clandestina, TV Azteca pudo dar cobertura al atentado que, más tarde se supo, fue perpetrado por un terrorista estadounidense llamado Eric Robert Rudolph, quien se oponía al aborto, a la homosexualidad y a los supuestos valores "socialistas" y "globalistas" que enarbolan los Juegos Olímpicos. Nuestra improvisada transmisión se prolongó hasta las tres de la madrugada, cuando el noticiario *Hechos* de Javier Alatorre se encargó de darle seguimiento al caso.

En ese momento se puso en evidencia que el periodismo deportivo puede responder ante situaciones extremas, ya que la mayoría de los reporteros de cadenas internacionales que en ese momento tomaron el micrófono y se lanzaron a las calles eran periodistas que estaban dando seguimiento a las competencias. Antes de retirarnos del edificio, le pedí a Víctor Trujillo que revisara el estudio de Televisa para saber cómo habían respondido ante la tragedia, y me dijo que estaba cerrado. Apagaron todo y se fueron, antes de la bomba. Ellos cerraban sus transmisiones como a las 11 de la noche.

A las tres de la madrugada, cuando Alatorre se hizo cargo de la transmisión, nos dio las gracias al aire por el seguimiento que dimos a los acontecimientos, minutos después de que estallara la bomba. Cuando nosotros salimos, alrededor de las cinco de la mañana, en ese momento entraban casi todas las estaciones de televisión, incluida Televisa. El jefe de la delegación de Televisa en Atlanta era Pablo Cañedo, el hijo más chico de Guillermo Cañedo, a quien me encontré de frente en uno de los pasillos.

—¿Acaban de llegar?

—No, vamos saliendo.

—¡Carajo! ¿Te cuento una cosa? —me preguntó el joven, con cierto aire de inocencia.

—Sí, claro.

—Mi mamá me llamó a las dos de la madrugada y me dijo: "Pablo, ¿dónde estás?".

—¿Y qué le dijiste?

—Dormido, ¿qué pasó? Y me contesta: "Pues José Ramón está transmitiendo en vivo lo de la bomba".

—No puede ser…

—Salimos de inmediato y quisimos entrar al Centro de Televisión, pero no nos dejaron entrar, por supuesto. Estaba todo cercado.

Y era cierto. Los alrededores del lugar del atentado estaban cercados con patrullas y policías acompañados por perros pastor alemán. Los estadounidenses reaccionaron como si se tratara de una bomba nuclear, y no es para menos, ya que nunca se sabe si después de una bomba viene otra. Nos encontrábamos en una ciudad donde la amenaza era real, donde cada esquina podía esconder otro peligro, otro posible atentado. La experiencia en Atlanta 96 dejó una huella imborrable en cada uno de nosotros. No era solo la adrenalina del peligro, sino también el sentido del deber y la pasión por informar lo que nos impulsaba a continuar. La cobertura de la famosa bomba se convirtió en un ejemplo de cómo en el periodismo deportivo se mezclan la precisión, la oportunidad y la valentía.

A pesar de la tragedia, Atlanta dejó al mundo algunas estampas para la posteridad. Una de ellas es el instante en que el legendario Muhammad Ali, ya marcado por la batalla contra el Parkinson, subió al escenario para encender la antorcha. Su figura, envuelta en la dignidad de un guerrero cansado pero indomable, simbolizaba la fusión perfecta entre la historia, la fuerza y el coraje que debe caracterizar a todo deportista.

Fueron los Juegos Olímpicos en que el estadounidense Michael Johnson ganó el oro en los 200 y 400 metros planos, rompiendo récords mundiales y convirtiéndose en una leyenda del atletismo. También vimos a Carl Lewis, a sus 35 años, ganar su cuarta medalla de oro en salto de longitud, igualando el récord de nueve oros olímpicos del finlandés Paavo Nurmi. Atlanta fue el escenario para el surgimiento de "Las Magníficas", como se le llamó al equipo de gimnasia de Estados Unidos, liderado por Kerri Strug, quien realizó un salto decisivo pese a estar lesionada.

14

Zidane, la magia del campeón
(Francia 98)

En 1998, Francia se convirtió en el escenario de un acontecimiento histórico donde se combinó la pasión, la rivalidad y el orgullo nacional. Recuerdo con intensidad esos días y noches en que el ambiente se impregnaba de una energía casi mística. Era la ocasión en que la nación anfitriona se mostraba invencible y eso le dio realce al campeonato. Las ciudades se llenaban de banderas tricolores, especialmente en los Campos Elíseos, donde llegaron a congregarse tres millones de personas, un espectáculo popular de un país que, a pesar de sus diferencias regionales, se unía en torno a un ideal: la pasión por el futbol.

El equipo francés contaba con figuras legendarias. Zinedine Zidane, con su elegancia y visión de juego, se destacaba en cada jugada. Era el artífice de la magia que guiaba a la Selección; sus goles, especialmente los de cabeza en la final contra Brasil, se grabaron en la memoria colectiva. Junto a él, el medio campo estaba conformado por personajes como Didier Deschamps y Youri Djorkaeff, quienes aportaban solidez y creatividad, mientras que en la portería Leblanc se imponía con seguridad.

La final contra Brasil fue, sin duda, uno de esos momentos que definen carreras y destinos. El equipo sudamericano, favorito por su historia y su constelación de estrellas (Ronaldo, Rivaldo, Bebeto, Roberto Carlos, Tafarell), se encontró desbordado por la fuerza y el coraje del equipo local. La victoria por 3-0 no solo coronó a Francia como campeona del mundo, sino que simbolizó el triunfo de un sueño colectivo.

A México le tocó un grupo difícil, integrado por Países Bajos, Bélgica y Corea del Sur. Con dos empates y una victoria, la Selección Nacional avanzó a la siguiente ronda, pero se topó con Alemania en los octavos de final y hasta ahí llegó el sueño. Una situación inexplicable en ese Mundial fue la decisión de Manuel Lapuente de dejar en la banca a Luis García, quien había sido la figura en la anterior Copa del Mundo y además había incursionado en el futbol español. El propio García ha contado que su dolor más grande como futbolista es no haber jugado un solo minuto en el torneo de Francia.

Lapuente apostó por Luis Hernández, quien atravesaba un gran momento, luego de ganar varios campeonatos con el Necaxa y de haber tenido una breve incursión en Argentina con Boca Juniors. De hecho, Lapuente estuvo a punto de encontrar la fórmula para avanzar al famoso quinto partido, pues en el juego de octavos de final contra Alemania, el Matador puso a México al frente, con una jugada individual dentro del área que dejó perplejos a los alemanes. Pero el sueño mexicano se derrumbó a los pocos minutos, cuando, durante un contraataque del equipo nacional, Cuauhtémoc Blanco manda un pase a Luis Hernández, quien queda solo frente al portero, pero saca un remate muy débil. Eso hubiera sido el 2-0 y habría hecho muy difícil la remontada de los germanos, que aprovecharon las fallas defensivas y terminan fulminando a México 2-1 con goles Jürgen Klinsmann y Oliver Bierhoff. Lapuente demostró ser un buen técnico, quien supo dirigir a varios líderes dentro de la cancha, como Alberto García Aspe, Claudio Suárez y Jorge Campos, pero la calidad de los equipos europeos es difícil de superar.

La final del 98 fue espectacular y eso se debió en buena parte al esfuerzo de Francia, que dejó en la cancha lo mejor que traía y terminó borrando a Brasil. El favorito era el equipo sudamericano, cuya principal figura era Ronaldo, quien para entonces estaba brillando en Barcelona y se disponía a irrumpir en el futbol italiano. En la lista de la Selección Brasileña estaba Romario, pero lo dieron de baja poco antes de empezar el Mundial. Según la prensa local, Mario Zagallo lo borró porque no compaginaba con Ronaldo; aun así, me parece que fue una mala decisión, ya que Romario estaba en plenitud de facultades y pudo haber resuelto el partido, luego del bajo rendimiento de Ronaldo. Como se sabe, la estrella brasileña tuvo una crisis de estrés la noche previa a la final del Mundial, lo que le provocó vómitos y convulsiones; en un acto de valor, Ronaldo le pide al entrenador que le dé la oportunidad de jugar, pero lo cierto es que su nivel estaba muy disminuido por la presión psicológica, la falta de descanso y las secuelas de su crisis.

No debió ser una decisión fácil para Zagallo. Minutos antes del partido, los organizadores nos compartieron una alineación en la que no aparecía Ronaldo, pero momentos después nos pasaron otra que ya lo incluía. Francia le ganó a Brasil 3-0 con dos goles de cabeza de Zidane, con lo que se convirtió en la gran figura. El francés deslumbró al mundo a pesar de que Arturo Brizio lo había expulsado durante la fase de grupos por darle un pisotón a un jugador árabe.

París se iluminó con el resplandor del triunfo. Las calles se llenaron de gente que celebraba con júbilo, invadiendo los Campos Elíseos y transformando la ciudad en un gigante festival de música, luces y emociones. La cobertura de ese Mundial fue un deleite, pero también un desafío extenuante. Nosotros hacíamos los programas a las cuatro de la madrugada en París para que pudieran pasarlos a las nueve de la noche en México. Menotti nos acompañó a París para apoyarnos con su análisis, pero los horarios lo volvían loco, no sabía ni a qué hora dormirse. Al Flaco lo veías sentado en una silla, como leyendo un libro, pero en realidad estaba profundamente dormido.

Para aquella transmisión llevamos de comentarista a Emilio Butragueño, quien se acababa de retirar, luego de hacer historia en el Real Madrid; también estuvieron Jorge Valdano, Roberto Gómez Junco y Emilio Fernando Alonso. Nos acompañó Martha Figueroa, cuya misión era estar a la caza de los chismes; uno que causó mucha polémica fue cuando siguió a los jugadores mexicanos durante un paseo por París y descubrió que dos de ellos iban tomados de la mano. Jamás pudimos comprobar si había romance en la Selección, pues nos cerraron las puertas del castillo en donde ellos estaban metidos.

15

Ganamos los Olímpicos
(Sídney 2000)

Sídney, la joya australiana, se vistió de gala en el año 2000 para recibir al mundo en los primeros Juegos Olímpicos del siglo XXI. Desde el momento en que el avión aterrizó en el aeropuerto de Kingsford Smith, la ciudad nos recibió con su aire fresco y la calidez de su gente. Australia, con su historia compleja de colonia penal británica convertida en una potencia del primer mundo, había evolucionado hasta convertirse en un anfitrión impecable, donde tendría lugar una hazaña del deporte mexicano.

Sídney, en particular, combinaba la majestuosidad de la Ópera House y el Puente del Puerto con una infraestructura moderna y funcional que facilitaba el desarrollo de las competencias. Y es que por primera vez los organizadores habían procurado que los principales centros de competencia se ubicaran cerca unos de otros, lo que ayudó a los medios de comunicación a tener una mejor cobertura de un acontecimiento en el que participaron más de 10 mil atletas provenientes de 199 países.

El Estadio Olímpico, en el corazón del Parque Olímpico de Sídney, era una verdadera obra de arte. Allí, Cathy Freeman, la velocista australiana de ascendencia aborigen, fue la encargada de encender el pebetero. Pero Freeman se convirtió en la heroína nacional al ganar el oro en los 400 metros planos. Su victoria no solo fue un triunfo deportivo, sino un símbolo de reconciliación y

109

orgullo para una nación que aún lidiaba con las heridas de su pasado colonial.

En 2000, TV Azteca arrasó con Televisa, a pesar de llevar menos personal y menos presupuesto. Para los resúmenes nocturnos, Televisa puso a cuadro a Germán Dehesa —a quien yo estimaba mucho— y a Rebecca de Alba, ambos grandes personalidades, pero inexpertos en temas deportivos y en cobertura de Juegos Olímpicos, por lo que su transmisión resultó desastrosa.

La primera señal de la mala fortuna que Televisa correría en Sídney fue la misteriosa colocación de una cámara de televisión en un lugar que no les correspondía en la llamada "zona mixta". Resulta que al terminar sus competencias en el Estadio Olímpico, todos los atletas tenían la instrucción de salir por un túnel especialmente adaptado para que nos instaláramos las televisoras del mundo para poder captar y, en su caso, entrevistar a los participantes. Esos lugares no se asignan arbitrariamente, sino que se debe pagar a los organizadores para estar ahí. En la zona mixta estábamos la NBC —que es la patrocinadora de los Juegos Olímpicos—, la televisión australiana, la BBC e inmediatamente después nosotros. Televisa estaba más lejos de la entrada, lo que nos daba una ventaja para interceptar a los deportistas antes que ellos.

Un día antes de la marcha de 20 kilómetros, en la que participaría Bernardo Segura, una de nuestras promesas de medalla, fui con un ingeniero a revisar la zona mixta y saber el lugar exacto que le había tocado a TV Azteca. Durante ese recorrido me extrañó mucho encontrar una cámara desconocida colocada en nuestro sitio, como queriendo apartar el lugar.

—Y esa cámara, ¿de quién es? —le pregunté al ingeniero.

—La puso Televisa —me respondió.

—¿Televisa la puso? ¿Pero con qué permiso?

—No, pues seguro quieren tener varios ángulos…

—No pueden estar ahí, porque nosotros pagamos ese espacio.

De inmediato me comuniqué con el Centro de Televisión y les conté la infracción en que estaba incurriendo Televisa. Los organizadores tomaron cartas en el asunto y les dieron la orden de retirar la cámara o serían expulsados de las sedes de los Juegos Olímpicos. Nuestros amigos de Televisa se enojaron mucho, pero no podíamos permitir que trataran de pasarse de listos. Sin embargo, ese no fue el peor error de nuestros competidores.

Era el viernes 22 de septiembre de 2000 y la marcha de los 20 kilómetros se había programado para las dos de la tarde hora local, lo cual significaba que en México la prueba se vería a partir de las nueve de la noche del jueves 21 y terminaría hora y media después. Durante toda la competencia, los mexicanos Bernardo Segura y Noé Hernández se mantuvieron al frente del pelotón, en una muestra de fortaleza y entrega. Al llegar al estadio, Bernardo apretó el paso y se enfiló a la meta en primer lugar, seguido por el polaco Robert Korzeniowski y Noé Hernández en el tercer lugar.

Los mexicanos estallaron de alegría, se envolvieron en la bandera nacional y dieron la vuelta olímpica. Minutos después, Segura se aproximó a la zona mixta y fue abordado por nuestro reportero José Luis Adame, quien le proporcionó unos audífonos para entrevistarlo. Mientras tanto, me comuniqué con el Estado Mayor Presidencial, que nos había dado la orden de reportarnos con ellos en cuanto un mexicano ganara una medalla para que el presidente de la República, en ese entonces Ernesto Zedillo, les hablara para felicitarlos.

Durante la charla, Zedillo le ofrece el apoyo del gobierno, mientras que Segura aprovecha para pedirle una casa del Infonavit o unas placas de taxi para trabajar, lo típico de un atleta que tiene que ganarse la vida. Fue entonces cuando ocurre una escena tan inusual como desconcertante, pues mientras Bernardo hablaba con el mandatario, un juez gordo, de bigote y con lentes se acerca al marchista y le muestra una paleta roja para anunciarle que ha sido descalificado… ¡once minutos después de concluida la prueba!

Aquello fue una hecatombe. Segura lanzó maldiciones, arrojó la bandera de México y se fue. Televisa lo quiso interceptar, pero el atleta se siguió de largo. Todo era incertidumbre. Autoridades del Comité Olímpico Mexicano y del Comité Olímpico Internacional se reunieron para analizar el caso, aclarar en qué momento se dieron las tres amonestaciones y determinar si hubo un error.

Para entonces eran las 16:00 horas en Australia, las 11:00 de la noche en México, y en el estudio solo estábamos Brozo, el Güiri Güiri y yo. "¿Qué hacemos?", les pregunté. "Hay que permanecer en el estadio, vámonos a las oficinas donde están reunidas las autoridades y hagamos una guardia para saber en qué termina todo", sugirió Brozo.

"¿Dónde está Televisa?", pregunté a los reporteros que aún estaban en el estadio. "Se acaban de ir a la gimnasia", me contestó uno de nuestros enviados. Es decir, Televisa nos había dejado la cancha libre. El estadio se estaba vaciando poco a poco, por lo que les pedí a los reporteros que se metieran al lugar donde estaban reunidos, entre otros, Mario Vázquez Raña, presidente del Comité Olímpico Mexicano; Juan Antonio Samaranch, presidente del Comité Olímpico Internacional, y el propio Bernardo Segura, quien no paraba de despotricar contra los jueces y los organizadores del evento.

De manera involuntaria y en vivo, comenzamos a contar una telenovela sobre el presunto robo a Bernardo Segura. Informamos que el atleta arrojaba objetos por el coraje de haber sido despojado; que Vázquez Raña no supo defender la medalla y que Samaranch había prometido que, si se comprobaba que Segura no había hecho trampa, al día siguiente le entregarían su metal. Mientras tanto, Raúl González, el exmedallista olímpico y experto en marcha, quien también se encontraba entre la delegación mexicana, nos explicaba que los jueces suelen ser imparciales en su trabajo, pues es muy difícil comprobar que un atleta flota o dobla la rodilla durante la competencia.

Nos quedamos cerca de dos horas en aquel túnel donde se libraba una acalorada discusión. El auditorio respondió de maravilla y se quedó con nosotros, pues de seis puntos de rating que marcábamos cotidianamente nos fuimos a 21. Esa noche el público mexicano abandonó a Televisa y se fue con nosotros. La gente esperaba con ansia el desenlace de la historia y ver si finalmente se recuperaba o se perdía la medalla. Yo mismo aticé el fuego cuando lancé un desafío y dije al aire que de esa reunión "o se recupera la medalla o rueda la cabeza de Vázquez Raña".

Pero Sídney no solo fue drama y controversia, también fue el escenario del triunfo histórico de la pesista Soraya Jiménez, la primera mujer mexicana en ganar un oro olímpico. La coronación de Soraya tuvo algunos momentos de angustia, debido a que en la etapa final la norcoreana Ri Song-Hui trató de presionar psicológicamente a la mexicana. Song-Hui llevaba la delantera en la competencia y le tocaba levantar las pesas antes que a Soraya, pero por una extraña razón dejó pasar más tiempo del reglamentario y los árbitros determinaron que el intento había sido nulo, por lo que tendría que esperar a su segunda y última oportunidad. Más tarde se supo que la intención de la asiática era presionar a Soraya para que se arriesgara a levantar más peso del que estaba acostumbrada y verla fracasar, con lo que se habría echado al cuello la medalla de oro. Pero no contaba con que la mexiquense estaba llena de determinación y que levantaría 127.5 kilos, con lo que sumó 222.5, una marca difícil de alcanzar para Song-Hui, que se quedó con la plata. Soraya se llevó las portadas de los periódicos al día siguiente y acaparó todas las miradas. No era para menos, no solo era la primera mujer en ganar oro, sino que nadie esperaba que ganara, ya que estaba rankeada como en la octava posición del mundo. Ana

Guervara era la favorita para cosechar una medalla en las pruebas de velocidad, pero nos quedó a deber. Habría que esperar cuatro años para verla brillar en Atenas.

La natación también tuvo su propio ídolo: el australiano Ian Thorpe, el famoso "Tritón de Sídney". Recuerdo que un día bajé a la alberca para entrevistarlo y le vi los pies… ¡parecían aletas! Era un tipo alto, fuerte, con una presencia imponente. Entre 1997 y 2003 dominó la natación a escala mundial, hasta que llegó el estadounidense Michael Phelps y opacó su legado.

El telón de fondo de esas proezas era el espectáculo visual que ofrecía la bahía de Sídney, con sus ferris cruzando las aguas; el barrio de The Rocks con sus pubs históricos, y las playas de Bondi y Manly que regalaban a los visitantes tardes inolvidables. Inspirados en ese entorno acuático, nuestros técnicos e ingenieros crearon el estudio de TV Azteca, donde el panel de los conductores estaba en medio de un espejo de agua, iluminado por decenas de focos. Literalmente, estábamos rodeados por 3 mil litros de líquido. Esa maravilla de escenografía fue elogiada por la gente que nos visitaba, incluidos Juan Antonio Samaranch, Mario Vázquez Raña, así como por ingenieros japoneses y australianos. Sin embargo, no dejaban de preocuparme las locuras que pudiera cometer el Hooligan, el personaje de Andrés Bustamente que gustaba de destrozar la escenografía al cierre de las transmisiones; Andrés Bustamante ya me lo había advertido días antes, cuando me dijo: "¡Mira, José Ramón, esa agua es una piscina para mí!". Yo le contesté: "No vayas a hacer una locura, porque nos podemos electrocutar".

Antes de que ocurriera un accidente, hablé con los técnicos del set y me dijeron que sí sería riesgoso "chapotear" en la escenografía, dado que el material era endeble y había un largo cableado. Andrés Bustamante es mi amigo y lo aprecio mucho, pero sé que está deschavetado, así que no quise confiarme, por lo que pedimos el auxilio de dos policías australianos. Les dije: "Al final del programa va a venir un personaje llamado el Hooligan; va a hacer chistes, me va a maltratar y querrá destruir el set. Estén muy atentos cuando me levante de mi silla, porque me va a querer tirar al agua o se va a tirar conmigo. En ese momento lo esposan y se lo llevan". Y así fue. Los guardias lo sacaron del estudio en cuanto pretendió excederse y esa vez no causó tantos destrozos. Andrés se sorprendió porque no sabía que había fuerzas públicas para inmovilizarlo, pero al final no le fue tan mal porque terminó yéndose a cenar con la señorita policía.

Cuando terminó la actividad en Sídney y regresamos a México, el diario *Reforma* hizo un reportaje sobre los niveles de audiencia durante los Juegos Olímpicos y reconoció el esfuerzo de TV Azteca. Publicó toda una página en la que tituló: "Medalla de oro para José Ramón Fernández". A Televisa le costó trabajo reconocer la realidad y sus comentaristas no tardaron en demeritar las cifras oficiales sobre rating. "Esas son medallas de papel", decían sobre lo publicado por *Reforma*.

Pero nada es gratuito. El éxito comercial y mediático de unos Juegos Olímpicos tiene mucho trabajo detrás, porque hay que negociar con el dueño de la empresa el presupuesto a invertir y las posibles ganancias, lo que me obligaba, como jefe de Deportes, a coordinarme con el departamento de Ventas. Meses antes de los grandes eventos, organizábamos comidas o desayunos con los clientes para hacerles una exposición sobre nuestro plan de cobertura, los productos editoriales, las secciones del programa y hasta la escenografía que pensábamos montar. Por ejemplo, les adelantábamos cómo iba a trabajar el Güiri-Güiri (a él siempre lo pedía Telcel), qué novedades presentaría Brozo y quién se encargaría de los reportajes de "color". Los grandes anunciantes nos decían en qué bloques querían anunciarse y cerrábamos contratos. Un día, Ricardo Salinas Pliego se presentó a una de esas juntas y quedó impresionado con los resultados de nuestra estrategia de ventas.

A veces, previo a los mundiales, coincidía con que Valdano o Menotti estaban en México y los invitábamos a las reuniones, lo que impactaba positivamente a los clientes.

16

Martinoli y García, la dupla legendaria
(Corea-Japón 2002)

El Mundial de 2002 se presentó como un hito: por primera vez se disputaba en dos países, Corea y Japón, unidos no solo geográficamente, sino también por la innegable pasión por el futbol. Al recordar aquellos momentos, aún puedo sentir el pulso acelerado de una nación que se despertaba a un futuro prometedor. Corea, que en los Juegos Olímpicos del 88 parecía una tierra cerrada y con tradiciones muy arraigadas, había experimentado una transformación asombrosa. Ya en el Mundial, Seúl se había convertido en una capital vibrante, con edificios altos, iluminados, y un ambiente cosmopolita que contrastaba con la imagen de una Corea de antaño.

El centro de televisión se encontraba en Seúl, lo que nos permitía estar en el epicentro de la acción. Allí, en el bullicio de estudios modernos y entre la multitud de periodistas, se respiraba un aire de innovación y progreso. A pesar de viajar con frecuencia a Japón, en especial para cubrir los partidos de México y la final, mi base era Seúl. Japón, con su tecnología avanzada y su impecable organización, representaba el otro polo de un Mundial sin precedentes, donde la modernidad se entrelazaba con la tradición.

Las calles de Seúl estaban llenas de vida. Los coreanos, aunque no destacaron por jugar un gran futbol, gozaron del evento al máximo. Recuerdo cómo, al concluir la jornada laboral, la ciudad se inundaba de un júbilo colectivo: la gente se arrojaba a las calles, en estado de ebriedad y risas, celebrando cada partido, sin importar si el resultado en el campo era favorable o no. Esa celebración desinhibida, donde los coreanos literalmente caían al suelo, riendo y brindando con cerveza, formaba parte de un ritual que trascendía el simple hecho de jugar un partido.

Sin embargo, no todo era fiesta y celebración. La emoción del Mundial se vio opacada por las sombras de la corrupción y las apuestas clandestinas, que rondaban cada encuentro. Se hablaba de sumas de hasta 6 mil millones de dólares apostados en ciertos partidos que parecían manipulados. Recuerdo el partido Corea-España de los cuartos de final, el cual tuve el honor de narrar en Seúl. La polémica se desató desde los primeros minutos, pues el árbitro egipcio Gamal Al-Ghandour anuló tres goles legítimos a La Roja, marcó fueras de lugar inexistentes y permitió que los coreanos patearan a los rivales sin marcar faltas. La tensión llegó a su clímax cuando el técnico español, José Antonio Camacho, explotó en un ataque de ira, y hasta amenazó con abandonar el campo. Al final, Corea ganó el partido en tanda de penales, lo que consumó lo que muchos consideran el mayor robo en la historia de los mundiales. En el colmo del descaro, hay una toma de televisión donde el presidente de la federación coreana se abraza con el presidente de la FIFA cuando cae el gol de Corea.

Las relaciones entre compañeros de trabajo, los celos y las disputas entre comentaristas, también eran parte del entramado humano que hacían del Mundial de 2002 una experiencia compleja y multifacética. En medio de la cobertura periodística, se formaron duplas legendarias. Recuerdo cómo Luis García y Christian Martinoli, en ese entonces dos jóvenes talentos, empezaron a forjar una complicidad que, con el tiempo, se consolidó en una de las mejores parejas de la narración deportiva. Yo, entre anécdotas y entrevistas, no podía dejar de admirar su frescura y carisma, a pesar de los conflictos y celos que surgían en ese ambiente cargado de egos y pasiones.

Antes del Mundial de 2002, me di cuenta de que Martinoli estaba creciendo como narrador, al igual que Luis García como comentarista. Luis García era parte del panel de *Los Protagonistas*, pero su incorporación no fue sencilla, ya que tuve que pedirlo prestado al club Morelia. Luis García se había metido a trabajar a TV Azteca, pero el Morelia, con tal de fastidiar, se lo jaló como director deportivo. Fueron momentos tensos. Recuerdo que un día le dije: "Luis, irte de director deportivo no te va a dejar nada". Él argumentaba: "Pero así estaré cerca del futbol, yo añoro el futbol. Contigo he aprendido mucho, pero lo mío es el deporte, déjame probar". Al final me lo arrebataron miserablemente y se fue al equipo michoacano. Sin embargo, cuando se acercaba el campeonato de Corea-Japón, le dije: "Al Mundial tienes que venir".

Cuando me di cuenta de que Martinoli y Luis García estaban despuntando y marcando una tendencia en el mundo de la crónica deportiva, tomé la decisión de mandarlos a la final del Mundial entre Alemania y Brasil, decisión que me costó la renuncia de Roberto Gómez Junco. Días antes de la gran final, hablé con Gómez Junco —en esa ocasión lo acompañaba su esposa, quien siempre ha tenido una fuerte influencia en sus decisiones— y le dije: "Roberto, te vas a la semifinal de Brasil contra Turquía". Era un partido importante, porque todo el mundo intuía que Brasil iba a ganar el campeonato. Roberto aceptó la orden de trabajo, pero me preguntó quién narraría la gran final. "La final no se ha decidido, Roberto, pero no hay problema, tú vete a la semifinal y regresa al día siguiente", le dije. Más tarde, esa decisión tendría repercusiones.

Llegó el gran día y mandé a Luis García y a Martinoli juntos a la final en Japón, donde formaron una dupla muy interesante que hasta la fecha es la mejor que existe. Desde ese momento supe que crecerían y despegarían como mancuerna, por lo que decidí retirarme como narrador y darles paso.

Martinoli llegó a TV Azteca a finales de los años noventa, procedente de una estación de radio mexiquense, donde narraba los partidos de los Diablos Rojos del Toluca y otros equipos locales. Como gente de radio, él narraba los partidos con una velocidad impresionante; cuando empecé a interactuar con él le dije: "Mira, en televisión tienes que bajar las revoluciones; mantén la intensidad, pero tienes que hablar un poco menos. A diferencia de la radio, en televisión no tienes que repetir todo lo que la gente está viendo en la pantalla". Me hizo caso, tomó su estilo y ahora es un crítico mordaz de la Selección Nacional y un fuerte competidor para Televisa.

Luis García, por su parte, sabe mucho de futbol y su análisis es muy fácil de entender para el gran público. Sus mensajes no resultan tan técnicos, como Ricardo La Volpe, por ejemplo, que suele hablar más de planteamientos tácticos. Eso a la gente, en general, no le importa; hay televidentes que llegan cansados a sus casas, prenden el televisior y quieren entretenerse con un buen resumen de futbol, pero cuando escuchan a personajes como La Volpe dicen: "No le entiendo nada a este argentino". En cambio, Luis explica el futbol de manera ligera, inteligente, y se maneja con frescura.

Ambos son diferentes de Roberto Gómez Junco y Rafael Puente, quienes fueron jugadores en los años setenta y ochenta, conocen de futbol, pero tienen un discurso más largo. Yo me acuerdo de que un día me llamó por teléfono Ricardo Salinas para darme una orden desconcertante. El equipo Morelia estaba jugando un partido de liguilla y durante el primer tiempo había tenido un buen desempeño; Martinoli estaba a cargo del micrófono y había logrado una narración muy dinámica; sin embargo, cuando entraba Puente alargaba mucho sus comentarios. Eso irritó a Salinas y por eso me llamó por teléfono.

—¡En este momento me corres al analista que está ahí, junto a Martinoli! Me lo corres, no lo quiero volver a ver. ¿Quién es? —preguntó el dueño de la televisora.

—Es Rafa Puente —le respondí.

—¡Córrelo!

—Pero están en Morelia y yo estoy en la Ciudad de México, no puedo hacer nada…

—¡Pues que no hable!

Al comunicarle la decisión del dueño, Rafa pensó que yo estaba en contra de su estilo de comunicación, por lo que le recomendé que fuera a hablar directamente con él. Después me enteré de que Salinas le dijo: "Rafa, nos puedes ayudar en muchas cosas, pero como comentarista te alargas mucho".

Volviendo al Mundial de Corea-Japón, la dupla Martinoli-García triunfa en la transmisión de la final, pero Gómez Junco ya no se presentó a trabajar. Al día siguiente me lo encontré en el aeropuerto y lo abordé:

—Roberto ¿por qué ya no te presentaste?

—Porque yo soy mejor que todos. Yo soy el número uno.

—Puede ser, pero hay que cumplir con el trabajo.

—Tengo más IQ que todos.

—Perfecto, pero hiciste mal.

Se fue a trabajar a Televisa Radio. Tiempo después nos reencontramos en ESPN, pero ya no volvimos a hablar sobre el tema. No es un mal tipo, pero siente que es el mejor, lo que ha provocado que más de uno lo aterrice en su realidad. En cierta ocasión, cuando invitábamos a Tomás Boy a las mesas de análisis, el Jefe llegó a decir en vivo: "Roberto era un tronco como futbolista. Los que jugábamos en Tigres éramos Gerónimo Barbadillo y yo. Roberto era bueno para darle la pelota y que te la devolviera, porque no sabía qué hacer con ella". Así es el juego de egos entre exfutbolistas que incursionan como comentaristas.

A diferencia de Tomás Boy, Gómez Junco nunca fue entrenador, pero sí habla bien ante las cámaras y tiene buena pluma, pero le hace falta humildad. Cuando tenía oportunidad de hablar con

Gómez Junco o Rafa Puente, les decía: "Fíjense en Menotti y Valdano. Ambos están consagrados: uno fue campeón del mundo como entrenador y es una leyenda de Argentina. El otro fue campeón del mundo como jugador, entrenador del Real Madrid y campeón con el Madrid. Lo han ganado todo, escriben maravilloso, y no tienen celos uno del otro. Ustedes están peleándose por ver quién va a un partido y quién narra otro. ¡No puede ser!".

Hubo momentos en que me llegaron a preguntar por qué se les pagaba más a Menotti y a Valdano. Y yo les solía contestar con crudeza: "Menotti y Valdano tienen nombre y su nombre significa ventas. Tú le dices a Telcel, a Nissan, a General Motors que viene Menotti y que viene Valdano, y te dicen: 'Yo entro en esa sección'. En cambio, les dices que viene Roberto Gómez Junco o Emilio Fernando Alonso y no entra nadie. Este negocio vive de las ventas. Nosotros viajamos a los mundiales por las ventas. Si no hay ventas, nos quedamos a narrar los partidos desde México. ¡Carajo!".

17

Guerra entre televisoras
(Atenas 2004)

Los Juegos Olímpicos de Atenas de 2004 tuvieron una magia especial. No fue una cobertura periodística más, de esas en que se corre de una instalación a otra y hasta se terminan confundiendo los días con las noches. Fue una especie de viaje en el tiempo, una oportunidad única de caminar por los mismos senderos donde, siglos atrás, los hombres competían en nombre de los dioses. Grecia nos recibió como un libro de historia abierto, con sus columnas rotas por el tiempo y su idioma que parecía tallado en piedra, incomprensible, hostil y a la vez poético.

Estar en Grecia, el lugar donde se originó todo, era como cerrar un círculo. Yo, que había narrado decenas de justas deportivas, me sentía como un novato frente a ese pasado monumental. Uno no puede caminar por el Partenón sin sentir el peso de la tradición, sin que se te erice la piel. La sombra de los espartanos, de los atenienses, de Homero y sus epopeyas, te acompañan en cada paso. Pero, claro, no todo era romanticismo. También hubo guerra. Quizá no de lanzas y escudos, sino de satélites, exclusivas y contratos.

Era la época en que Televisa y TV Azteca se daban con todo. Desde Sídney, cuatro años antes, venían tirándose los dientes por los derechos, los espacios, los satélites. En Atenas se alcanzó una especie de tregua, aunque de esas en las que cada quien lleva un as escondido. Televisa, por ejemplo, había "contratado" a Ana Guevara. En aquel entonces le pagaban, si mal no recuerdo, 50 mil pesos mensuales para que no hablara con nadie más. Un blindaje mediático absoluto. Para ellos, Ana era oro. Y no querían compartirlo.

En TV Azteca apoyamos a la ciclista Belén Guerrero, una chica modesta, pero que tenía un gran potencial de ganar una medalla para México. Recuerdo que hablé con Ricardo Salinas para convencerlo de comprarle a la competidora dos bicicletas italianas, las más modernas en ese tiempo, con un precio de 15 mil dólares cada una. Belén lloró de felicidad y nos dijo: "Estas bicicletas son las que usan las australianas, las estadounidenses, las inglesas; ¡ahora sí vamos a darles pelea!".

Para desgracia de México (y de Televisa), la nativa de Bahamas, Tonique Williams, ganó la medalla de oro en la prueba de los 400 metros y dejó a Ana Guevara con la plata. Fue un golpe muy duro para Televisa, porque habían invertido muchos recursos con la expectativa de que la sonorense ganaría el oro y al final no les resultó. A pesar de que Ana Guevara había sido casi "secuestrada" por Televisa, nosotros no dejamos de cubrir sus eventos y de brindarle nuestros espacios.

Para los Juegos Olímpicos de Atenas, TV Azteca se hizo de los servicios del actor Jesús Ochoa y del productor y actor Rodrigo Murray, con algunas participaciones de Diego Luna. Su misión era elaborar cortometrajes en formato de cine, y los resultados fueron asombrosos. Uno de los cortos estuvo dedicado a Ana Guevara y le llamaron "El último tiro". Es la historia de una chica de 13 años que va nadando por el río Bravo, en un intento por escapar de México y alcanzar a su madre, quien ya cruzó la frontera; las escenas se entremezclan con imágenes de Ana Guevara lista para iniciar una carrera. De pronto, aparece un sheriff cerca de la frontera y, al ver a la migrante nadando hacia territorio estadounidense, saca su pistola y hace un disparo. La película sugiere que el alguacil mata a la chamaquita, aunque no se muestra de manera explícita. En el momento en que se oye el tiro, vuelve a aparecer Ana Guevara, pero esta vez en la pista, respondiendo a la señal de salida para iniciar una competencia. Meses después supimos que ese documental movió fibras sensibles de Ana Guevara y le sirvió para motivarse en las competencias.

A pesar de que Televisa la tenía monopolizada, la corredora tuvo la atención de visitar nuestros estudios, pero algunos de nuestros compañeros le tenían resentimiento. La noche que Ana Guevara fue al set de TV Azteca, un conductor cometió el error de impedirle el paso y correrla, con el argumento de que ella había pactado con la competencia. Afortunadamente, un colaborador atestiguó la escena y fue a avisarme. Al instante, salí corriendo del estudio para alcanzar a la atleta. Reprendí a nuestro personal por su falta de cortesía e invité a Guevara a quedarse. "Ana, pásale. Estás en tu casa", le dije. Eran cerca de las 11 de la noche y nuestra invitada ya tenía que retirarse a descansar, pero le dijimos que se quedara un poco más para que tuviera oportunidad de ver el cortometraje. Alargamos el programa y Ana se la pasó de maravilla. El Güiri-Güiri le hizo algunas vaciladas muy buenas, ella se rio y así nos sorprendió la medianoche. Al momento de despedirse, Guevara me dijo en corto: "Qué diferente el trato que me dieron ustedes, en comparación con los otros".

Hay algo que muy pocos saben, y es que Vicente Fox me pidió hacerme cargo de la Comisión Nacional de Cultura Física y Deporte (Conade). Después de su triunfo en las urnas y mientras era presidente electo, en la segunda mitad del año 2000, me llamó para decirme: "Tú me vas a ayudar con el deporte". Por supuesto, no acepté. Soy periodista y no encajo en la política. Yo era feliz haciendo mi trabajo y sabía que entrar a la Conade era entrar a un sistema burocrático terrible, donde me iban a acusar de corrupto, aunque no robara un quinto. Tampoco estaba seguro de si Fox iba en serio con el deporte o le iba escatimar el presupuesto; el Partido Acción Nacional (PAN) estaba por llegar al poder y no tenía todo el control de la administración. Al notar que no estaba interesado en la política, Fox me dijo: "Dame los nombres de dos personas que amen el deporte y que no quieran venir a robar".

Entonces le recomendé a Luis Niño de Rivera y a Nelson Vargas. Son tipos que fueron atletas, más Luis Niño de Rivera, quien fue clavadista. Nelson es propietario de una cadena de albercas con las que gana mucho dinero y tampoco tendría interés en robar. Cuando Fox nombra a Nelson como titular del deporte, yo decido ayudar a Niño de Rivera a posicionarse en Banco Azteca; él creció mucho en el banco y llegó a ser presidente de la Asociación de Bancos de México. Ya como jefe de la Conade, Nelson Vargas me pide consejo para saber cuáles son las prioridades y aprovechar la buena disposición del presidente Fox. Entonces le dije: "Convence al presidente de que construya un centro de alto rendimiento en la Ciudad de México; este país necesita instalaciones dignas, bien equipadas, donde los grandes atletas entrenen, coman, duerman y vivan ahí para vigilar de cerca su desarrollo". La idea funcionó y ahora tenemos el Centro Nacional de Desarrollo de Talentos Deportivos y Alto Rendimiento.

Cuando me preguntan por qué no acepté encabezar la Conade, suelo decir que la política me da pavor. Nada más de escuchar a Salinas Pliego dialogar con los políticos mexicanos, me dan ganas de salir huyendo. Por aquellos días, yo era director de noticias y tenía contacto con un senador de nombre Jorge Mendoza, quien le era muy leal a Salinas Pliego. Un día le pregunté:

—Senador, dígame una cosa. ¿Por qué la competencia lleva de principal la nota de Vicente Fox y nosotros la traemos perdida en interiores?

—Es decisión de Salinas —dijo.

—Pero no me parece correcto…

—Si la cambias, te corre.

—Pero ¿cuál sería el motivo?

—El motivo es que mañana voy a ver a la esposa de Fox y quiero que haga un berrinche. Cuando me pregunte por qué no destacamos la información del presidente, yo le voy a contestar: "Porque ustedes no le han cumplido a Salinas lo que les pidió".

18

El estrés puede ser mortal:
mi salida de TV Azteca
(Alemania 2006)

El Mundial de Alemania de 2006 fue, para muchos, una celebración deportiva impecable. Para nosotros, los que lo cubrimos al pie del césped, fue un punto de quiebre profesional, un maratón de trabajo constante, recompensado por las alegrías que siempre brinda el futbol.

Desde el primer partido, el torneo transpiraba orden y espectáculo. Alemania, la anfitriona, desplegó un juego ofensivo y vital bajo el mando de Jürgen Klinsmann, alcanzando un meritorio tercer lugar y renovando el vínculo emocional entre su Selección y su gente.

En medio de esa celebración se desarrolló uno de los mundiales más recordados por su dramatismo. México, dirigido por Ricardo La Volpe, tuvo un arranque prometedor. Ganó con autoridad a Irán, empató sin goles ante Angola y cayó frente a Portugal. Avanzó a octavos, donde le esperaba Argentina. Y allí, en tiempo extra, llegó el zurdazo de Maxi Rodríguez que clavó el balón en el ángulo y dejó a México fuera del torneo.

Mientras tanto, las grandes potencias se abrían paso. Italia, con una defensa de acero liderada por Fabio Cannavaro, fue avanzando con paso firme. Francia, rescatada por un monumental Zinedine Zidane, se convirtió en la sorpresa. Brasil decepcionó. Inglaterra

129

volvió a estrellarse. Portugal, con un joven Cristiano Ronaldo, demostró que estaba lista para competir entre los grandes.

La final fue una obra maestra de tensión. Francia e Italia empataron 1-1, pero lo que quedó para siempre fue el momento en que Zidane, símbolo de elegancia y serenidad, perdió la cabeza y estampó su cráneo en el pecho de Marco Materazzi. Era su último partido. El último acto de una carrera majestuosa. Italia ganó en penales y alzó su cuarto título mundial.

Alemania 2006 fue un mundial que preparamos con mucha anticipación. Para ese año, habíamos tenido algunos cambios administrativos en el área de Deportes. Para ese Mundial se involucraron, sorpresivamente, la Dirección General de Producción y la Dirección de Programación. Viajaron ambos directores, aunque fue turismo deportivo, porque no hicieron gran cosa.

Producción tiene una forma de hacer las cosas con la que yo no estaba de acuerdo: instalan carpas, invitan a la gente a ver los partidos de México y le hacen mucho ruido a la Selección, o sea, un poco parecido a lo que hacía la competencia. Aun con eso, juntamos un buen equipo, como siempre, con Menotti, Valdano y Luis García. Valdano iba delicado, pues estaba muy reciente su accidente en helicóptero.

La cobertura de la Copa del Mundo de Alemania 2006 es uno de los esfuerzos que mayores repercusiones han tenido en mi salud. Si bien es cierto que la edad va cobrando facturas —para ese Mundial ya tenía 60 años—, los desvelos, la falta de descanso y la mala alimentación causaron estragos una vez que terminó aquel torneo en que se coronó Italia como campeón. Ocho días después de haber regresado de Alemania, me tiró un ataque de divertículos. El estrés puede ser letal.

Un día estábamos en la ciudad de Gelsenkirchen, a donde acudimos a narrar el partido donde la Selección Mexicana perdió 2-1 contra Portugal en la fase de eliminatorias. Eran las siete de la noche y teníamos que regresar a Múnich para hacer el programa de *Los Protagonistas*. Sorpresivamente, conseguimos un vuelo privado muy barato y decidimos tomarlo; íbamos Menotti, Valdano, los narradores y yo. Cuando todos estábamos listos, nos dicen los pilotos: "Hay una tormenta en Múnich y no vamos a poder volar".

En ese momento, alquilamos tres Mercedes Benz, pues la única forma de moverse era por tierra. Cuando llegamos al módulo, les dijimos a los choferes. "Tenemos que estar en el Centro de Televisión, que se ubica a la entrada de Múnich, antes de las cuatro de la madrugada". Afortunadamente, las carreteras en Alemania son espectaculares, los conductores son unos maestros y los vehículos son de lujo, así que a las tres y media estábamos en el estudio, listos para transmitir el resumen de la jornada.

Me acuerdo de que Valdano iba delicado de salud, debido a que tres meses antes había tenido un accidente aéreo. El argentino fue una de las siete víctimas de la caída del helicóptero ocurrida en las Lomas de Chapultepec. Tuvo múltiples lesiones en el tórax y se perforó un pulmón. Valdano pensaba viajar a Toluca para ver unos campos de futbol para el Real Madrid. Me contó que cuando despegó la nave, se agachó para tomar un periódico y leerlo durante el trayecto. Sin embargo, no había pasado ni un minuto de empezar a volar, cuando escuchó que las aspas del helicóptero golpeaban contra las ramas de los árboles. Entonces, la aeronave se fue de lado y se estrelló contra el piso, muy cerca de la avenida Reforma.

Esa tarde tenía planeado ir a Puebla, pero cancelé mi cita para ir a ver a Valdano, que estaba internado en el hospital ABC. El doctor me dijo: "Valdano va a estar un mes internado, tiene perforado el pulmón y tiene rotas seis costillas, pero está consciente y va a sanar". Cuando logré ver a Jorge, estaba tendido sobre una camilla, listo para pasar al quirófano. Con voz débil me dijo: "José Ramón, tócame los pies, porque no los siento". Yo le hacía cosquillas, pero él tenía muy poca sensibilidad. Cuando lo dieron de alta, le conseguí una casa en Cuernavaca para que se fuera a reposar durante 10 días. Estaba feliz. Trajo a su mujer, a sus dos hijos y eso le ayudó para recuperarse y estar de pie para el Mundial.

Ocho días después de regresar de la Copa del Mundo en Alemania, a mediados de julio de 2006, nació mi hija, la más pequeña. Una noche, regresando del canal, quería ir a saludar a la bebé, pero un fuerte dolor en el abdomen me impidió entrar a su habitación.

Me tomé un té, pensando que así me sentiría mejor. Sin embargo, los dolores persistían. Para no incomodar a mi esposa y a la niña, me fui a dormir a la sala. Ya recostado, me puse un pañuelo en la boca para que no se escucharan mis gritos. Me tomé como 10 pastillas de analgésicos, pero las molestias no cesaban. Muy debilitado por el dolor y preocupado por el temor de que fuera algo serio, le llamé al chofer para que me llevara al médico de urgencia.

Los divertículos son pequeñas bolsas o abultamientos que se forman en la pared del intestino, especialmente en el colon (intestino grueso). Se desarrollan por mala alimentación, por estrés, por sedentarismo, pero son dolorosísimos. Son de esos episodios en los que si no te operas, te mueres. Cuando llegó el chofer por mí, me desmayé y me llevaron inconsciente al hospital. Poco antes de llegar al nosocomio, recobré el conocimiento y recuerdo que acercaron una silla de ruedas para llevarme directo al quirófano. En cuanto vi al médico que me iba a intervenir, me dijo: "José Ramón, tengo que ser muy sincero con usted, en estos casos las posibilidades son 50-50". Yo no lo podía creer. Literalmente estaba entre la vida y la muerte.

La operación consiste en cortar el segmento afectado del intestino y volver a unir el tubo digestivo. Pero mientras cicatriza, es preciso colocar una bolsa gástrica, donde se deposita lo que uno come, por lo que el paciente debe aprender a cambiar el recipiente todos los días. Después de la operación, el médico me dijo: "La bolsa gástrica puede durar, si te recuperas bien, dos meses. Si no te recuperas, puede durar siete años o toda la vida". Cuando oí esas palabras dije: "¡Madre mía, voy a estar así el resto de mis días!". Afortunadamente, a los dos meses me dieron la buena noticia de que mi cirugía había evolucionado bien y me pudieron retirar la bolsa. Una vez que todo el sistema digestivo está conectado, viene una fase de vigilancia para cerciorarse de que funcione de manera adecuada, sin fugas ni taponamientos, que pueden ser muy perjudiciales.

Una vez que recuperé la fuerza, me preparé para regresar al trabajo. Fue una etapa especial. Estar cerca de la muerte me hizo reflexionar sobre la fragilidad de la vida y sobre las cosas que sacrificamos por entregarnos al trabajo. Al regresar al canal, iba con una nueva mentalidad: con el mismo entusiasmo, pero con más sentido del equilibrio. Sin embargo, el recibimiento fue un tanto hostil.

Un día de agosto de 2006, saliendo de la mesa de *Los Protagonistas* que teníamos al mediodía, me sentí mal en el trayecto del estudio a la oficina, y al salir del elevador se me bajó la presión, por lo que tuve que apoyarme en el piso. Las cámaras de seguridad captaron el momento y es cuando Salinas Pliego se entera de mi situación y decide mandarme a descansar.

Cuando vi personalmente a Salinas, me dijo: "Se acabó tu época en deportes". Yo sabía que ese momento llegaría algún día, pero nunca imaginé que fuera de manera tan repentina y en un estado tan vulnerable como en el que estaba.

Salinas me propuso dejar el área de deportes y hacer un programa que se llamó *Joserra presenta*, que consistía en conversar con celebridades de la política, el espectáculo y la cultura. Recuerdo que durante la breve etapa del programa tuve la oportunidad de entrevistar a Silvia Pinal, a Irma Serrano, a Jacobo Zabludowski. Era una buena idea, pero nunca me adapté. No solo fui sacado de mi hábitat natural, que son los deportes, sino que me sentía confinado en una oficina, planeando un programa semanal, sin la adrenalina de la información diaria. Por aquellos días, el canal ESPN comenzó a buscarme para ser parte de su elenco, lo que significaba volver al mundo deportivo, a los programas de debate y polémica. No lo dudé. Di las gracias en TV Azteca y comencé una nueva etapa en mi carrera.

Mi despedida no estuvo libre de fricciones. El día que fui a platicar con Ricardo Salinas, le llevé como regalo un par de libros, uno de ellos *El futbol mexicano: ¿un juego sucio?*, que escribí años atrás. En la dedicatoria, le agredecí la confianza durante los largos años de trabajo conjunto. La cita fue en las oficinas de Unefon, otra de las empresas del imperio Salinas. Su trato fue frío, imagino que no quería que me fuera. "Me tienes olvidado en una oficina, con un sueldo menor y sin hacer nada", le reclamé.

Durante la charla salió el tema de las disputas internas que se habían desatado después de que se anunciara mi salida del área de deportes. Era notorio que más de uno comenzó a "grillar" para quedarse con mi puesto, incurriendo, incluso, en intrigas y deslealtades. Aquella ocasión me dijo: "No te preocupes, no voy a poner a ninguno de los que te están moviendo el piso, ni a David Faitelson ni a André Marín, a ninguno de ellos. Voy a poner a un hombre de paja", en alusión a un personaje que siguiera las instrucciones de las altas esferas y que neutralizara las ambiciones dentro del equipo de Deportes.

Al final, optó por poner a Pablo Latapí, lo que fue una mala decisión debido a que no tenía experiencia en el área y eso quedó demostrado con el fracaso que TV Azteca tuvo en las Olimpiadas de China, en 2008. Entonces, me di cuenta de que Salinas me quería llevar a las oficinas centrales del consorcio, quizá con la intención de que yo me encargara del manejo de los equipos de futbol. La idea no me causaba mucha ilusión porque sería un trabajo administrativo, lo que implicaba abandonar el periodismo. La propia gente de Salinas no tenía buenos augurios para mí. Un día, mientras se definía mi futuro en la empresa, conversé con el senador priista Jorge Mendoza, quien fungía como cabildero de Salinas en el Congreso. Esa vez me dijo: "Si te sueltas del saco de Ricardo Salinas, te lleva la chingada".

Y había cierta dosis de verdad en lo que me decía. Mientras la relación con Salinas marchaba bien, yo pasaba los fines de año en su casa de Huatulco. En ese tiempo tenía una residencia imponente, con vista al mar y sus propios fuegos artificiales. Era un derroche de atenciones: nos facilitaba su jet privado para volar, iba por nosotros en un taxi-limusina y nos ofrecía las mejores bebidas y grandes banquetes. La casa tenía dos o tres albercas, jacuzzi, palapas y cocina impresionante. Un día se enojó conmigo porque fui a felicitar a los cocineros y a los meseros.

—¿Por qué te metiste a la cocina? —me preguntó.

—Primero, porque las señoras de la cocina guisan muy rico. Y, segundo, porque son seres humanos y les fui a dar un abrazo por el Año Nuevo.

Pero todo eso se acabó después de mi operación, cuando salí del área de deportes y comencé a sentirme incómodo con mis nuevas funciones. En la charla que tuvimos para presentarle mi renuncia, le dije: "No me siento a gusto, estoy olvidado. Hago un programa que no me gusta y creo que esto no es bueno para nadie". El programa de entrevistas duró aproximadamente un año, pero durante ese tiempo la relación se fue desgastando. El día de la despedida le dije:

—Me voy a ESPN. Te traigo dos libros. Te recuerdo que en uno de ellos hablo muy bien de ti, consérvalo porque nadie va a hablar bien de ti en esta vida.

—Ahí ponlos —respondió con desdén.

—Si no los quieres, me los llevo…

—Llévatelos, pues…

Al final, me pidió que se los dejara; los deposité en el escritorio y me fui. Nunca hemos vuelto a platicar. Salinas fue un buen jefe. Yo guardo hermosos recuerdos de TV Azteca, de Ricardo Salinas y de algunos compañeros.

Después de más de 30 años de trabajar para la misma empresa, fue difícil adaptarme a mi nueva vida fuera de los estudios del Ajusco. A veces me preguntan si llegué a sentirme indispensable en el área de deportes de TV Azteca, pero lo cierto es que no hay gente indispensable en la vida. Pelé era un gran jugador, pero un día se retiró y no pasó nada; llegaron nuevos jugadores que nos hacen disfrutar el futbol. Usain Bolt llegó a ser el corredor más rápido del mundo, un día se retiró y no pasó nada; hoy se siguen rompiendo los récords del mundo. Lo mismo pasó con Michael Phelps y con decenas de atletas monumentales. No hay gente insustituible, a no ser que seas el dueño de la empresa, la manejes y hagas lo que quieras. Yo era un empleado, pero también tengo dignidad. El que me haya enfermado y me haya recuperado, después de 34 años de trabajo, no era motivo para que me quisieran despedir. Entonces dije: "Me despido yo".

Al momento de escribir estas líneas, he cumplido 18 años en ESPN, donde he trabajado con libertad y en donde seguramente me retiraré. Aprovecho este espacio para hacer público mi profundo agradecimiento a dos personas que fueron vitales en esta etapa. Uno de ellos es Rodolfo Martínez, vicepresidente de ESPN para Asuntos Internacionales, un gran ser humano y con mucho talento. El otro es Armando Benítez, director de ESPN México, con quien he tenido una buena amistad, cercanía y apoyo.

A casi 20 años de distancia de mi separación de TV Azteca, considero que fue una buena decisión, porque al área de Deportes la empezaron a debilitar. Dado que generaba buenos ingresos, muchos directivos comenzaron a meterse en decisiones sobre programación, coberturas y venta de publicidad, lo que poco a poco fue mermando el rigor periodístico. Por ejemplo, regresando de los Juegos de Sídney, en el año 2000, me llamó el director de Ventas y recuerdo que una de sus frases fue: "¿Cómo te atreviste a derrotar a Televisa?". Me quedé pasmado. Pensé que teníamos que hacer las cosas mejor que nuestra competencia, pero para entonces ya habíamos perdido algo de brújula.

Hace poco, en una cena, me encontré con Enrique Garay, uno de nuestros antiguos comentaristas, quien me dijo: "La verdad, cómo te extrañamos, porque al poco tiempo de que te fuiste, se acabó la NBA, se acabó la NFL, se acabó la Fórmula 1". O sea, dejaron de transmitir algunos eventos importantes en el sector.

19

Nueva etapa en ESPN
(Beijing 2008 / Sudáfrica 2010)

En ESPN, mi carrera adquirió otra faceta; ya no fui jefe, sino "talento", como se denomina en televisión a las personas que salen a cuadro para conducir o participar en mesas de análisis y debate. Ya con la nueva empresa, acudí a los Juegos Olímpicos de China, en 2008. Éramos un equipo compacto, pero nuestro trabajo no era de cobertura de las competencias, sino elaborar resúmenes analíticos de cada jornada, con pocas imágenes debido a que no teníamos derechos.

En Beijing me encontré a algunos excompañeros de TV Azteca y me dijeron que estaban hechos un desastre. Esa vez, los organizadores habían colocado una torre de cinco pisos con ventanas de cristal que estaban muy cerca del Cubo de Agua —como se le llamó al centro acuático— y del Nido de Pájaro —nombre del estadio olímpico en la capital china—, de modo que no hacía falta montar un estudio, pero los compañeros de Azteca se complicaron la vida y decidieron alquilar uno propio, a pesar de que había instalaciones muy funcionales cerca de los principales recintos deportivos. Nosotros nos hospedamos en unos departamentos ubicados enfrente del Cubo de Agua, por lo que bastaba con cruzar un puente y ya estábamos en un área que habían habilitado para los que no teníamos derechos. Teníamos un pequeño estudio, una cabina de transmisiones y listo.

139

Primer Mundial en África

Si alguien me hubiera dicho años antes que alguna vez cubriría un Mundial en África, me habría costado trabajo creerlo. Pero ahí estábamos, en Sudáfrica, la tierra de Nelson Mandela. Era 2010, la primera vez que el Mundial de futbol pisaba suelo africano, y el escenario era tan insólito como fascinante.

Aún vivía Mandela, aunque su salud estaba visiblemente deteriorada. Pero su figura era omnipresente. La gente lo veneraba con una mezcla de amor y reverencia que pocas veces he visto por un líder político. Entendí, entonces, lo que significaba Mandela para ese pueblo. Para Sudáfrica, él no era solo el presidente que abolió el *apartheid*; era el símbolo viviente de una nueva nación, el padre del milagro sudafricano. Y ese espíritu se respiraba en las calles, en los estadios, en la plaza que llevaba su nombre.

Nos instalamos en unas casas en los alrededores de Johannesburgo. No en hotel, porque el principal lo tenía reservado la FIFA. En cambio, alquilamos viviendas de familias de sudafricanos casados con europeos. Eran casas espectaculares, con jardín, alberca y ese aire de suburbio moderno que no encajaba del todo con la idea que uno traía de África. Hacía un frío del carajo. Era invierno, claro, algo que uno olvida al estar en el hemisferio sur. Pero nos atendieron de maravilla. A mí me tocó, por decisión del jefe de ESPN, la suite nupcial de una de esas casas: un departamento entero con vista al jardín y un baño que parecía sacado de una revista de diseño escandinavo. Laboramos con muchas comodidades, además teníamos unas camionetas a nuestra disposición que nos llevaban y nos traían de los estadios a nuestro centro de operaciones.

La Copa Mundial de Sudáfrica marcó un hito en la historia del futbol: España se coronó campeona del mundo por primera vez, dando cátedra de un futbol colectivo, elegante, efectivo y desequilibrante. Bajo la dirección técnica de Vicente del Bosque, con la magia de Andrés Iniesta, la contundencia de Xavi Hernández, el liderazgo de Carles Puyol y la seguridad del portero Íker Casillas, la Selección Española desplegó un juego de posesión y precisión que deslumbró al mundo.

Me acuerdo de que David Faitelson y yo teníamos un programa que se llamaba *Cronómetro* y, antes de los cuartos de final, se nos ocurrió traer a una chamana o sangoma para que hiciera algunas predicciones sobre los resultados del Mundial. Los taxistas no nos quisieron llevar hasta los llamados *townships*, que son asentamientos históricos construidos durante el *apartheid* y que aún concentran mucha población de bajos recursos. Nos dijeron: "Los dejamos aquí, pero al gueto no entramos". Al final, conseguimos que una de las chamanas nos acompañara al programa para que, a través de sus supuestos poderes sobrenaturales, nos dijera quién sería el campeón.

Cuando un equipo es descalificado de la Copa del Mundo, los periodistas de ese país deben buscar fórmulas para mantener la atención de las audiencias. México no es la excepción. Al invitar a una adivinadora, nuestra intención era causar cierta expectación sobre el curso del torneo y mantener vivo el interés de los televidentes mexicanos, una vez que la Selección de Aguirre hizo maletas. Yo había propuesto que siguiéramos de cerca a España, hacer reportajes sobre su evolución futbolística, recordar la trayectoria de sus principales figuras y documentar por qué era una seria aspirante al título.

A pesar de que había perdido el primer partido contra Suiza 1-0, yo estaba convencido de que era el equipo que mejor jugaba. Más de uno se burló de mí, pero el tiempo me dio la razón. Cuando llegó la chamana al programa, nos dijo: "Quien va a ganar, el que va a ser finalista y campeón es…", y entonces expone una bandera de España. Faitelson se enojó por lo que él consideraba una superchería, hizo su show y abandonó el estudio.

Total, que España sí llegó a la final y la jugó frente a Holanda en el estadio Soccer City de Johannesburgo. En tiempos extras, a tres minutos del final, La Roja ganó el partido con gol de Iniesta y un pase de Cesc Fàbregas. España había ganado la Eurocopa de 2008 con Luis Aragonés, en Alemania, con un gol de Niño Torres a Alemania, y desde ahí se fraguó una buena Selección.

Un día antes de la final, Vicente del Bosque estuvo en los estudios de ESPN. Fue una grata coincidencia. Como nuestro set estaba muy cerca de la Plaza Mandela, los periodistas españoles del Canal Plus nos pidieron usarlos para tener buenas tomas, en caso de que España ganara la final. Nosotros aceptamos a condición de que nos ayudaran a tener entrevistas exclusivas con Del Bosque, Iniesta y Casillas. El técnico español es una persona muy amable, un personaje bueno del futbol al que querían mucho los jugadores.

España gana el mundial y lo gana bien. La inercia del triunfo de Sudáfrica se proyectó hasta 2012, en la Eurocopa que se disputó en Kiev, Ucrania, donde La Roja llega a la final contra Italia. Todo el mundo decía que Italia iba a acabar con España en dos patadas, pero los españoles le metieron 4-0 a la Azzurra. Para ese año todavía estaban vigentes Cesc Fàbregas, Iniesta, Casillas, el Niño Torres, Puyol, Sergio Ramos.

Fue el momento dorado de una camada de jugadores españoles que brillaron entre 2008 y 2012. Ya en 2014, Alemania hizo valer su hegemonía. Para ese Mundial, Del Bosque mantuvo algunos jugadores veteranos y quizá ese fue su error, pues algunos jóvenes ya no dieron el ancho.

Sudáfrica nos dio varios regalos. Por única vez en la historia de los mundiales, vimos la mancuerna Maradona-Messi, el primero como técnico y el segundo como jugador estelar de Argentina. Pero también hubo decepciones: un México con dudas y decisiones discutibles. El técnico Javier Aguirre puso al Conejo Pérez de portero y relegó a Guillermo Ochoa, al apostar por una mezcla de experiencia y nostalgia. El día que iba a enfrentar a Argentina, el técnico de México llegó de malas a la conferencia de prensa, con la cachucha cubriéndole los ojos, sin mirar de frente; estaba de mal humor, no sé por qué, pero era un mal presagio de lo que vendría. En la noche, México perdió 3-1 contra la escuadra de Maradona. Chicharito Hernández metió un golazo, pero ya fue tardío. Hubo errores garrafales en la defensa, como el de Ricardo Osorio, quien regaló un gol que desmoralizó al equipo; el Bofo no pintó y México volvió a quedar eliminado en octavos de final.

En el centro de Johannesburgo, en la Plaza Mandela, transmitíamos desde la terraza de un restaurante. Era un centro comercial de lujo, muy moderno, al estilo de Plaza Artz en la Ciudad de México. La estatua de Mandela dominaba el paisaje. A las cuatro de la madrugada, con el viento helado golpeándonos la espalda, grabábamos los programas con guantes y bufandas, viendo cómo los aficionados mexicanos —sin importar que México ya estuviera eliminado— se reunían a cantar, a gritar y a emborracharse. Una noche, algunos quisieron ponerle un sombrero de charro a la estatua. Lo lograron, pero antes los policías sudafricanos les dieron una buena tunda.

Sudáfrica fue diferente a cualquier otro Mundial que cubrí. Por seguridad, evitábamos alejarnos de Johannesburgo, era difícil moverse. Una vez terminadas las transmisiones, me quedé un día extra para ir a un safari. Dormí en una tienda de campaña, con leones rugiendo a cinco metros. Una cerca eléctrica nos protegía. Fue aterrador, pero inolvidable.

También visité la cárcel de Robben Island, donde Mandela pasó 18 años. Conocí su celda, sus libros. Ahí se hizo abogado, ahí se convirtió en leyenda. Aprendí que su lucha no era solo contra el blanco opresor, sino también contra las divisiones entre negros. Había mucho de eso en Sudáfrica: tensiones internas, heridas abiertas. Pero durante ese Mundial, todo pareció detenerse. La fiesta del futbol unió al país, al continente y al mundo.

Mandela estuvo presente en la inauguración, pero ya se notaba enfermo. Unos días antes había muerto una sobrina en un accidente de tránsito y eso agravó su estado de salud. Ya no fue a la clausura. Era el gran personaje de Sudáfrica, la gente lo quería muchísimo.

También llamó mucho la atención la presencia de Maradona como entrenador. Si bien tuvo un buen arranque y avanzaron a cuartos de final, el equipo albiceleste sucumbió 4-0 ante Alemania y ahí terminó la carrera de Pelusa como técnico. Nadie duda de que Maradona fue una estrella y que conocía muy bien a Argentina, pero hizo un esquema en el que casi todo el equipo jugaba para Messi, pero no le dio resultados; todos los rivales ponían especial énfasis en neutralizar a Messi y eso le descomponía el planteamiento táctico.

Maradona era un virtuoso con los pies, fue un crack. En México 86 hizo un mundial fantástico, pero como entrenador, me da la impresión de que no lo prepararon bien. Sudáfrica fue un golpe fuerte para Diego.

20

Primer oro olímpico en futbol para México
(Londres 2012)

Bajo un cielo que alternaba nubes viajeras con rayos de un sol tímido, Londres se desbordaba de energía olímpica en el verano de 2012: banderas multicolores ondeaban en cada esquina; el estruendo de las vuvuzelas se mezclaba con el murmullo de turistas y locales, y el rugido del Estadio Olímpico —a apenas unos metros de nuestro cuartel de ESPN— marcaba el pulso de una ciudad que había vestido sus mejores galas para recibir al mundo.

En esas calles de ladrillo rojo y avenidas flanqueadas por elegantes casas victorianas, el ambiente olímpico se palpaba también en el aire frío de julio: ciclistas con uniformes ceñidos, voluntarios ataviados con chalecos verdes, familias con gafetes colgando del cuello y, por supuesto, la comitiva de ESPN montando escenografías colosales en una explanada a espaldas del Estadio Olímpico.

Allí, entre cables que serpenteaban como arterias, cámaras que afinaban sus lentes y pantallas que esperaban proyectar imágenes en alta definición, comenzaba cada día la tarea de contar historias de proezas humanas.

La única —pero histórica— medalla de oro que México obtuvo en la justa londinense llegó el 11 de agosto de 2012, cuando la Selección Olímpica Sub23 de futbol varonil derrotó 2-1 a Brasil en la final del torneo en el estadio de Wembley. Bajo la dirección de Luis Fernando Tena, un grupo de 18 jóvenes talentos reforzado por los veteranos José de Jesús Corona, Carlos Salcido y Oribe Peralta se convirtió en la primera Selección Mexicana en colgarse el oro olímpico en este deporte. Esta hazaña puso a México en el mapa futbolístico global y catapultó a figuras como Marco Fabián, Héctor Herrera y Raúl Jiménez hacia sus carreras en Europa.

Usain Bolt, el hombre más rápido de la historia, relució en los y 200 metros planos. Su regreso tras la lesión del Mundial de Berlín 2009 fue triunfal: 9.63 segundos en la final de los 100 metros y 19.32 en los 200 metros, coronándose con el tercer doblete olímpico consecutivo en la prueba de velocidad.

Michael Phelps, rey de la piscina, ratificó su leyenda con seis oros más y dos platas, sumando 22 medallas doradas en su carrera olímpica. Sus relevos en 4×100 y 4×200 estilo libre fueron auténticos recitales de perfección acuática.

Para la cobertura de los Juegos Olímpicos de Londres invitamos a Jacobo Zabludovski, el legendario periodista que fue feliz haciendo reportajes memorables de la época de Winston Churchill, en la Segunda Guerra Mundial; del espacio aéreo, de las aeronaves. Hay recintos fantásticos, como el Museo de la Náutica, donde entras y lo primero que ves es un cazabombardero nazi.

Desde la cabina de ESPN, con la megainfraestructura de Estados Unidos y nuestro propio despliegue en las cercanías del Estadio Olímpico, aprendimos que el verdadero motor de unos Juegos es la mezcla de tradición y vanguardia: una ciudad que, con su pasado industrial y sus puentes sobre el Támesis, supo hermanar la modernidad con la memoria.

21

Casi me quedo sin ver la final
(Brasil 2014)

En 2013, un año antes del Mundial de futbol de Brasil, acudimos al recién remozado estadio Maracaná para transmitir la final de la Copa Confederaciones, en la que España, que todavía traía algo de la inercia del título conquistado en Sudáfrica 2010, perdió 3-0 contra Brasil.

En esa ocasión, se pudo apreciar que la base del equipo español todavía dependía de jugadores veteranos como Íker Casillas, David Villa y Xavi Hernández, y que los nuevos valores no terminaban aún de madurar; en contraparte, Brasil, de la mano de Neymar Jr., se quedó con la copa y dio muestras de estar en condiciones de sacar ventaja de su localía y ser protagonista en la justa mundialista. Sin embargo, la Alemania de Toni Kroos, Miroslav Klose y Mario Götze tenía otros planes.

La vigésima copa de la FIFA se celebró en Brasil del 12 de junio al 13 de julio de 2014, con 32 selecciones que disputaron 64 partidos en 12 ciudades. Fue la segunda vez que la Verdeamarela acogía el torneo (la primera fue en 1950) y la quinta ocasión en Sudamérica. Por primera vez en una Copa del Mundo se implementaron tecnologías como el sistema de detección de línea de gol y el aerosol para tiros libres.

En la gran final, disputada el 13 de julio en el estadio Maracaná de Río de Janeiro, Alemania se alzó con su cuarto título tras

147

vencer a Argentina 1-0 en tiempo extra, gracias al remate de Mario Götze al minuto 113. Con esta victoria, Alemania se convirtió en el primer equipo europeo en ganar un Mundial celebrado en América y logró su primer trofeo importante desde la reunificación en 1990.

El torneo dejó momentos para la historia, como la derrota de Brasil 1-7 ante Alemania en las semifinales, el 8 de julio en Belo Horizonte, episodio conocido como el "Mineirazo". Alemania anotó cinco goles en 29 minutos, rompiendo récords de desequilibrio en una semifinal y hundiendo al anfitrión en su peor derrota en casa.

El máximo goleador fue el colombiano James Rodríguez, con seis tantos, incluido un golazo de volea con pierna zurda desde fuera del área contra Uruguay. Entre las sorpresas se puede contar la eliminación de España en fase de grupos y el impresionante recorrido de Costa Rica, que llegó hasta cuartos de final por primera vez en su historia.

Recuerdo que para la final entre Alemania y Argentina me quedé sin boleto para entrar al estadio Maracaná. Errores de logística nos habían dejado a varios comentaristas sin acceso al partido decisivo. Como Qatar ya había sido designado como sede del Mundial de 2022, muchos funcionarios de ese país se encontraban en Brasil para observar cómo se organiza un torneo y alistar la logística para su futuro compromiso. Entre ellos estaba Bora Milutinović, el exentrenador nacional, quien desde hace varios años radica en Qatar como promotor deportivo.

—¿No tienes boleto, José Ramón? —me preguntó.

—Es una desgracia, pero me quedé sin entrada —le respondí.

—Te espero mañana en mi hotel, que está aquí a dos cuadras, a las 12. No falles.

Fui a su hotel y, en efecto, me regaló un boleto VIP. No lo podía creer. Hacía unas horas estaba resignado a ver la final desde un televisor y ahora tenía acceso a un palco especial. Después de pasar varios filtros, al fin llegué a ese espacio donde los qataríes se la estaban pasando en grande: había comida, bebida y hasta bailarinas que amenizaban las horas previas al cotejo. La final la jugaron Alemania contra Argentina, en un partido donde Messi no estuvo inspirado y la defensa albiceleste resistió los embates alemanes durante más de 120 minutos, pues el partido se fue al alargue. Argentina tuvo tres posibilidades de gol y las tres las falló; en cambio, Alemania tuvo dos, metió una y ganó el partido 1-0.

En esa ocasión pude palpar que la rivalidad entre argentinos y alemanes trasciende el ámbito deportivo. Argentina estaba tan segura de que iba a coronarse en el Mundial de Brasil, que los medios daban por hecho que no había selección que les pudiera arrebatar el trofeo, y eso a los brasileños les picó la cresta. Los locales estaban tan indignados, que negaron habitaciones de hotel a todo argentino que se paraba en Río de Janeiro. Entonces, la playa de Copacabana se transformó en un enorme campamento de argentinos; había miles de tiendas de campaña, donde los fans de Messi, Agüero, Higuaín y Mascherano resistían las incomodidades con tal de ver la coronación de su escuadra nacional. El día de la final, noté que había en las gradas más aficionados alemanes que los de costumbre, pero con el correr de los minutos descubrí que en realidad eran brasileños vestidos con los colores de Alemania para ver caer a sus archirrivales sudamericanos. Era más fuerte el odio a Argentina que la humillación que Alemania les hizo pasar a los brasileños con la soberana goleada de los días previos.

El de 2014 fue un Mundial muy encendido, porque Brasil es un país muy futbolero y sus habitantes exudan pasión, alegría y emoción. Los juegos importantes se concentraron en Río de Janeiro y São Paulo, pero los demás quedaban lejísimos: para ir a Belo Horizonte, Minas Gerais o Porto Alegre, eran vuelos de cinco o seis horas, por lo que fue un torneo complicado de cubrir. La mayoría de las estaciones de televisión no viajaban a los estadios, a menos que estuvieran siguiendo a sus propias selecciones; se quedaban en los estudios de Río de Janeiro y desde ahí montaban sus cabinas y narraban los partidos, como lo hacen hoy Televisa o Azteca, que no van a los estadios, lo hacen desde su central. Y no es reprochable, a veces la presencia en todas las sedes se vuelve imposible no solo por la lejanía, sino por la dificultad de los vuelos y el clima, que en ese Mundial fue muy caluroso. Nosotros nos hospedamos muy cerca del centro de transmisiones; vivíamos en el centro de Río de Janeiro, en una especie de centro náutico con instalaciones muy modernas. Yo comía siempre en el hotel que había arrendado la FIFA, donde había comedores enormes con gran variedad de platillos.

22

Neymar con la revancha
(Río 2016)

Río de Janeiro no se entiende sin ruido, sin samba, sin calor…
y sin contradicciones. Desde que bajamos del avión, algo se sentía distinto. No era solo el clima tropical, ni el acento cantado del
portugués carioca que parecía siempre estar a punto de volverse
canción. Era el ambiente: una mezcla de fiesta e incertidumbre.
Río había llegado a la cita olímpica con altas dosis de estrés. La
infraestructura se terminó a marchas forzadas, con operarios soldando vigas y pintando paredes hasta el último minuto. Ya había
quejas sobre la Villa Olímpica incluso antes de estar lista. Pero a
pesar de todo, funcionó. Como funcionan muchas cosas en Brasil:
entre desorden y alegría, entre carencias y orgullo.

Nuestra sede de transmisión estaba montada con vista al mar.
Desde el estudio podíamos ver Copacabana, con sus palmeras ondeando bajo la brisa del Atlántico. El tráfico era un caos, los traslados, una odisea. A veces teníamos que planear con horas de
antelación si queríamos llegar a tiempo a alguna competencia. Pero
el alma de Río compensaba cada contratiempo. Las calles estaban
llenas de banderas, turistas, niños jugando descalzos y vendedores ambulantes que te ofrecían desde cocos fríos hasta camisetas de
Bolt, Neymar o Simone Biles. Era imposible no contagiarse.

Río fue el escenario de una generación de leyendas en su última función. Usain Bolt, el relámpago jamaicano, corrió su último

151

gran show olímpico en el Estadio Olímpico João Havelange. Ganó el oro en los 100 y 200 metros con esa zancada inhumana que parecía burlarse del tiempo.

En el mismo caso estaba el estadounidense Michael Phelps, quien se sumergió por última vez en la piscina olímpica para firmar su legado. Ganó cinco oros más, para un total de 23 en su carrera. Cuando salió del agua y se despidió del público, el mundo entero pareció contener el aliento. Se iba un coloso.

En la gimnasia, Simone Biles desafiaba la gravedad. Su cuerpo compacto parecía construido para volar. La vimos conquistar el oro en el all-around con una combinación de fuerza, elegancia y audacia que nunca habíamos presenciado en una atleta de su estatura. Río la consagró como la heredera indiscutible de las grandes gimnastas, y quizá como la mejor de todas.

Los Juegos también fueron generosos con las sorpresas. Como la medalla de oro del argentino Santiago Lange en vela, con 54 años y un pulmón menos, luchando contra el tiempo, el viento y su propio cuerpo. O la lucha libre, donde la cubana Mijaín López volvió a hacerse gigante. O el golf, que regresó después de más de un siglo, y donde vimos a Justin Rose imponerse en una competencia que parecía más de caballeros que de olímpicos.

Para nosotros, como periodistas mexicanos, en Río fueron inolvidables las platas de María del Rosario Espinoza en taekwondo —que sumaba así su tercera medalla olímpica—, de Germán Sánchez en clavados y de Guadalupe González en la marcha de 20 kilómetros.

Pero nada se vivió como el futbol en el Maracaná. Neymar, el ídolo nacional, se jugaba algo más que una medalla. Brasil necesitaba ese oro como una revancha tras el 7-1 ante Alemania en su Mundial dos años antes. Y el destino le puso a los alemanes enfrente en la final. Neymar anotó el primer gol con un tiro libre perfecto. Alemania empató. El partido se alargó hasta los penales.

Y cuando le tocó tirar el último, Neymar tomó el balón con la presión de 200 millones de brasileños sobre los hombros. Lo metió. Se arrodilló y lloró como un niño. El Maracaná tembló. El futbol, al fin, les daba el oro.

Pero la fiesta en Río no fue perfecta. Hubo protestas, denuncias de corrupción, preocupación por el virus del Zika, zonas de pobreza extrema a pocos metros de la opulencia olímpica. Pero también hubo esperanza. Cada brasileño con el que hablábamos tenía una sonrisa lista y una frase para resumirlo todo: "É o nosso momento". Y sí, en muchos sentidos lo fue.

23

Sorpresas, decepciones y resurrecciones
(Rusia 2018)

Rusia 2018 fue para mí el Mundial de los contrastes. El país que visité era irreconocible, respecto a la Unión Soviética que conocí 38 años antes, cuando cubrí los Juegos Olímpicos de 1980. Moscú, sin embargo, seguía siendo una capital imperial, repleta de luces, cúpulas doradas y avenidas majestuosas que servían como escenario para una Copa del Mundo tan imponente como la ciudad misma.

Nuestra base de operaciones estaba en un conjunto de departamentos iguales entre sí, típicos del urbanismo soviético, cada uno con un solo baño. Uno de esos apartamentos lo adaptamos como centro de trabajo, el resto como lugar de descanso cuando el cuerpo no podía más. A unas cuadras estaba el Marriott, que también servía como punto de encuentro para el equipo de ESPN. Y justo detrás de nuestro set improvisado: el Kremlin, la Basílica de San Basilio, las iglesias ortodoxas y el río Moscova, que corría brillante, como queriendo robar cámara en cada transmisión.

Fue un Mundial vistoso, moderno, con estadios impresionantes como el Luzhniki y el Spartak. Pero, por la inmensidad del país, la logística era una pesadilla: las otras sedes estaban a miles de kilómetros, y mover equipos de producción implicaba casi cruzar continentes. Así que nos concentramos en Moscú, donde se libraban algunas de las batallas más emocionantes del torneo.

155

Es difícil ver pobreza en Moscú. O quizá durante esos días la hicieron menos ostensible. Hay mucha vida nocturna, mujeres muy bonitas y no pueden faltar los rusos malencarados. Podías caminar por la ciudad a cualquier hora sin que nadie se metiera contigo. Los centros comerciales son impresionantes, al igual que las tiendas de artículos deportivos.

Aquella ocasión, la cobertura de ESPN se vio enriquecida con la participación de Tomás Boy, el mítico capitán de la Selección Nacional en el Mundial de 1986 y leyenda en el equipo de los Tigres de la Universidad Autónoma de Nuevo León. Fue la última Copa del Mundo que pudo atestiguar, antes de su muerte, en 2022. Tomás era simpático, pero muy echado para adelante, se creía el mejor jugador del mundo y no perdía oportunidad para recordárnoslo. Sus peleas con Hugo Sánchez eran épicas, a veces divertidas, a veces tensas. Pero con él, el programa tenía chispa. Hoy que ya no está, recuerdo con cariño sus arranques y su particular forma de ver el futbol.

En cuanto a la cancha, Rusia 2018 fue una mezcla de sorpresas, resurrecciones y decepciones. México tuvo luces y sombras. El técnico era Juan Carlos Osorio, un estratega siempre cuestionado por sus esquemas rotativos y decisiones arriesgadas. El debut de México fue memorable: contra todo pronóstico, México le ganó 1-0 a Alemania con un gol de Hirving "Chucky" Lozano, quien no dejaba de caracolear dentro del área. Fue un partido histórico, no solo por el resultado, sino por lo que representó: derrotar al campeón del mundo con un futbol atrevido.

Luego vino la victoria ante Corea, otra vez 1-0, lo que nos ponía con seis puntos y el pase a la siguiente ronda casi en la bolsa. Pero el equipo se desdibujó ante Suecia, cayó 3-0 y terminó enfrentándose a Brasil en octavos de final. Neymar y compañía se impusieron con autoridad 2-0 y nos mandaron de regreso a casa. Otra vez en la orilla, otra vez sin el anhelado "quinto partido".

Francia fue el gran campeón del certamen, dirigido por Didier Deschamps y liderado por un Kylian Mbappé, que a pesar de contar con solo 19 años, ya se desempeñaba como todo un crack. Francia tenía un equipo muy sólido en todas las líneas: portero, defensa, medio campo y delantera. Le ganaron la final a Croacia, una selección que fue creciendo partido a partido con una generación encabezada por Luka Modrić e Ivan Perišić. Los croatas enamoraron al público ruso, que los adoptó como propios, pero todos sabíamos que Francia era superior.

Uno de los momentos más extraños del Mundial lo protagonizó España, a cuyo entrenador, Julen Lopetegui, lo destituyeron a solo dos días del arranque del torneo. Fue un movimiento totalmente atípico, ya que durante la fase de clasificación La Roja se mantuvo invicta y pasando por encima de equipos como Italia. El pecado de Lopetegui fue firmar con el Real Madrid a espaldas de la Federación Española de Futbol, cuyo presidente, Luis Rubiales, lo destituyó de inmediato para poner en su lugar a Fernando Hierro, quien entonces fungía como secretario técnico de la Selección.

España empezó bien, empató 3-3 con Portugal gracias a un Cristiano Ronaldo que sacó la casta. Pero en octavos, ante Rusia, los españoles se atoraron. Yo estuve en ese partido. Fue largo, cerrado y tenso. Los rusos se defendieron con todo, llevaron el juego a penales y ganaron de manera agónica. Fue un delirio en las calles de Moscú. La frialdad se evaporó y el país entero celebró como si hubiera ganado el campeonato.

Dos años después, en 2020, le tocaba el turno a Tokio para sorprender al mundo. Se visualizaban unos Juegos Olímpicos con todo el potencial tecnológico de los japoneses, la fuerza de una cultura milenaria y su incansable afán por la innovación y el orden. Pero la pandemia de covid-19 arruinó la fiesta. Se debatió la posibilidad de cancelar las competencias mientras se definía el futuro de la humanidad; sin embargo, ganó la postura de realizarlos, aunque fuera con estadios vacíos y en medio medidas extremas de sanidad.

24

Messi y el Mundial del lujo
(Qatar 2022)

El Mundial de Qatar fue una auténtica expedición. Así como Sudáfrica resultó ser un viaje a lo exótico, toda vez que era la primera vez que una Copa del Mundo se celebraba en el continente africano, también era la primera ocasión que la fiesta del futbol se realizaba en un país árabe poco explorado. Y al tratarse de un país petrolero, con una economía pujante y con inversiones multimillonarias en tecnología e innovación, Qatar nos dejó deslumbrados a todos los visitantes por su nivel de organización, calidad de instalaciones y funcionalidad.

Debo admitir que viajé a Qatar con ciertas reservas sobre la cultura árabe. En 1995 tuve la oportunidad de cubrir la Copa Confederaciones que se celebró en Riad, la capital de Arabia Saudita, certamen en el que Luis García ganó el trofeo de campeón de goleo. Por aquellos días, Riad era gobernada con mano de hierro y con pocas libertades. De hecho, para salir de los hoteles y caminar por las calles céntricas se necesitaba una autorización oficial.

En una ocasión, durante un paseo para conocer la legendaria capital saudí, algunos lugareños nos preguntaron si queríamos ver algo "impactante", y nosotros aceptamos. Acudimos entonces a una plaza cercana donde estaba por iniciar un tormentoso acto de justicia pública. "Vean ustedes cómo castigan a los que roban", dijo nuestro guía momentos antes de que le fueran amputadas con sable las manos a un presunto ladrón. No quisimos nunca más volver a ver ese tipo de actos.

Llegar a Doha, la capital qatarí, es como si hubiéramos entrado a una película de ciencia ficción: todo pulcro, todo eficiente, todo majestuoso. Un Mundial dentro de una burbuja de lujo. El vuelo, operado por una de las aerolíneas qataríes, era como subir a un hotel cinco estrellas suspendido en el cielo. En primera clase, las cabinas eran privadas. Cerrabas la puerta y se convertía en tu pequeño universo con cama, pantalla y comodidad absoluta. El viaje era largo, pero ahí no pesaba.

Al aterrizar, el recibimiento fue de una eficiencia casi militar. Nos tenían identificados, con acreditaciones listas, transporte coordinado y todo en orden. No había errores. Parecía que llevaban años ensayando ese momento. Y quizá sí. Los qataríes no dejaban nada al azar.

Una de las grandes ventajas de Qatar era la cercanía interna. Todos los estadios estaban a distancias accesibles. Nada de vuelos entre sedes, ni traslados eternos. En ese Mundial era posible ver dos o tres partidos al día si te lo proponías. Por ejemplo, el exseleccionador nacional Juan Carlos Osorio, que nos acompañaba como comentarista, vio 37 partidos del Mundial. Y en las noches, como si nada, se presentaba al programa *Futbol Picante* de ESPN. Eso en Brasil habría sido una locura logística. En Rusia, impensable. Pero en Doha todo era posible.

El centro de prensa era de otro nivel. Moderno, cómodo, pensado para que uno no tuviera que moverse. Pero si uno quería ir a su alojamiento, los departamentos eran otro lujo silencioso. Modernos, inteligentes, con todas las comodidades imaginables. Nos dijeron que las habitaciones donde nos alojamos eran de un hotel de la madre del jeque de Qatar, y no me extrañaría. Todo impecable, como si cada rincón hubiera sido inspeccionado antes de dártelo.

A una cuadra de nuestro hotel estaba un súper al estilo de City Market, en el que venden de todo. Entonces ibas, te proveías de cosas y las metías a tu refrigerador; si querías comer fuera, podías salir sin problemas, había muchos restaurancitos por todos lados. Te encontrabas a todos los periodistas de México, te encontrabas a gente de todos lados. Los sets de transmisión estaban montados frente a la bahía. Edificios de fondo, luces y el *skyline* que parecía de videojuego. Ahí nos tocaba desmenuzar los partidos cada noche. Ahí, también, se palpaba la tensión, la pasión, el nervio de un torneo que tuvo de todo.

Ese Mundial tuvo sorpresas desde el comienzo. En el partido inaugural, Arabia Saudita venció 2-1 a Argentina, que llegaba como una de las serias aspirantes al título. México formaba parte del grupo de la albiceleste y ese descalabro inicial allanaba el terreno para la clasificación de la Selección Mexicana, que empató 0-0 su primer partido con Polonia, cayó 2-0 ante los argentinos y venció 2-1 a los árabes.

En la fase de eliminatorias, todos creímos que Argentina se iba temprano, pero los equipos grandes siempre tienen un margen. En el juego contra Argentina, México, al mando de Gerardo Martino, fue defensivo y extremadamente cauto. Los mexicanos resistieron medio tiempo, pero en la segunda mitad, Messi, con esa calma asesina que lo caracteriza, desde fuera del área, mandó el balón al fondo. Argentina ganaba 1-0 y después, sin despeinarse, anotaba el segundo. Fin del sueño mexicano.

Durante ese partido, en el set, teníamos a los argentinos de ESPN a un lado: Ruggeri, Diego Latorre, mientras que en la otra esquina estábamos los mexicanos. Antes del juego, ni nos volteaban a ver. Pero después del silbatazo, hasta se mostraban bromistas. El argentino vive el futbol con una intensidad desbordada. El mexicano también, pero sabe hasta dónde llegar. El argentino no: lo quiere todo.

Argentina comenzó a avanzar en la ronda de finales. Y, al mismo tiempo, empezaron a notarse cosas extrañas, tales como penaltis dudosos y decisiones que siempre favorecían al equipo argentino. La FIFA —eso comentábamos entre periodistas y analistas— quería que Messi llegara a la final. Y no solo llegó, sino que logró coronarse como campeón del mundo.

En la otra esquina del ring estaba Francia, el campeón defensor, un equipo sólido en todas sus líneas, lleno de talento, principalmente con la rapidez y contundencia de Mbappé. La final fue de esas que te dejan sin aliento: llena de goles, remontadas, tiempos extras y penaltis.

Argentina se fue arriba 2-0, dominando todo el primer tiempo con un Ángel di María que esa tarde salió inspirado. Pero Francia no se iba a dar por vencida. Mbappé tomó el liderazgo y dio un discurso fuerte en el vestidor. Les dijo: "¡Es una final del mundo, eh! Es un partido único en la vida. Ya no se puede hacer peor. Vamos todos al campo, nos dejamos de tonterías, ponemos intensidad y hacemos las cosas diferente. ¡Es la final de un Mundial! Lo hecho, hecho está. Nos llevan dos goles de ventaja. ¡Vamos, podemos remontar! Esto solo pasa cada cuatro años…".

Y la escuadra francesa salió con furia. Metió dos goles en pocos minutos y propició los tiempos extras. Messi volvió a adelantar, pero Mbappé respondió otra vez para el 3-3. Cerca del final del tiempo añadido, los franceses tuvieron una descolgada en la que Aurélien Tchouaméni encaró al portero argentino y, en un acto heróico, Dibu Martínez achicó el ángulo y atajó con el pie el disparo que pudo ser el desplome de los argentinos.

Los penales decidieron. Argentina fue campeón del mundo. Messi, al fin, levantó la ansiada copa. Buenos Aires fue una fiesta desbordada. En el palco, Macron no lo podía creer. En el campo, los argentinos lloraban, reían, se fundían en abrazos eternos. Era el cierre perfecto para una historia escrita con el corazón.

Más allá del marcador, de las estadísticas y de los goles, lo que se queda en la memoria es la atmósfera. Qatar fue el Mundial más cercano, compacto y eficiente. Cada día era una jornada mundialista sin contratiempos. Uno podía ver partidos, cenar en la bahía, encontrarse con periodistas, jugadores, exfutbolistas. Todo en un radio de minutos. Brasil era samba y caos. Rusia, monumental y frío. Pero Qatar fue precisión, lujo y espectáculo. Una fiesta moderna en medio del desierto.

25

Mi primera experiencia con Javier Alarcón
(París 2024)

París no es una ciudad que se visite, es una experiencia que se vive. En 2024, cuando el mundo se volcó hacia la capital francesa para celebrar los Juegos Olímpicos, confirmé que esa frase es cierta al cien por ciento. Los comentaristas de ESPN México llegamos unos días antes del arranque de las competencias y nuestro cuartel general fue el majestuoso edificio de la Organización de las Naciones Unidas para la Educación, la Ciencia y la Cultura (UNESCO), con su fachada neoclásica y sus patios en sombra. Allí coincidíamos cada día con los enviados especiales de agencias como Associated Press, Reuters, entre otras.

Nuestra misión era transmitir un programa de las 12 de la noche a la una de la madrugada; era un resumen de la jornada, con entrevistas, crónicas y debate sobre el desempeño de los atletas. Era nuestra forma de abrirnos paso ante el monopolio que ejerce Televisa. Y es que cuando la televisora de la familia Azcárraga tiene los derechos de transmisión, no se mueve nadie. TV Azteca no fue más que como patrocinador. Banco Azteca patrocinó a algunos comentaristas que andaban haciendo reportajes, pero no quiso entrar a la cobertura cotidiana. Las Olimpiadas se las dividen entre Azteca y Televisa; las compra Televisa y dicen: "Me debes tanto"; compran los derechos del Mundial y lo mismo.

Nosotros fuimos por nuestra cuenta y, pese a las limitaciones, hicimos un buen trabajo con análisis y ángulos que para las demás televisoras pasaban inadvertidos.

En mi cuarto de hotel instalé dos televisores: uno lo tenía sintonizado en un canal francés que transmitía todas las disciplinas, mientras que en el otro brincaba de la BBC a otros canales internacionales, pero en ambos casos era imposible enterarse del paso que llevaba la delegación mexicana. Para seguirles la pista a los connacionales había que ir a las competencias. Afortunadamente, la presidenta del Comité Olímpico Mexicano me ayudó a conseguir una acreditación y con ella pude entrar a todos los eventos como periodista.

Con ese talismán colgado al cuello vi triunfar a Osmar Olvera en el Centro Acuático de Saint-Denis, donde ganó plata en clavados sincronizados y el bronce en la prueba individual desde el trampolín de tres metros, y fui a ver a las arqueras mexicanas que ganaron bronce.

La natación volvió a ser el templo de los dioses. Katie Ledecky, con su técnica impecable, fue puro vértigo en los 200 metros. El joven Léon Marchand conquistó cuatro medallas de oro en pruebas individuales, y luego sumó un bronce en el relevo 4 × 100, que convirtió la piscina en un océano de gritos y banderas tricolores francesas. En el velódromo de Saint-Quentin-en-Yvelines, el ciclismo de pista alcanzó otra dimensión, con una gran rivalidad entre holandeses, australianos y franceses.

La ceremonia inaugural fue una lección de audacia y creatividad. En lugar de encerrar a los atletas en un estadio, Francia los convirtió en un desfile flotante. Con barcazas adornadas y gigantescas pantallas en la orilla del Sena, los espectadores recorrieron la ribera para ver pasar a cada delegación. Fue mágico por la mañana, pero caótico por la noche: el tramo final en el estadio no pudieron verlo muchos, atrapados aún en los controles de seguridad. Para la televisión, sin embargo, fue un banquete de alto voltaje: drones, puentes iluminados, proyecciones sobre los muros del Louvre, chispazos de modernidad sobre un río milenario lavado y aclarado hasta parecer nuevo.

En la parte alta del edificio de la UNESCO teníamos un set que usamos poco, porque hacía un viento terrible. Un piso más abajo, junto al equipo de la CBS y algunos corresponsales internacionales, montamos una carpa y desde ahí transmitíamos, con la esfera de la UNESCO como telón de fondo. La sede del organismo de la ONU para la Educación, la Ciencia y la Cultura es un edificio declarado patrimonio de la humanidad, que posee un espectacular mural de Picasso.

II

José Ramón en el terreno de juego

26

Jugadas de pared: los colaboradores

Para hablar sobre la diferencia entre amigos y colaboradores en el mundo de la televisión, es necesario recordar cómo nos fuimos incorporando los personajes más visibles del área de Deportes. Llegué a Canal 13 a finales de 1973 y pocas semanas después, el 5 de enero de 1974, previo al Día de Reyes, arrancamos el proyecto de *DeporTV*. Estamos hablando de la prehistoria: las primeras emisiones del programa todavía incluían escenas en blanco y negro, porque teníamos un contrato con la ABC de Estados Unidos, que manejaba un programa llamado *El ancho mundo del deporte* y nos mandaba videos de patinaje, de gimnasia, de competencias de leñadores y demás deportes exóticos. A pesar de que estaban grabados en escala de grises, a la gente le resultaban muy entretenidos esos programas porque veían cosas diferentes, actividades deportivas que en México se ven muy poco.

En ese entonces, Canal 13 era muy chiquito; el gobierno lo había adquirido en 1972 y cuando llegué había muchas cosas por organizar. A pesar del corto presupuesto y de las modestas instalaciones, el área de Deportes comenzó a destacar y a ganar público debido no solo a la creatividad de los programas, sino a la polémica, a los debates sin censura, y al ejercicio de un periodismo crítico. Entonces, comenzaron a entrar los colaboradores. Raúl Orvañanos fue el primero que llegó y con él compartí múltiples espacios durante muchos años; sin embargo, nunca fuimos amigos. Ser amigos, considero yo, implica que las familias se reúnan para comer y convivir. Pero eso nunca ocurrió. Él hacía su vida, yo hacía la mía.

Al poco tiempo entró Carlos Albert, quien llegó a echar raíces en la televisora. Hubo también importantes colaboradores que trabajaban con nosotros de manera temporal, como Miguel Marín, Nacho Trelles o Manolo Lapuente, quienes nos apoyaban durante un Mundial y después seguían con su chamba. Después llegaron jóvenes como André Marín, quien entró de 14 años. También se incorporó Francisco Javier González, a quien puse a manejar el área de noticias, pero fue un desastre. Yo leía a David Faitelson en el *Excélsior* y no sabía quién era. Cierta ocasión le dije Francisco: "¿Me lo puedes presentar?". Un día llegó a la redacción, me gustó su ímpetu y lo metí a noticias en lugar de Francisco.

Francisco Javier se incorporó a mediados de los años ochenta como reportero y comentarista. Poco a poco fue creciendo hasta que tuvo una destacada cobertura en los Juegos Olímpicos de Sídney 2000. Después de ese hit, le valió madres y terminó yéndose a W Radio. Creó el concepto de Estadio W, que después le vendió a Televisa y se fue quedando en esa empresa.

Durante la transición de Canal 13 a Imevisión, de Imevisión a Televisión Azteca del Estado, hasta la compra que hace Ricardo Salinas Pliego, yo me desempeñé como jefe de Deportes y, durante algunos periodos, como jefe de Noticias. Durante esos 34 años de trabajo hice amistad con muy pocos compañeros de trabajo; a veces nos reuníamos para comer en algún restaurante, pero no pasaba de eso. Por ejemplo, con Faitelson nunca comí a solas. Él tenía sus horarios, cumplía con su trabajo y se despedía.

Aquellos que critican mi forma de ser por tener pocos amigos en el espacio laboral pasan por alto que yo representaba al área de Deportes en las reuniones de Consejo y debía rendir cuentas a la Dirección de Producción, al director general del canal o al dueño de la empresa. Yo apaciguaba los golpeteos y protegía al equipo. Por ejemplo, en incontables ocasiones, el director del canal y más tarde el dueño de la televisora me pidieron que sacara de la pantalla a Faitelson, porque tenía un problema dermatológico serio. "¡Quítame a ese! No puede salir al aire así, mira nada más qué cara", me decían. Más de una vez, le dije a Faitelson que fuera a ver a un especialista y que cuidara su aspecto, su forma de vestir.

Mis amistades más sinceras las tejí, más bien, con la gente que estaba fuera del set. Jessica, que era la administradora; mi secretaria, los encargados de logística, es decir, las personas que ayudaban a que la oficina funcionara. Los reporteros, comentaristas y conductores, se manejaban de otra forma. Ellos solo preguntaban:

—¿A dónde voy este fin de semana?

—Vas a Monterrey.

—Ok. Mi boleto y mis viáticos.

Y adiós. No los veías hasta el partido. Y así funcionábamos. Quizá la relación más cercana fue con Raúl Orvañanos, porque viajábamos mucho juntos; los sábados teníamos los partidos de Monterrey o Tigres y los domingos íbamos a Guadalajara a narrar a las Chivas, o a Puebla para los partidos de La Franja. Eran unas jornadas extenuantes y teníamos que regresar en la tarde para hacer *DeporTV*.

En ESPN, la cadena en que trabajo desde 2007, tampoco tengo muchos amigos. Nos vemos en las transmisiones, en algunos viajes, pero nada más. Que, de repente, yo vaya a casa de alguno de los colegas, o que ellos vengan a mi casa para cenar juntos, eso no ocurre. Vamos a comer ocasionalmente a San Angel Inn, invitados por el director de Deportes de ESPN, quien nos junta a cuatro o cinco, entre ellos a mí, a Hugo Sánchez y Roberto Gómez Junco. Pero alguien a quien considere amigo genuino, casi nadie.

En 2006, cuando enfermé gravemente y estuve hospitalizado varios días, tuve la oportunidad de sentir la estimación de algunas personas. Recuerdo haber recibido la llamada de Emilio Azcárraga, quien me dijo: "Ya levántate, te necesitamos para que vengas a madrear al América". Ricardo Salinas nunca fue a verme, le molestaba que gente allegada a él se enfermara. No soportaba que alguien de su equipo se ausentara, así fuera por problemas de salud, sentía que se debilitaban sus áreas.

Fuera de México, dos personas con quienes pude cultivar una buena amistad fue con César Luis Menotti y con Jorge Valdano. Con Menotti, después de cada Mundial, teníamos largas charlas para reflexionar sobre los resultados, las figuras y los escenarios futuros. Cuando venía a México, me hablaba e íbamos a comer. Con Valdano también tengo una buena relación. Cuando salí de TV Azteca, le dije: "Tú continúa con ellos, yo me tengo que salir". Lo entendió bien y siguió colaborando. En el Mundial en Qatar lo vi trabajando con Azteca, tomamos un café y cruzamos nuestras quinielas. Tanto Menotti como Valdano son gente muy profesional, no se meten en grillas, hacen su trabajo y listo. Valdano es buen tipo, muy agradable, gran conferencista y excelente escritor.

Locutores

En los inicios de mi carrera como periodista y cronista deportivo, me tocó coincidir —profesional y personalmente— con grandes leyendas de la locución en México. A Fernando Marcos lo conocí poco, pues llegó a Canal 13 casi al final de su carrera. Era un tipo muy terco. Nunca le pude ganar una discusión; cuando comenzaba a quedarse sin argumentos, se remontaba a los años treinta y ahí me mataba. Aunque eso no le quitaba que sabía mucho de futbol. Había sido jugador; no jugó bien, según contaba él mismo. También fue árbitro y es memorable aquel partido entre Necaxa y Asturias que pitó en 1939, el cual terminó con la quema del Parque Asturias. En ese encuentro hubo entradas muy violentas contra

Horacio Casarín, que era la figura del Necaxa, hasta que lo obligaron a abandonar el terreno de juego. Eso calentó mucho a los necaxistas. El ambiente se tornó violento cuando Marcos marcó un penal a favor del Asturias en los minutos finales, lo que permitió el empate 2-2. Este resultado eliminaba al Necaxa de la contienda por el campeonato. En señal de protesta, los aficionados comenzaron a encender fogatas en las tribunas de madera, lo que rápidamente se convirtió en un incendio incontrolable que consumió gran parte del estadio.

Fernando Marcos también fue comentarista y duró muchos años en Televisa, igual que "el Mago" Septién, Toño Andere y Jorge "Sony" Alarcón. Quien sí dio el salto y llegó a trabajar con nosotros en la parte final de su carrera fue Pepe Alameda, un cronista muy fino, especializado en toros. Él era abogado por la Universidad de Salamanca, un tipo letrado de origen español que tenía un manejo magistral del lenguaje.

En cambio, Ángel Fernández era un hombre exótico, pegaba de gritos; narraba un partido y, por malo que fuera, parecía que era la final de la Copa del Mundo. Tú lo veías y decías: "Caray, pero si fue un partido aburridísimo". Trabajó poco tiempo en Canal 13, un año y medio quizá. Eran los años setenta, cuando entraban y salían directores, quienes quitaban y ponían colaboradores. Por ejemplo, yo no llamé a Fernando Marcos, yo no invité a Ángel Fernández, los metían los directores y, ni modo, había que aguantarlos. Con Marcos eran discusiones eternas sobre nuestra línea editorial, sobre las prioridades informativas, sobre las órdenes de trabajo, pero, aun así, pudimos trabajar.

27

Tarjetas amarillas:
las sanciones por un periodismo crítico

A lo largo de mi carrera he sido objeto de diversas sanciones, vetos y amonestaciones. Orgullosamente, ninguna ha sido por ineficiente o por infringir alguna norma; todas fueron por decir lo que pienso, por ejercer un periodismo crítico y por no doblegarme ante intereses políticos o económicos. Por ejemplo, a mí me vetaron del Mundial del 90, en Italia, porque en TV Azteca publicamos el caso de los cachirules.

Esa fue una investigación periodística que resultó demoledora para la Federación Mexicana de Futbol, porque haber solapado que participaran jugadores con una edad superior a la permitida en selecciones juveniles provocó que corrieran a todos los directivos de ese momento y le quitaran a México la oportunidad de ir a la Copa del Mundo.

Televisa, al contar con los derechos de transmisión de los mundiales, tiene la facultad de otorgar o negar a periodistas las acreditaciones para ingresar a las instalaciones oficiales. En represalia por la publicación del reportaje, Televisa decidió vetarme; ellos después dijeron que mi credencial siempre estuvo lista, pero eso no hay forma de comprobarlo. Al final de cuentas, yo decidí no ir, trabajé desde aquí y la cobertura de TV Azteca salió muy bien.

Cuando ganábamos algún evento, los de Televisa enfurecían. Me acuerdo de que en 1980, con motivo de los 50 años del primer

Mundial de futbol, Uruguay y la FIFA organizaron un torneo conmemorativo en el que participaron los seis equipos que hasta este momento habían ganado una Copa del Mundo: el anfitrión, Brasil, Argentina, Italia, Alemania e Inglaterra. Al principio, la idea no pegó mucho y en varios países subestimaron el evento; además, Inglaterra declinó participar y eso desinfló un poco el hexagonal. Países Bajos aceptó sustituir al equipo inglés. Televisa, de plano, no lo tenía el radar; en cambio, nosotros desde un inicio compramos los derechos. Conforme se acercaba la fecha, figuras destacadas de los equipos confirmaron su asistencia y entonces la competencia recobró interés. Un día antes del arranque del llamado Mundialito, los directivos de Televisa se molestaron y exigían que les cediéramos algunos de los partidos. El director del canal se fajó los pantalones y no accedió a las peticiones, por lo que ese evento se transmitió enteramente en Canal 13.

El bloqueo para TV Azteca durante el Mundial de Italia 90 fue, en parte, una venganza de Televisa tras haber quedado excluida en el Mundialito de 1980. Cuando me vetaron para ir a Italia, yo negocié para que nos autorizaran hacer un resumen. Televisa dice: "Sí, tienen 15 minutos". Yo les dije a los directivos de Radio, Televisión y Cinematografía (RTC): "No puede ser que nos den 15 minutos, necesitamos por lo menos una hora". Acudí a Gilberto Borja, quien en ese entonces era presidente de Ingenieros Civiles Asociados (ICA). Visité a Manuel Bartlett, en ese tiempo secretario de Gobernación. Busqué a Jesús Hernández Torres, quien era director de RTC. Al final, conseguimos que nos permitieran transmitir el inicio, el intermedio y el final de los partidos, además de un resumen.

Eran los tiempos en que Emilio Diez Barroso y Alejandro Burillo Azcárraga estaban al frente del área de futbol en Televisa, épocas de mucha tensión y rivalidad. Justo en ese contexto se da la compra de TV Azteca por parte de Ricardo Salinas, quien al principio se mostró desdeñoso sobre la rentabilidad del futbol. Al poco tiempo de llegar me dijo: "A mí Guadalajara me vale madres. Yo no voy a estar gastando cinco millones de pesos por transmitir los partidos de Chivas". En ese tiempo, nosotros pasábamos los juegos de Chivas, Pumas, Tigres, Monterrey, Puebla y Cruz Azul, además de la Fórmula 1. Pero Diez Barroso y Burillo no dejaron de apretar y casi monopolizaron las transmisiones. Cuando Salinas se dio cuenta de que el futbol generaba ingresos, ya solo teníamos dos equipos: Monterrey y Pumas. Con el tiempo también nos quitarían al club universitario.

Pero de esas tensiones no se enteraban los reporteros ni los comentaristas. Yo era quien tenía que lidiar con esas decisiones, argumentar la viabilidad financiera de nuestro trabajo, advertir sobre los riesgos de ceder ante la competencia. La gente de abajo vivía en su mundo, hacían programas de radio por fuera, escribían en algún periódico, iban a los partidos de futbol, transmitían, iban a *DeporTV*, a *Los Protagonistas*; felices de la vida. Su mundo era tranquilo. El que exponía el físico era otro.

QUINCE DÍAS DE CASTIGO

Una tarjeta amarilla que me sacaron, sin deberla ni temerla, ocurrió tras el terremoto de 1985, que aconteció ocho meses antes del Mundial de futbol en nuestro país. A las 7:19 de la mañana de aquel trágico 19 de septiembre estaba desayunando en mi casa, alistándome para salir al canal, pues tenía noticiero a las ocho de la mañana. En aquel tiempo vivía en la colonia Del Valle, en un tercer piso, y el edificio se sacudió de manera espantosa. Se cayó la lámpara del comedor, mis hijos se metieron debajo de las camas y todos terminamos perturbados. No muy convencido de dejar a mi familia, me dirigí al trabajo pensando que un acontecimiento de tal dimensión requería mi presencia, pues la jornada informativa se antojaba abrumadora. Cuando me encaminé rumbo al sur de la ciudad, me percaté de que decenas de ambulancias se dirigían hacia el centro. Por la radio, todas las estaciones contaban historias de horror por las decenas de construcciones que habían colapsado y había cientos de víctimas. Al llegar al trabajo, me incorporo al noticiero que en esos momentos conducía Pedro Ferriz Santa Cruz. A los pocos minutos se transmite en directo una nota que reproducía un comunicado del presidente de la FIFA, João Havelange, quien, palabras más, palabras menos, decía lo siguiente: "Sentimos mucho lo que pasó en México. Un terremoto muy fuerte ha afectado a muchas personas, pero afortunadamente el futbol está limpio. Ningún estadio se cayó. Todo está perfecto, no hay ningún problema. El Mundial de 1986 sigue en marcha".

Cuando nos dimos cuenta de la falta de sensibilidad del mensaje de Havelange, era demasiado tarde. Ya lo habíamos transmitido. En el estudio, nadie daba crédito al talante mercenario del líder de la FIFA. El país estaba colapsado, de luto, en medio de una emergencia, y a las autoridades del futbol internacional solo les preocupaba el negocio. Me metieron 15 días de castigo. Apechugué la sanción. Yo era el encargado de la información deportiva y debí parar esa noticia fuera de lugar. Ni modo. En ese momento, el director del canal era Pablo Marentes y fue quien dio la orden de sacarme de la pantalla dos semanas. Desde luego yo iba al canal a trabajar, pero no podía estar a cuadro.

28

Tarjetas rojas: inestabilidad en Canal 13

A inicios de la década de los ochenta, en el preámbulo de la sucesión presidencial de 1982, hubo un periodo de inestabilidad en Canal 13. En 1981, Margarita López Portillo, hermana del presidente saliente, José López Portillo, y todavía directora de RTC, nombró como director de Canal 13 a Pedro Ferriz Santa Cruz, quien comenzó a reorganizar las distintas áreas. En ese contexto, un día me llegó un memorándum en el que me decían que prescindían de mis servicios como jefe de Deportes. Es natural que cuando llega una nueva administración haya cambio de piezas, y yo sabía que tarde o temprano me tocaría a mí ceder el lugar a alguien, pero los ajustes fueron muy abruptos y sin cuidar la cortesía. Total, que recogí mis cosas, hice el papeleo que correspondía y me marché. Ferriz padre había traído a Joaquín López-Dóriga con la idea de que venía prestado por Televisa para levantar el área de Noticias; además, se nos decía que era muy amigo del presidente López Portillo.

Yo me llevaba muy bien con Julio Scherer García, entonces director de la revista *Proceso*; ambos teníamos la costumbre de ir a cenar a la casa de Luis Niño de Rivera y se había formado un grupo al que con el tiempo se sumaron Carmen Aristegui, Javier Solórzano, Javier Lozano, Víctor Trujillo y Andrés Bustamante. Era muy interesante platicar con don Julio, porque nos compartía anécdotas sobre la falta de escrúpulos que hay en la política y sobre cómo conseguía sus entrevistas con los capos. Cuando se entera de que me echaron del Canal 13, Julio Scherer manda a un reportero a mi casa para que cuente a detalle mi despido. Se publica la nota en el semanario y a los tres días recibo una llamada proveniente de RTC. Me dicen: "No sabíamos que había pasado esto, José Ramón. No tienen por qué correrte, no has hecho nada malo, no tienen por qué hacer estas cosas". Posteriormente, me llamó el segundo de la directora de RTC y me dijo: "Se va a involucrar personalmente Margarita López Portillo en este asunto. Ella se va a encargar de que te reinstalen". Y en verdad se involucró, al grado de que se convoca una junta en Los Pinos para hablar del tema. En algún momento de la conversación, el presidente se dirigió a su hermana: "Margarita, tú eres la directora de RTC, haz lo que tengas que hacer". Después, el mandatario se dirigió a mí: "José Ramón, aprovechando que estás aquí. Te quiero sugerir que metan más contenido sobre caballos. Me gustan mucho los caballos y veo que no meten nada. Puro futbol". Le di las gracias por su intervención y me comprometí a hacer reportajes sobre equitación y rejoneo.

En esa reunión también estaba Luis Javier Solana, quien tenía un puesto muy especial con López Portillo, era como una especie de consejero interno que le arreglaba problemas al presidente. López Portillo le dice a Solana: "El viernes vas por el Güero —así le decía a López-Dóriga—, lo invitas a cenar y le dices que se regresa a Televisa". Ese viernes fue Solana al canal, lo vimos llegar en su coche; salió López-Dóriga del noticiario, se fueron y el Güero ya no regresó. Pedro Ferriz de Con, hijo de Ferriz Santa Cruz y quien había llegado también al área de noticiarios, armó un escándalo, pero tuvo que resignarse y terminó renunciando. Ahora tengo buena relación con López-Dóriga; lo he entrevistado, él me ha entrevistado, pero jamás volvimos a tocar el tema. Antes de mi salida, tuve la oportunidad de hablar con Jorge Berry, quien se iba a hacer cargo de Deportes. Le dije en corto: "Trabajar en esta empresa es muy difícil. Hay que lidiar con cambios frecuentes de directores, cada tres o seis meses cambian de autoridades y cambian de decisiones. Ten mucho cuidado". A mi regreso lo volví a saludar y me dijo: "Tenías razón, es muy inestable la situación aquí".

Un caso extremo de cómo iban y venían directores en Canal 13 fue el del caricaturista Abel Quezada, quien estuvo al frente de la televisora solo durante un fin de semana. Ese caso lo recuerdo muy bien porque el nombramiento lo hacen un viernes, nos lo presentan a todos los directivos, y al día siguiente viajé a Monterrey para narrar un partido nefasto entre Tigres y Cruz Azul. Hacía un frío insoportable y el juego terminó 0-0.

Al terminar el encuentro, Raúl Orvañanos y yo viajábamos en un Volkswagen sedán rumbo al aeropuerto, que se localiza en el municipio de Apodaca. Había lluvia y un viento muy intenso, por lo que la visibilidad era escasa. A mitad del camino, nos estrellamos contra un hombre que llevaba una carreta tirada por un caballo. Debido al enfrenón, me estampé contra el cristal del automóvil y me rompí el labio superior. Quedé tan aturdido, que no pude dimensionar lo que nos había ocurrido hasta que Orvañanos, que venía en el asiento de atrás, comenzó a gemir: "Mi diente, mi diente, ¿dónde está mi diente?". Terminamos en la Cruz Verde, una clínica muy humilde del municipio, donde me cosieron el labio sin anestesia y a Orvañanos le detuvieron la hemorragia. Con mucho esfuerzo, logramos llamar por teléfono al aeropuerto para explicarles el accidente y pedirles que el avión nos esperara. Llegamos barriendo.

Cuando nos subimos a la nave, Nacho Trelles, técnico del Cruz Azul y pasajero del avión que iba de regreso a la Ciudad de México, nos reclamó: "¡Con que son ustedes los culpables de que se retrase el vuelo! Cuando subimos, nos dijeron que había un problema en la carretera. Nunca imaginamos que serían ustedes". Yo traía toda la ropa manchada de sangre y no tenía los ánimos para darle explicaciones al señor Trelles.

En cuanto llegué a la Ciudad de México, me fui a hacer unas radiografías al Hospital Español, porque el impacto había sido de tal magnitud, que había roto el parabrisas del auto. Ya no supe si Orvañanos pudo encontrar su diente; lo único que recuerdo es que al día siguiente no me pude levantar de la cama, me dolía todo el cuerpo. Fue hasta el lunes, cuando me presento a trabajar, que me entero que Abel Quezada había renunciado. Es decir, no duró ni 72 horas en el puesto. El mismo viernes, durante un evento público, el caricaturista le había dado con todo a Luis Echeverría, y eso bastó para que lo destituyeran. Fue entonces cuando nombraron a Pedro Ferriz Santacruz como enésimo director del canal.

29

Contragolpes: trabajar con creatividad

Al principio era el duopolio de la televisión abierta y con el tiempo llegaron las empresas cableras; más tarde irrumpió el internet y ahora el público se está volcando a las plataformas digitales, las aplicaciones electrónicas y el *streaming*. Este ambiente excesivamente competido para los medios de comunicación en general y la información deportiva en particular nos exige trabajar con más creatividad, energía y entrega para ganar un lugar entre las audiencias.

En TV Azteca nosotros lo demostrábamos, sobre todo en los eventos de alto rango, como eran Juegos Olímpicos y Copas del Mundo. Ahí es donde mostrábamos la fuerza de un grupo y luchábamos mano a mano, sin cuartel, con mucha más creatividad que Televisa, al grado de que después fuimos copiados por ellos, como lo demuestran sus esfuerzos por imitar nuestra fórmula de combinar resúmenes deportivos, análisis, debate, humor y reportajes sobre lo insólito de la cultura y la sociedad de los países que visitamos. Por ejemplo, en los Juegos Olímpicos de Atenas 2004 me acuerdo de que Televisa arrancaba algunas de sus transmisiones con Angélica Vale. Todo mi respeto para ella, pero lo que pretendo explicar es que en un evento deportivo de alto calibre, cuando la gente lo que quiere es información deportiva, no puede ser que Televisa dé a sus audiencias números musicales. Nosotros, en cambio, arrancábamos con lo mejor de la jornada.

Está perfectamente documentado que la cobertura de las Olimpiadas de Sídney, en el año 2000, marcó un parteaguas en la televisión mexicana, pues TV Azteca —con menos recursos y menos personal— le pasó por encima a Televisa en el rating. Por ello, para 2004, la empresa de Azcárraga quería sacarse la espina. Supe de muy buena fuente que uno de los hombres fuertes de Televisa en ese momento, Ricardo Pérez Teuffer, había ahorrado recursos durante todo un año para llevar a Atenas al elenco de la barra triple A de Televisa, o sea, cantantes, comediantes y conductores. Brozo ya se había pasado a Televisa desde que regresamos de Sídney, así que nos quedamos con Andrés Bustamante y seguimos dando la pelea.

En Atenas también tuvimos unos buenos agarrones, sobre todo en los resúmenes, porque durante el día la gente ve poco los Juegos Olímpicos. Yo no creo que una persona se siente y diga: "Me voy a pasar desde las diez de la mañana hasta las tres de la tarde viendo la televisión". Imposible. La gente trabaja o termina por aburrirse o hace algo diferente. Salvo cuando hay gimnasia o natación, el gran público mexicano no suele sentarse a ver pruebas donde no hay connacionales. Entonces, la pelea estaba en los resúmenes; para los Juegos de Grecia hacíamos tres al día.

30

Gambetas: cómo conseguíamos
información internacional

El 11 de septiembre de 2001, día que el mundo se estremeció por los atentados terroristas en Nueva York, yo lo viví con una doble angustia: primero, como todo ser humano que se conduele ante una tragedia de esas dimensiones, y segundo, como jefe de Noticias que, ese mismo día, se entera de que no cuenta con todas las condiciones para una buena cobertura.

Ese día me había levantado muy temprano. Me estaba alistando para salir al trabajo, cuando mi esposa me avisa sobre el ataque contra las Torres Gemelas. Salgo rapidísimo para el canal, Javier Alatorre estaba a cuadro dando la información que llegaba por las agencias y lo primero que les digo es: "Vamos a una junta muy rápida para definir las acciones inmediatas. Aquí los corresponsales en Nueva York y Washington van a ser clave". No acabo de pronunciar la frase, cuando los encargados de la redacción me notifican que no tenemos personal en la capital estadounidense.

Había ocurrido uno de los peores atentados terroristas contra Estados Unidos y no teníamos personal allá. En ese instante me acordé de Armando Guzmán, quien había trabajado conmigo en algún programa de televisión cuando estábamos en Puebla. Le marqué a su mamá, que amablemente accedió a darme su teléfono en Washington. Él rentaba una pequeña oficina a la Associated Press (AP), donde había instalado un pequeño despacho de noticias. Le dije: "Oye, Armando, no tenemos corresponsal en Washington, ¿quieres trabajar con nosotros?". Me sentí más relajado cuando me respondió que sí. "No hablemos ahora de dinero, pero te prometo que más adelante vamos a corresponder bien a tu confianza. Lo que queremos es que te lances a las calles y nos des información tuya". Hizo un gran trabajo. Salía con unos abrigos espectaculares, estaba muy bien documentado y nos dio todos los detalles sobre los grupos extremistas que habían orquestado los atentados.

Un día, Armando me dijo: "Tengo oportunidad de ir al Golfo Pérsico, viajaré en un trasatlántico de los Estados Unidos. ¿Quieres que te mande algunos reportajes?". Al preguntarle qué tipo de historias abordaría, me contestó: "Una buena parte de los trabajadores del trasatlántico son mexicanos: cocineros, camareros, mecánicos, etcétera". Son auténticas ciudades flotantes, donde hay cientos de trabajadores para atender los despegues y los descensos de las aeronaves de guerra del gobierno de Estados Unidos. Le di la autorización y Guzmán hizo reportajes maravillosos sobre el trasatlántico, de las actividades que se realizan en la parte baja de la nave, un área que casi nadie conoce, pero que emplea a un ejército de personas para cuestiones mecánicas, de mantenimiento y servicios. Hizo un trabajo espléndido. Cuando la guerra acabó, lo invité a México para hablar de sus pagos, pues había colaborado durante casi un año sin recibir un solo peso y nosotros pasábamos material de él prácticamente todos los días. Cuando se lo presenté a Ricardo Salinas, reconoció que Armando había hecho un muy buen trabajo, bromeó con que le había salido muy caro, aunque después lo felicitó.

Más adelante, tras la caída del régimen de Saddam Hussein, había una disputa entre los medios por ver quién era el primer periodista que pisaba el Irak liberado. Decidí mandar a Adriana Valasis, quien era corresponsal en París y nos enviaba notas acerca de lo que se pensaba en la Comunidad Europea respecto al conflicto; ella fue la primera mujer que entró a Irak después de que Hussein fue capturado y posteriormente llevado a la horca.

Una vez que el conflicto se apagó, me di cuenta de que no faltaba mucho para el Mundial de Corea-Japón de 2002, y ese fue mi pretexto para regresar al área de Deportes y dejar la dirección de Noticias. A principios de ese año, hablé con Ricardo Salinas para manifestarle mi deseo de ir a la cobertura de la Copa del Mundo. Cuando me preguntó las razones, le dije: "En primera, ya estoy hasta el gorro de que todos los días me llames por teléfono o me mandes mensajes para regañarme, para que me digas: 'El manejo de la información es así, no eres pendejo… eres un macro pendejo'. ¡Ya basta!". Al final, aceptó mi propuesta y fui feliz regresando a los temas deportivos.

31

Zancadillas: roces con Faitelson

En 2006, a la par que atravesaba por un problema grave de salud, la lucha de egos en TV Azteca subía de tono. Ya había cumplido los 60 años de edad y tenía más de 30 al frente de Deportes, por lo que pensé que había llegado el momento de alistar mi salida de la televisora. Había gente joven que luchaba por tener mi puesto. Uno de ellos lamentablemente acaba de morir, André Marín, que quería ser jefe a como diera lugar; el otro era David Faitelson. Ambos luchaban a muerte por la sucesión.

El problema de los comentaristas es el ego, da la impresión de que se llevan muy bien todos, pero si apagas la luz, aparecen con un puñal en la espalda por lo menos cinco o seis. Y como yo no quería aparecer con un puñal en la espalda tuve que moverme con pies de plomo. Sin embargo, en ese clima hostil, Faitelson cometió un error terrible que no supe manejar.

Mi hijo José Ramón estudió mercadotecnia en la Universidad de Navarra y había estado 10 años en España trabajando. Aún me acuerdo de que lo visitaba cuando viajaba a algún lugar en Europa; nos veíamos en un departamento pequeñito que tenía en la calle de Claudio Coello y la calzada Serrano, en Madrid; cuando nos despedíamos, veía la tristeza en su rostro de que yo me regresaba y él se quedaba. Pero no había opción, él había conseguido trabajo en Telefónica y estaba creciendo. Hasta que un día me llamó para decirme: "Papá, ya no puedo pasar al siguiente nivel, porque en las empresas españolas, si no se mueve el que está arriba de ti, tú no brincas. Entonces, te platico que el Grupo Pachuca quiere que me vaya a trabajar con ellos, para ser el mercadólogo y publicista del club León. ¿Qué te parece?". Le contesté: "Si te quieres regresar, adelante. Pachuca es un grupo importante, es multipropiedad del futbol de México, pero trabajan bien, se han extendido mucho". Finalmente, José Ramón decidió regresar al país y trabajar para el León; lo ha hecho muy bien y es feliz.

Cuando mi hijo empieza a destacar, Faitelson me dice un día: "Hay que invitar a José y lo entrevistamos". Yo lo atajé de inmediato: "No, no, no. A mi hijo no lo metas para nada. Se llama igual que yo y se apellida igual que yo. Van a pensar que lo estoy promoviendo para que se quede en mi puesto. Si lo invitamos, será únicamente para hablar con la producción, pero nunca al aire. Bueno, José llega al canal y Faitelson lo mete a cuadro y, lógico, crea un desconcierto brutal, porque si ya me querían quitar a mí, y los altos mandos ya negociaban con Salinas mi relevo, eso les dio más motivos para verme con recelo.

Cuando me voy de Azteca, había cumplido 34 años como jefe de Deportes, desde Canal 13, pasando por Imevisión, Azteca gubernamental y Azteca privada, y ya me querían quitar. A finales de 2007 decidí presentar mi renuncia e irme; para entonces ya me había contactado la gente de ESPN y opté por probar suerte con ellos. Con el tiempo me volví a encontrar en la nueva empresa a Faitelson, Roberto Gómez Junco y Rafa Puente, y fuimos creciendo poco a poco. En aquel entonces, Faitelson estaba trabajando en Bristol, Connecticut, ciudad sede de la matriz de ESPN. Duró un par de años, no aguantó el clima tan frío y entonces pidió su cambio a Los Ángeles; más tarde se mudó a San Diego hasta que fue a dar a Los Cabos. Siempre le pagaron en dólares.

A finales de 2023 tuve algunos roces con Faitelson justamente porque se fue tranquilamente a Televisa a hacer un programa que se llamaba *Tercer Grado Deportivo*. Y mintió, porque al principio dijo que era una colaboración para cuatro programas, y se quedó todo el año. Me di cuenta de que él quería ir a trabajar allá y se lo dije. "Si quieres ir a trabajar a Televisa, díselo a los ejecutivos de ESPN y punto. Es lo más ético". Pero quería seguir en ESPN y, al mismo tiempo, colaborar con Televisa. Lógicamente, ESPN no se lo permitió. Tuvimos discusiones fuertes porque a mí no me gustaba que apareciera el lunes en *Tercer Grado* y ese mismo día en ESPN. Era una falta de ética total y absoluta. Pese al conflicto de intereses que había, Faitelson no solo comenzó a colaborar con Televisa, sino que incluso pretendió meter la agenda de Televisa en los programas de ESPN, por lo que chocábamos mucho y teníamos discusiones interminables.

Faitelson se decía periodista, pero nunca lo fue. Él es un comentarista con tendencias amarillistas. No fue el creador del "color", como en ocasiones se lo atribuye él mismo; "el color" lo creamos nosotros en Imevisión, en 1986, durante el Mundial de México, cuando Óscar Cadena se incorpora a nuestro equipo. La llegada de Faitelson a Imevisión fue muy tensa porque a Salinas Pliego no le caía nada bien, y quería que lo despidiéramos. Yo intercedí varias veces por él, igual que por Carlos Albert. Yo iba a las juntas de Consejo, yo tenía que dar la cara ante Salinas Pliego, ante el director de Azteca, y eran momentos difíciles.

Para 2017, durante los meses previos al Mundial de Rusia 2018, ya llevaba 10 años en ESPN, empresa que se ha portado muy bien conmigo y realizó algunos programas especiales por esa década de trabajo. En ese contexto, un día se presentó Faitelson en mi casa con el objetivo de pedirme que ya me retirara, que no fuera al Mundial de Rusia, porque él quería hacer el programa *Futbol Picante*. Le dije: "David, yo me retiro cuando lo decida, y para eso tendría que platicar con los dirigentes de ESPN, no contigo. Así que haz favor de desaparecerte". Ahí me di cuenta de su hambre de poder, de su obsesión por hacerme a un lado y quedarse con mis espacios.

Hubo momentos en que David y yo estábamos juntos prácticamente todo el día. Durante la primera década del siglo, nosotros hicimos la versión radiofónica de *Los Protagonistas* en Grupo ACIR, donde Francisco Ibarra y sus hijos nos trataron muy bien. Durante 10 años tuvimos que ir todos los días, de lunes a viernes, hasta las Lomas de Chapultepec a las dos de la tarde para hacer el programa.

Yo me iba en el coche de Faitelson, un vehículo que reflejaba mucho lo que era su dueño: no tenía placas y circulaba con permisos vencidos. De los cinco días de la semana, los agentes de tránsito nos detenían al menos dos, y David les pagaba mordidas a los policías con cheques sin fondos. Ya hasta lo conocían los patrulleros. Pero a Faitelson todos esos detalles lo tenían sin cuidado, su estado natural es el desorden.

En Azteca, él tenía un despacho pequeñito que siempre olía a humo de cigarro, con frecuencia había envolturas de hamburguesas y pizza en el escritorio, donde tenía periódicos antiguos, documentos y libros. Era buen elemento, pero era caótico en su forma de trabajar.

Recuerdo que estando en Sídney, durante los Juegos Olímpicos de 2000, cierta noche un camarógrafo llegó muy asustado a mi habitación para decirme que Faitelson estaba muy mal. Cuando fui a verlo, me di cuenta de que su rostro tenía una hinchazón impresionante. Sabía que tenía problemas de piel en la cara, pero esto parecía más una intoxicación. Le pregunté a David si había tomado algún medicamento, pero se negaba a contarnos la verdad, solo decía que necesitaba un café. Entonces, le dije a Jessica, mi asistente, que llamara de manera urgente a los paramédicos que estaban en el Centro de Televisión para que lo estabilizaran.

Meses después nos enteramos de las verdaderas razones de su malestar. En Sídney, Faitelson hizo reportajes sobre los entrenamientos de Soraya Jiménez, la campeona olímpica de halterofilia y primera mujer mexicana en conseguir una medalla de oro en Juegos Olímpicos. En esa cobertura conoció al equipo médico de la atleta, entre ellos un cubano y un búlgaro, a quienes les dijo que se cansaba mucho, que su peso le complicaba la movilidad y que respiraba con dificultades. El cubano le dijo: "No te preocupes, te voy a dar algo ¡que vas a volar!", y le metió una inyección, no sabemos qué era, pero esa sustancia le causó una reacción terrible.

32

Atajadas: "hagan mejor televisión"

La camiseta hay que defenderla todos los días, sobre todo en los eventos grandes. Me acuerdo de que Televisa estaba muy resentida porque había perdido la batalla por el rating en Sídney 2000, y para Atenas 2004 echó toda la carne al asador para derrotarnos. El grado de dificultad de una transmisión televisiva depende en gran medida del calendario de competencias. Si los mexicanos con aspiraciones de medalla entran en las últimas semanas, la efervescencia crece y los niveles de audiencia van en aumento; eso nos permite mantener la atención de la gente dando buena cobertura a los nacionales, haciendo reportajes sobre sus trayectorias y dando voz a sus familiares y amigos. Por el contrario, cuando los mexicanos más competitivos aparecen en la primera semana, la estrategia es muy diferente, pues ya no se tiene el aliciente de ver a mexicanos en acción y ahora hay que enfocarse en los extranjeros.

En ese sentido, los Juegos de Atenas tuvieron un cierre muy interesante, porque varios mexicanos con oportunidad de llegar al podio aparecieron en la segunda mitad del programa de competencias. Eso implicaba un duelo de poder a poder entre TV Azteca y Televisa. Para esos Olímpicos, ambas partes llegamos a un arreglo: ya no nos pelearíamos por los atletas, sino que cada televisora apostaría por algunas figuras, las apoyaría y les daría seguimiento durante toda la jornada. La única regla era que nosotros no nos meteríamos con sus atletas y ellos respetarían a los nuestros. Ellos tenían a Ana Guevara, mientras que nosotros escogimos a la ciclista Belén Guerrero y al taekwondoísta Óscar Salazar.

Justamente en la recta final de los Juegos Olímpicos, Belén Guerrero da la sorpresa y gana la plata. Al día siguiente, uno de los hermanos Salazar gana la plata también. Eso nos dio mucho rating, porque la gente estaba metidísima, sobre todo por Belén, una chica muy sencilla, muy humilde, pero muy profesional. Aquella noche le dedicamos el programa entero de *Los Protagonistas*; la enlazamos con su madre hasta Ciudad Nezahualcóyotl, ambas se emocionaron y lloraron.

Al término del programa, le dije a Belén:

—Ve a Televisa para que les cuentes tu hazaña. Ellos están aquí a la vuelta…

—No, prefiero quedarme aquí —respondió.

—Ve, no pasa nada. Todo México debe saber lo que hiciste.

Al final, accedió a visitarlos y Julio César Chávez se ofreció a acompañarla. Televisa la tuvo un momento, la entrevistó y se portaron bien con ella. Al día siguiente, Óscar Estrada gana la plata en taekwondo y eso nos mantiene a nosotros en la punta. Televisa estaba esperanzada en que Ana Guevara obtendría el oro, pero se queda con la plata en los 400 metros planos; también le había apostado a la ciclista Nancy Contreras, pero no ganó nada.

Esa cadena de circunstancias crispó mucho los ánimos. Al día siguiente de la proeza de Belén, recuerdo que salí del set para ir al baño y procuraba dar una vuelta mayor para no encontrarme con la gente de Televisa. Antes de llegar al sanitario, me encuentro con un tipo que estaba hablando por teléfono y, al verme, me hace muecas de desagrado. Me acerco, noto que es cubano y le pregunto: "¿Quién eres?". Le veo la acreditación y era de Televisa. Lo único que le dije fue: "Hagan mejor televisión". El hombre se vuelve loco y me tira una patada, pero no me alcanzó. Yo me eché a correr, me metí al baño y atoré la puerta. Afortunadamente pasó por ahí el periodista Odín Ciani, quien trabajaba con nosotros; es un tipo fuerte, se puso en la puerta y evitó que el cubano entrara a golpearme. Con el griterío, llegaron más trabajadores de Televisa y se armó el jaloneo. A Odín le pegaron con una acreditación y le abrieron la nariz. Cuando parecía que los televisos se saldrían con la suya, alguien llamó a uno de nuestros camarógrafos que era cinta negra en karate y comenzó a repartir golpes por todos lados. Entonces, llegó personal del ejército griego, cortó cartucho y dijo: "¡Calma, todos! ¿Qué pasa aquí?".

Grecia es un país que pertenece a la Organización del Tratado del Atlántico Norte (OTAN) y todas las instalaciones de los Juegos Olímpicos estaban muy vigiladas, incluido el centro de televisión. Había soldados y policías griegos muy bien armados. Llegaron dos soldados, empuñaron sus armas y nos gritaron: "¡Desaparézcanse todos!". Entonces pude salir del baño y me fui al set de Azteca. En el camino, como 30 trabajadores de Televisa me dijeron hasta de lo que me iba a morir, pero no les hice caso. A los tres minutos, me siento en mi oficina y me llaman desde México; era un alto ejecutivo de la televisora. Me dice: "Si hay una guerra, entierra los cadáveres y que no se sepa nada". Afortunadamente no había pasado a mayores. Esa misma tarde, salgo del centro de televisión y me vuelvo a encontrar al cubano recargado de una columna. Se me acerca y me dice: "Me equivoqué, una disculpa". Le acepto el saludo de mano y el contesto: "Yo también". Supe que les habían llamado la atención seriamente, igual que a nosotros.

Los años pasan.

Mis inicios en la televisión, en Canal 13, era 1974.

◀ Noticiero de Canal 13, con Narciso Monares y Carmen Martínez, las patillas eran la moda por Elvis.

● Con don Fernando Marcos, era un maestro. Formó parte de nuestro equipo. Futbolista, árbitro, entrenador y periodista. Y cómo olvidar el remate de sus "cuatro palabras".

● Inicios de *DeporTV* con Sánchez Noya en el automovilismo.

Foto de diciembre de 1973. Era un equipo de periodistas y fotógrafos, entre ellos Nacho Matus y Carlos Trápaga del diario *ESTO* y los demás del *Excélsior* y *El Universal*. Jugamos contra la Selección Mexicana que nos ganó 2-1. Al fondo había un cementerio, nadie quería ir por el balón.

En 1984, me puse por primera
vez y la playera del América.
Alguien puso 50 mil pesos a
favor de los damnificados de la
explosión en San Juanico para
que me la pusiera. ●

● Empezaba a crecer *DeporTV*, un
programa que duró 34 años al aire,
y que generó una gran cantera de
comentaristas.

● Equipo de trabajo para los Juegos Olímpicos de Los
Ángeles 1984. No éramos muchos, pero trabajábamos
muy bien. Juegos muy difíciles de cubrir por la distancia entre las sedes.

Cuando transmitíamos por
Imevisión los grandes premios en la
Ciudad de México. Los hermanos
Abed habían reconstruido el
autódromo, y llegaron pilotos
como Ayrton Senna, Alain Prost,
Nigel Mansell, entre otros. ▶

Foto inolvidable. Estadio Azteca, 1986. La presencia de don Fernando Marcos, y Carlos Albert, gran compañero que había sido vetado, y que era invitado de honor de nosotros en la cabina de transmisiones.

Foto legendaria. Mundial de 1986, con Nacho Trelles y Miguel Marín, el gran portero de Cruz Azul. Jugaban Argentina e Inglaterra.

Grupo de
comentaristas
de Imevisión. ▶

◀ Foto legendaria de Imevisión
para Seúl, tomada de alguna
hemeroteca.

Este equipo de futbol
no era brillante,
pero era simpático,
Alberto Fabris, Ángel
Fernández, Paco
Ignacio Taibo padre, y
otros más de Canal 13
en el Cecap. ▶

Italia 90. Todos reíamos, pero había dos comentaristas
que estábamos vetados y no iríamos a Italia. Fabris,
Orvañanos y González sí estuvieron.

Con Carlos Albert. Nos vetaron del Mundial de Italia 1990, nos quedamos e
hicimos un resumen que empezó siendo de una hora y terminó de dos. Ahí
debutaron Brozo y Ausencio Cruz.

◀ Víctor Trujillo, Andrés Bustamante y Ausencio Cruz. Históricos comediantes. Excelentes compañeros, pero sobre todo mejores amigos. Innovamos con ellos al incluir segmentos de comedia limpia y familiar en los programas deportivos.

La presencia de Ponchito siempre fue invaluable en los programas de *Los Protagonistas* en TV Azteca. ▶

● Sídney 2000, el Hooligan es detenido por una agente australiana a quien terminó invitando a cenar. La escenografía estaba rodeados de agua y quería que nos cayéramos ahí, a pesar de que había luces y cables por todos lados.

● Algunos compañeros en la vuelta ciclista de México, entre ellos el camarógrafo Nieto, excelente persona. Con Imevisión y Grupo ACIR cubrimos este evento por varios años. Venían ciclistas europeos, rusos, colombianos, venezolanos. Por México corrían Raúl Alcalá, Miguel Arroyo. Era un evento emocionante y bien organizado.

◀ Los años dorados de *DeporTV*.

En el programa *En Caliente*. Pasaron cualquier cantidad de personajes, uno de los que más recuerdo fue Mohamed, recién llegado de Huracán, del aeropuerto fue al programa. ▶

De mis fotos favoritas. Menotti y Pelé juntos. Washington 1994, dos sabios del futbol comentando el partido México vs. Noruega. Si verlos era difícil, tenerlos juntos parecía imposible.

Eurocopa 1996, Londres. Con Antonio Moreno, Emilio Fernando Alonso, Roberto Gómez Junco y Francisco Javier González.

Equipo de comentaristas que asistían a los Juegos Olímpicos de Atlanta 1996.

Aparecí en el billete de la Lotería Nacional. No gané el premio mayor, pero fue un honor.

Foto inolvidable. Grandes personajes, en París, 1998. Menotti, Valdano, Butragueño, Emilio Fernando Alonso, Roberto Gómez Junco, y Martha Figueroa.

◀ Foto de la época de
Tv Azteca.

DeporTV con Rafa Puente, Gómez Junco
y Luis García. ◡

◀ El festejo de los 30 años
de *DeporTV*. Con Alejandro
Lara, Soraya Jiménez. Nadia
Comaneci, Sugar Ray
Leonard, Lorena Ochoa,
Julio César Chávez, Adrián
Fernández, Fernando
Valenzuela y Pablo Hermoso
de Mendoza

Con Marco Tolama, Rafa
Puente, Pepe Espinosa.
En *Los Protagonistas* la
producción hacía montajes
con nosotros. Recordando
a Pepe Espinosa excelente
compañero y buen amigo.
QEPD ▶

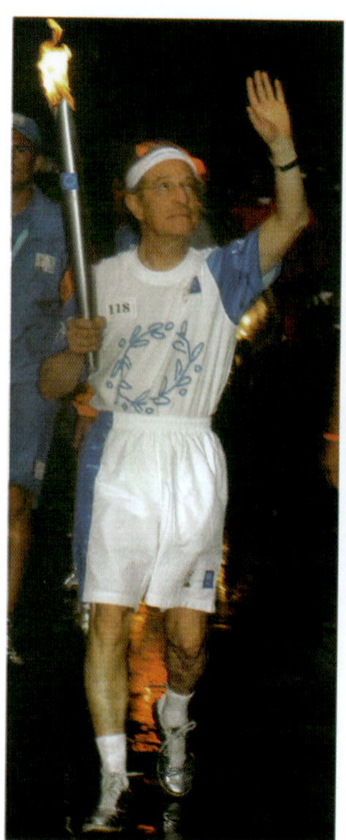

● ◀ Previo a los Juegos Olímpicos de Atenas, recorrido de la antorcha en México. Eran 400 metros, pero terminé corriendo 1 500 metros hasta el Zócalo.

● En Atenas 2004 con Pepe Espinosa, el mejor narrador de futbol americano, basquetbol y atletismo. Estudioso, apasionado. Inolvidable compañero y amigo. Descanse en Paz.

En Alemania 2006 con Christian Martinoli, excelente narrador.

Con Luis García, lo conocí como futbolista y trabajamos juntos en *DeporTV* y *Los Protagonistas*. Magnifico analista.

Queridos compañeros de ESPN, John Sutcliffe, Heriberto Murrieta y Kary Correa. ▸

Foto legendaria de comentaristas, con algunos de ellos trabajé por más de 30 años. ▾

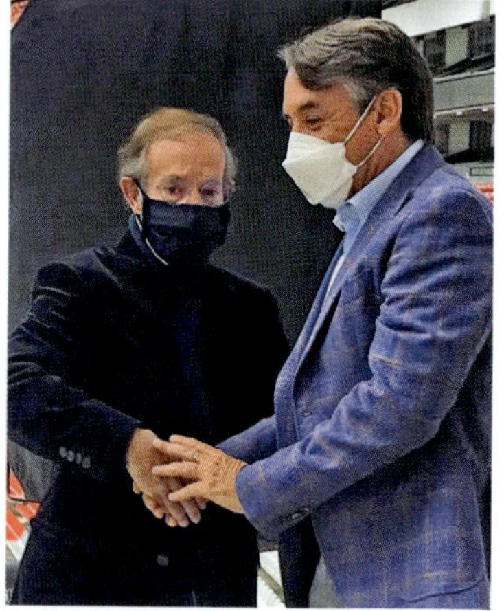

▲ En el Estadio Azteca con Emilio Azcárraga Jean, buena persona. Grababan un documental sobre el América, eran tiempos de pandemia.

▲ Con Hugo Sánchez, y el pájaro loco, en Acapulco, soplaba el viento durísimo.

◖ Un honor ser un invitado constante de los 300 líderes de México.

Odín, buen amigo. Trabajador, incansable. ◗

◖ Una foto que en su momento causaba alegría hoy causa tristeza, con Manolo Lapuente recién fallecido, Emilio Maurer, y Odín, en Puebla, en la tradicional comida de Chiles en Nogada.

◀ Con mis hijos Juan Pablo y José Ramón, en la boda de mi hija María Asunción.

Con mi hija el día de su boda. Me dio cinco nietos. ▶

◀ Con mi hijo Juan Pablo. Al terminar un partido de futbol en Corea. Se formó una selección de serbios a quienes el equipo de *DeporTV* venció 4-3. A Luis García lo tundieron, y a mi hijo Juan Pablo, quien era muy rápido, le dieron con todo.

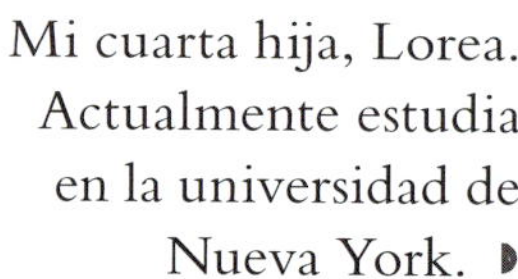

Mi cuarta hija, Lorea. Actualmente estudia en la universidad de Nueva York. ▶

33

Asistencias: cómo se formaba el equipo

Actualmente existe una gran variedad de opciones televisivas para informar sobre las actividades deportivas: la televisión abierta, los canales de paga y las plataformas digitales. Pero hubo un tiempo en que las únicas alternativas eran Televisa y Canal 13/Imevisión/TV Azteca. Eso provocaba que muchos jóvenes se acercaran a nosotros para hacer carrera en el periodismo deportivo. Aparecían candidatos, los entrevistaba y me daba cuenta de que no funcionaban; aparecían otros que les veía cualidades, los metía, trabajaban e iba observando su desempeño. Llegué a desarrollar un *feeling* muy especial para saber quién puede destacar y quién no.

En 1986, por ejemplo, para el Mundial de México, creamos el concepto de *Los Protagonistas* e incorporamos en la cobertura a Óscar Cadena, quien es el verdadero descubridor del "color", como se le denomina al relato de aspectos, ambientes, actitudes y expresiones de la afición fuera del terreno de juego. Le recomendé a Cadena hacer el "color" de los partidos por fuera del estadio y lo hizo muy bien. Se ponía sus tirantes, su cámara y ¡vámonos! Sacaba buenas entrevistas y captaba comportamientos insólitos.

Cuando hacíamos alguna contratación, me fijaba en que los colaboradores tuvieran aptitudes, que manejaran el idioma inglés, sobre todo los que se iban a dedicar al futbol americano y al basquetbol. Yo buscaba que no solamente fueran comentaristas, sino que pudieran hacer algún reportaje o entrevistas en cancha.

Conforme se iban desenvolviendo, los incorporaba en *Depor-TV* para hacer algunos enlaces, armar cápsulas o idear algunas secciones; eso me dejaba ver quiénes eran más creativos y con más habilidades para conseguir información. El siguiente nivel era llevarlos a *Los Protagonistas*, un programa de debate y análisis, donde me daba cuenta quiénes tomaban la iniciativa, daban un punto de vista disruptivo o, por lo menos, se metían en la conversación. Así se fue formando un buen equipo, un grupo en el que si no éramos amigos, por lo menos en Navidad nos veíamos y nos juntábamos para celebrar. Había cierta química. Unos eran más tranquilos, más generosos, otros eran más envidiosos. Había celos entre ellos.

Raúl Orvañanos

Raúl Orvañanos fue uno de los primeros en incorporarse al equipo y, con todo respeto, hubo que trabajar mucho con él. Era un muchacho que del futbol saltó a ser comentarista. Se especializó en narrar, pues no le gustaban las mesas de debate. Se hizo muy amigo del Grupo Pachuca y consiguió en Fox Sports que su contrato dijera: el narrador para los partidos del Pachuca tiene que ser Raúl Orvañanos. Fox lo dejó y narra todos los partidos de Pachuca y de León. Cuando se fue del Canal 13, quedó la impresión de que estábamos peleados, pero nada de eso. Un día, el presidente de Pachuca nos invitó a dar una conferencia, nos dimos la mano, nos saludamos y cada uno siguió su camino sin rencores.

Nunca fuimos amigos, porque Raúl tenía un estilo de vida muy diferente. Lo conocí en Canal 8; se acababa de retirar de portero y fue a pedir trabajo. Primero fue a probar suerte en Televisa, pero Jaime de Haro, quien en ese entonces era el responsable de Deportes, no lo aceptó. Cuando pasé a Canal 13, lo llamé y le dije:

—Orvañanos, ¿tú querías trabajar?

—Sí.

—Pues vente, pero te advierto que aquí no hay mucho dinero.

Se presentó a trabajar. Y en el momento en que agarró ritmo, se volvió como son los exfutbolistas: les atrae más la fama que el trabajo periodístico. Se le daba la orden de ir el fin de semana a narrar partidos a Monterrey, pero con frecuencia quería cambiar los viajes en función de sus actividades personales.

Su curva de aprendizaje fue complicada. Me acuerdo de que en 1973 estaba en Haití para cubrir las eliminatorias rumbo al Mundial de Alemania del año siguiente, cuando me llama Luis de Llano, que estaba al frente del Canal 13, y me dice:

—¡Qué tal, José Ramón! Van bien las transmisiones. ¿Ya nació tu hijo? —se refería a mi hijo mayor, José Ramón.

—Ya nació, y los dos están muy bien. Gracias, Luis. ¿Cómo están allá?

—Bien. Pero, oye, dejaste aquí a un tipo, Orvañanos… ¡es un peligro!

—¿Por qué?

—¿Cómo puede decir "escribido" al aire?

—¿Dijo "escribido"?

—Sí, ¡córrelo!

—No tengo otro, aguante hasta que llegue. Ya se va a acabar esto.

Así era de cortante. Orvañanos no estaba preparado, venía del futbol y soltaba cada palabra. Tenía sus fallas en el uso del lenguaje. Después de un tiempo, fue cobrando fuerza como narrador y nos juntábamos mucho para los partidos de los Pumas en CU. Creo que fue la mejor pareja que tuve en *DeporTV*, duramos 19 años.

Después del problema de los cachirules, fue de los pocos que se sentó a la mesa para hablar sobre los malos manejos en la Federación Mexicana de Futbol. Muchos preferían guardar silencio para no meterse en problemas con los directivos. Orvañanos llegaba a

DeporTV y me decía: "Oye, ¿por qué no dices algo del América para calentar el programa?". Entonces yo decía algo fuerte del América. Y entonces él decía: "No, todo está bien, el América no es así". Era la parte contraria.

Él ya tenía en mente pegar el salto. Recuerdo que en 1991, durante un convivio por el fin de año, se me acercó y me dijo: "Pues te cuento que yo hasta aquí llego". Acabábamos de pasar el Mundial de Italia 90, que fue una cobertura muy difícil por el boicot de Televisa. Eran momentos de tensión y él sintió que Deportes flaqueaba y dijo:

—Ya me cansé de ser pobre, me voy a una empresa que me pague bien.

—¿Y a qué empresa te vas?

—Me voy a Cablevisión.

—Pero es Televisa.

—Ah, ¡qué importa! Yo voy a Cablevisión, tengo un trato con el Güero Burillo y voy a trabajar en Deportes.

Y efectivamente, al poco tiempo se fue; trabajó en Cablevisión y de ahí brincó a Televisa, En Televisa chocó con Javier Alarcón y de ahí se fue a Fox Sports.

34

Los de pantalón largo

Si bien es cierto que mi principal actividad en la televisión ha sido siempre el periodismo, por la naturaleza de mi cargo como responsable del área de Deportes en TV Azteca fue necesario involucrarme en cuestiones administrativas y de relaciones públicas, lo que hizo inevitable el trato con los llamados personajes de pantalón largo.

Yo hablaba con ellos cuando había que firmar los derechos de televisión con Guadalajara, Puebla, Pumas, Tigres, Monterrey, entre otros. Era común que cada año pidieran subir las tarifas, pero parte de mi trabajo era contener esos aumentos y cuidar las finanzas de la empresa. Ellos no querían estar en Televisa y eso nos ayudaba a negociar.

Era difícil el trato con Marcelino García Paniagua, quien fue presidente de las Chivas en los años ochenta; era complicado, porque el dueño del Rebaño, aunque no fue un equipo destacado en esa época, siempre quería cobrar más. Con Pumas era más sencillo, al tratarse de una institución universitaria que recibe presupuesto del gobierno federal, su objetivo no era el lucro, sino la difusión del deporte. Con Tigres y con Monterrey fue complicado, pero pudimos retenerlos. En Monterrey era la época de Alberto Santos, quien fue senador y dueño de Gamesa, un tipo brillante, que lamentablemente murió muy joven. Nos trataba muy bien y quería estar fuera de Televisa, por lo que las negociaciones eran relativamente fluidas. Me acuerdo de que Santos era muy crítico con los manejos de la Federación Mexicana de Futbol, por lo que era sancionado constantemente; después entró su hermano, Nacho Santos, quien cobró notoriedad porque, durante un juego, no le gustó una decisión arbitral y saltó a la cancha para golpear a Jorge Alberto Leanza.

El contrato con Tigres lo hablábamos en esos años con el rector de la Universidad de Nuevo León, Eugenio Todd, quien era un entusiasta seguidor de las fieras. Monterrey es propiedad de Femsa, entonces la negociación se hacía con José Antonio Fernández, quien se casó con una nieta de Eugenio Garza Sada, dueño en su momento de la Cervecería Cuauhtémoc. Actualmente, Femsa maneja Coca Cola, unas 15 mil tiendas de Oxxo, entre otros negocios. Yo le había dado clases a José Antonio Fernández en el Colegio Benavente, de Puebla, de modo que me conocía bien. Cuando llegaba a ir al canal para hablar de negocios, comía con Ricardo Salinas en un salón privado y siempre decía:

—¿Dónde está José Ramón?

—Debe estar trabajando —le respondían.

—¡Que venga!

—¿Para qué?

—Que venga, es mi amigo.

Yo llegaba, saludaba y de inmediato recordaba: "Él fue mi maestro". Salinas se nos quedaba viendo, para después preguntarme: "¿Cómo ves, José Ramón? ¿Le entro o no entro?", en alusión a las propuestas de inversión o de comercialización. Yo le aconsejaba que confiara, que era una empresa sólida. Al final cerraban negocios, pero a mí ni comisión me daban. Nissan era otra empresa muy fiel y les agradaba que yo estuviera presente a la hora de firmar los contratos.

Con quienes siempre tuve fricciones fue con los titulares de la Federación Mexicana de Futbol (FMF). Los criticábamos mucho por privilegiar los intereses económicos, antes que el crecimiento del futbol nacional. Les dábamos con todo a Decio de María, a Justino Compeán, a Alberto de la Torre. Nuestra postura editorial sirvió para que en 1990 se diera un sorpresivo, aunque efímero, giro en la conducción del futbol mexicano. Eran las votaciones para elegir a la nueva directiva de la FMF, luego de que el caso de los cachirules había provocado la renuncia de Rafael del Castillo y su equipo. En la contienda para elegir al sucesor, la Federación estaba dividida en dos: los equipos que apoyaban a Enrique Borja, candidato de Televisa, y los que respaldaban a Francisco Ibarra, presidente del club Atlas, y a Emilio Maurer, dueño del Puebla, dos dirigentes que querían acabar con el predominio de Televisa en el balampié nacional y deseaban una mayor proyección internacional de nuestro deporte. A través de pagos con dinero y con cartas de jugadores, la mancuerna disidente se hace del apoyo de León, Irapuato, Cruz Azul, UdeG, Tecos, entre otros, y logran ganar la votación, con lo que Ibarra quedó al frente de la Federación.

Los directivos de Televisa se pusieron furiosos, tan furiosos que Diez Barroso demandó a la Federación. Hasta 1990, nosotros en Imevisión transmitíamos los partidos de 18 de los 20 equipos que integran la Primera División. Luego de esa votación, Televisa implementó una embestida para hacerse de más equipos, hasta que en 1993, con la venta de los canales y el surgimiento de TV Azteca como televisión privada, las cosas comenzaron a nivelarse. Siempre le dije a Salinas: "Necesitamos tener a la Selección Nacional; es básico para competir y tener más audiencia". Recién que arrancó TV Azteca, Salinas fue cauteloso, porque tonto no es ni mucho menos; pero cuando comenzó a tener fuerza, negoció con Azcárraga para poder transmitir los juegos de la Selección. Les dijo: "Ustedes compren los derechos y me los revenden a mí a un precio justo. Así operan ellos. Televisa va, compra los derechos; siempre obtiene un privilegio extra, y cede la mitad a Azteca. Yo le dije a Salinas:

"¿Por qué Televisa no nos cede la mitad de otros eventos?". Él me respondió: "Así fue el trato y punto. Se acabó".

Marcelino García Paniagua, el antiguo dueño de las Chivas, era más rancherote. Cuando íbamos a las viejas instalaciones de Guadalajara, nos recibía en su oficina, sacaba su pistola y la ponía sobre la mesa. Era un tipo rudo, pero buena persona. A finales de los años noventa, cuando los visitábamos para renovar los contratos de transmisión, nos contaba que había un tal Jorge Vergara que quería quedarse con el equipo. "Hay un tipo por ahí que nos quiere comprar; ya le dije que está loco". Pero Vergara era muy inteligente para los negocios y al final ese "loco" logró convencer a García Paniagua.

Después de que se concretó la transacción, en 2002, un día le pregunté a Salinas qué opinaba de Vergara. "Ah, ese es un riquillo lavadinero. Ha hecho dinero con una bebida rara que tiene", decía. Lo subestimaba, pero yo hablaba con Vergara y tenía siempre ideas revolucionarias para el futbol. Algunas descabelladas, pero otras muy novedosas y viables. Por ejemplo, trajo a Johan Cruyff como asesor. Todo mundo pensábamos que algún día Cruyff iba a ser técnico de las Chivas, pero su papel era más de consejero que de entrenador. Él recomendó quitarle el pasto sintético a la cancha del estadio de Guadalajara y propuso a dos glorias del futbol holandés para dirigir al rebaño: John van 't Schip y Frank Rijkaard. Yo le dije a Vergara: "Lucha por Rijkaard, encumbró al Barcelona en España", pero finalmente llegó Van 't Schip y los calificó a la Liguilla.

Dopaje en la Selección

Un momento muy tenso con la gente de pantalón largo ocurrió en el verano de 2005, durante la Copa Confederaciones que se celebró en Alemania, cuando son dados de baja los defensas Aarón Galindo y Salvador Carmona. La versión oficial era que los jugadores habían regresado a México por indisciplina, pero mi intuición me decía que había algo más. Entonces, decido hablarle por teléfono a Alberto de la Torre, en ese tiempo presidente de la Femexfut.

—¿Por qué la salida de esos dos jugadores, Alberto?

—Dopaje, José Ramón. Esa es la verdad.

Al tener esa confirmación al más alto nivel, me movilicé para dar a conocer la nota en los espacios de TV Azteca, pero los directivos me lo prohibieron de manera terminante. Para entonces ya había un pacto Azteca-Televisa para proteger a los directivos del futbol. El técnico era Ricardo La Volpe, quien solía ser accesible para las entrevistas, pues lo habíamos apoyado mucho para que fuera entrenador de la Selección Nacional. Sin embargo, esa vez no quiso hablar. Al sentirme bloqueado, opté por hablar con mi hijo José Ramón, que trabajaba en Radio Red. Le dije: "La nota es que la salida de Galindo y Carmona es por dopaje. A mí no me dejan hablar, pero tú sí puedes darla. La tengo confirmada". Habían corrido muchas versiones sobre el castigo a los dos jugadores, que si una fiesta con sexoservidoras, que si consumo de alcohol en vía pública, pero la realidad era que el problema venía por sustancias prohibidas.

Entonces, José Ramón va con José Gutiérrez Vivó y le pide tiempo en el noticiero para dar la información. Los espacios de Gutiérrez Vivó tenían una gran audiencia en ese tiempo, por lo que cuando se da a conocer el caso, se genera una gran polémica. Todos querían desmentir la información, pero la verdad terminó imponiéndose. Al poco tiempo, Alberto de la Torre dejó de ser presidente de la Federación y Televisa se encargó de que el puesto fuera para ellos.

La relación con la gente de pantalón largo es tensa porque ellos se sienten dueños del futbol. El único hombre de pantalón largo con el que tengo relación y creé una amistad fuerte fue con Emilio Maurer, quien fue presidente del club Puebla y presidente de la Femexfut. Lo metieron en la cárcel por un presunto desvío de recursos, aunque a los pocos meses lo soltaron por falta de evidencias; la verdadera razón fue atreverse a destruir el monopolio que tenía Televisa sobre las actividades de la Selección Nacional. Tampoco he sido muy amigo de entrenadores. Quizá con quienes mejor me llevé fue con Manuel Lapuente y con Nacho Trelles.

PRESIDENTES DE MÉXICO

Durante los años que estuve al frente del área de Noticias en TV Azteca me quedó más claro cómo se suele utilizar un medio de comunicación con fines políticos y económicos. Cuando inició el sexenio del presidente Vicente Fox, en el año 2000, Ricardo Salinas ya traía en mente la idea de tener un banco. Sin embargo, las autoridades hacendarias le estaban dando largas. Entonces se aplicó la estrategia de reducir a su mínima expresión la información relativa a las actividades del presidente. El objetivo era que cuando el área de Comunicación Social de la Presidencia nos cuestionara por qué relegábamos las actividades del mandatario, la televisora les diría que el tratamiento informativo podía cambiar si el gobierno le daba prioridad a la petición de Grupo Salinas para tener una institución bancaria.

Y finalmente lo lograron, porque Fox era un presidente muy accesible. Banco Azteca nació en 2002 con el objetivo de brindar servicios financieros a los segmentos de la población con menores recursos. Eran los años de la transición y Fox procuró tener buena relación con los principales empresarios del país. Es más, Salinas le prestaba su casa de Huatulco a Fox para que la madre del mandatario pudiera vacacionar. Es una casa de superlujo; Salinas se la compró al Fondo Nacional de Fomento al Turismo (Fonatur) y la remodeló. Tiene playa propia, es digna de un jeque. A través de las redes sociales, Salinas aconstumbra presumir sus viajes, sus yates y sus casas; a veces puede caer mal, pero es un tipo muy inteligente y sabe capitalizar las oportunidades; logró comprar dos canales de televisión y eso lo hizo fuerte. Como a Slim: le vendieron Teléfonos de México y creció también brutalmente.

Un periodista debe mantener distancia del poder político. Sin embargo, por la naturaleza de ciertos cargos, en ocasiones es preciso acudir a ciertas reuniones protocolarias, lo cual es viable si no se compromete la línea editorial del medio. Vicente Fox fue el presidente de la República al que más frecuenté, y eso se debió a que durante su sexenio yo me desempeñaba como director de Noticias en TV Azteca, por lo que acudí a algunas invitaciones en Los Pinos. Al inicio de su sexenio me invitó a hacerme cargo de la Comisión Nacional de Cultura Física y Deporte (Conade), pero preferí continuar en el mundo peridístico y le hice algunas recomendaciones para el cargo.

A Felipe Calderón lo saludé en dos o tres ocasiones, básicamente en ceremonias cívicas. Cuando Canal 13 e Imevisión eran propiedad del Estado, tuve oportunidad de conocer a varios presidentes porque, siendo yo parte de la estructura gubernamental, me invitaban a narrar los desfiles del 20 de noviembre o del 16 de septiembre. A Andrés Manuel López Obrador lo llegué a saludar en algún Juguetón, mientras que con la presidenta Claudia Sheinbaum intercambié algunas palabras al arranque de su gestión, cuando me invitaron al Palacio Nacional para la entrega del Premio Nacional del Deporte; ahí la felicité por la carta que le envió al presidente estadounidense Donald Trump, en la que defiende la sobernía del país, ofrece cooperación, mas no subordinación. No soy afín a la 4T, pero tampoco soy afín al Partido Acción Nacional (PAN) y al Partido Revolucionario Institucional (PRI), menos.

Yo soy apolítico totalmente. En ciertas ocasiones me invitaron a ocupar algún puesto en la administración pública, pero nunca me interesó. Yo quería seguir trabajando en televisión y hacer periodismo. El poder político nunca me sedujo. Me hicieron algunos homenajes en Puebla como poblano distinguido, pero hasta ahí nada más. Nunca estuve cerca de ningún presidente, quizá el que más cerca estaba de nosotros fue Fox, porque tenía buena relación con Ricardo Salinas. El dueño de la televisora lo invitaba constantemente a inauguraciones y conferencias. Cuando llegó López Obrador a la presidencia de la República, Salinas llegó a ser miembro del consejo de empresarios, pero se fue distanciando hasta que se rompió totalmente, cuando le sacaron las cuentas de los impuestos que debe.

Al primer presidente de la República que conocí en persona fue a Luis Echeverría Álvarez, quien inauguró los estudios del Canal 13, en el Ajusco, en julio de 1976. La obra se realizó de manera muy rápida, cosa rara en el gobierno, pero más que un acto de eficacia, fue un acto político, pues la sucesión presidencial estaba en puerta y Echeverría quería inaugurarlos antes de dejar el puesto, que cayó en manos de José López Portillo. Hasta ese momento, Canal 13 realizaba sus producciones en los estudios de San Ángel, que estaban diseñados para cine y eran demasiado altos. Los del Ajusco, en cambio, fueron pensados para televisión, eran más funcionales, aunque no fueron modernizados hasta la llegada de Ricardo Salinas, en 1993.

Al presidente Miguel de la Madrid tuve la oportunidad de saludarlo durante una visita que hizo a los estudios del Ajusco. A Salinas de Gortari lo conocí en Palacio Nacional durante la narración de un desfile cívico.

El presidente Calderón me invitó a los festejos por los 200 años de la Independencia de México. Ahí me reencontré con Ricardo Salinas, quien se portó muy frío cuando nos saludamos. Me sentaron junto al entonces secretario de Educación Pública, Alonso Lujambio, un tipo muy culto con quien estuve hablando detalles sobre el idioma español. Pude interactuar también con José Francisco Blake, quien era secretario de Gobernación. Por esos años, también coincidí con López Obrador cuando era jefe de Gobierno del Distrito Federal y lo invitábamos al reparto de juguetes por el Día de Reyes en el Zócalo capitalino. Me acuerdo de que en alguna ocasión le pregunté cuál era su despacho y él señaló una ventana en la sede del Gobierno de la ciudad. Y de inmediato agregó: "Pero pronto voy a estar acá", dijo el tabasqueño mientras apuntó con su dedo hacia Palacio Nacional.

José Antonio García

Los meses siguientes a la compraventa de TV Azteca fueron de mucha inestabilidad. Antes de la transacción, nosotros transmitíamos los partidos de 18 equipos de la Primera División, es decir, con excepción de América y Necaxa, nosotros teníamos prácticamente toda la liga. Sin embargo, cuando Ricardo Salinas compra los canales de Azteca, la empresa comienza a hacer cuentas y a desechar contratos con varios equipos, al mismo tiempo que Televisa emprendió una campaña para absorberlos.

Me acuerdo de que, en ese contexto, un día tuvimos una junta con los directivos de varios equipos que tenían contrato con nosotros para tener un balance en cuotas y coberturas. Terminó la reunión, algunos fuimos al baño y antes de salir se me acerca José Antonio García, entonces presidente del Atlante, para decirme en corto: "Oye, José Ramón, no te olvides de que el Atlante tiene otro estatus. Tú sabes, es el 'equipo del pueblo'. A ver si, además de lo que nos van a pagar, nos das algunos minutos de tiempo en la transmisión para que los comercialicemos nosotros". García pensó que estábamos solos en el sanitario, pero no era así. Alguien más nos estaba escuchando. Era Emilio Maurer, presidente del Puebla, quien sale de uno de los sanitarios y arremete contra García: "¡No seas cínico, desgraciado! Quedamos en que todos vamos parejos"… Y comenzaron a manotearse en pleno baño. Tuve que separarlos para que las cosas no pasaran a mayores.

Al poco tiempo, Moisés Saba ya estaba encargado del futbol en TV Azteca, uno de los inversionistas que se unió a Ricardo Salinas para comprar la televisora. Saba comenzó a contratar a equipos medianos, lo que nos estaba bajando el rating frente a los equipos que comenzó a adquirir Televisa. Le dije a Saba que teníamos que contratar a un buen equipo para ser competitivos, ya que Veracruz, Morelia y Celaya no nos estaban generando audiencia. Entonces, logramos convencer a Billy Álvarez de que permitiera que Cruz Azul se transmitiera por Azteca.

En esas andábamos, cuando José Antonio García comenzó a sembrar discordia. Se encargó de meterle en la cabeza a Saba la idea de que los comentaristas de Deportes en Azteca nos mandábamos solos y que no se tomaba en cuenta su opinión. Saba se molesta mucho, le lastiman el orgullo y entonces hace declaraciones públicas en el sentido de que el personal de Deportes dice solo lo que él dispone. Obvio, muchos saltaron, entre ellos Carlos Albert, quien siempre ha sido muy temperamental, y contesta públicamente: "Nada de eso, yo digo lo que yo quiero, no lo que me dice Saba".

Ese encontronazo generó un conflicto muy fuerte al interior de Azteca. Y por más que traté de salvar a Albert, no pude. Al poco tiempo tuvo que renunciar. Porque Salinas me dijo: "Moisés Saba es mi socio y nadie lo ataca. Así que ya sabes lo que tienes que hacer". Y Albert, que era un buen tipo, tuvo que dejar la empresa. Albert ya había levantado ámpula cuando apoyó la idea de formar un sindicato de futbolistas, tema por el que se le fueron encima varios directivos, entre ellos Guillermo Cañedo. Peleamos ante los directivos de Azteca para que no lo despidieran y estuvimos a punto de lograrlo, pero Albert volvió a hacer algunas declaraciones agresivas en algún periódico y ya fue imposible abogar por él.

35

Gafete de capitán

He perdido la cuenta de las entrevistas que he realizado en más de 50 años de trabajo periodístico. Una entrevista que recuerdo mucho es la de Maradona, en 1986, para la que tuve que meterme infiltrado en Coapa, el campamento de Las Águilas. Con Menotti y Valdano tuve infinidad de charlas, pero no eran entrevistas, era retroalimentación con gente que sabe mucho de futbol. Otras entrevistas importantes que tuve fueron con Hristo Stoichkov, Emilio Butragueño, José María Vaquero, Xabier Azkargorta, Vicente del Bosque, Bora Milutinović, Ricardo La Volpe. Hablar con los técnicos de la Selección Nacional siempre ha sido un gran desafío, ya que Televisa siempre hace hasta lo imposible para bloquearnos.

Un día entrevisté a Lucero, la hice cantar; al día siguiente entrevisté a Mijares, lo hice cantar para darle un homenaje a la Selección. "Yo conozco mucho de futbol, José Ramón —me dijo Mijares—, la Selección debe jugar así, así, ya basta de que nos ganen". Con Juan Carlos Osorio tuve una entrevista muy buena, es un tipo brillante, muy trabajador, muy equilibrado en lo que quería hacer en el futbol. A Hugo Sánchez lo entrevisté alguna vez en *Caliente* para que me explicara qué había pasado en la banca con Mejía Barón, en el Mundial de 1994, y dio su punto de vista.

Tuve una conversación muy interesante con Leo Beenhakker en la que me explicó los motivos de su repentina salida del América.

Esa vez me contó que cuando lo contrataron, los directivos del equipo le dijeron que buscara la forma de llenar el Estadio Azteca a como diera lugar, que no querían espacios vacíos en las gradas. Entonces, Beenhaker se trajo a dos africanos espectaculares: el camerunés François Omam Biyik y el zambiano Kalusha Bwalya. Kalusha era un gran manejador de balón y Biyik un rematador fuera de serie que metía goles por todos lados. A la gente empezó a gustarle ese América, donde también jugaba Cuauhtémoc Blanco, iba bien encaminado hacia ser campeón, pero un día el sueño se acabó. Beenhakker vivía en un club de golf de Cuernavaca, por lo que debía tomar carretera para llegar a la Ciudad de México. El holandés me contó que cierto día lo llamó Emilio Diez Barroso para una junta en las instalaciones de Televisa. Por la hora, Beenhakker le contestó: "Bueno, ahora ya es tarde y no suelo viajar de noche. Si les parece nos vemos mañana". Entonces, no se presentó a la junta y eso fue tomado como un desacato. Al día siguiente, cuando se presentó a la reunión, lo reciben con la noticia de que está fuera del plantel. La gente pensó que lo habían corrido porque me había dado una entrevista, pero nada qué ver. Fue un acto absoluto de prepotencia por parte de Diez Barroso. Años después lo invité a que nos acompañara al Mundial de Francia, en 1998. Recuerdo que yo estaba narrando el México-Holanda, partido que al finalizar el medio tiempo estaba 2-0 en favor de los europeos. Antes de que se reanudara el encuentro, Beenhakker me dijo en voz baja:

—Va a empatar México.

—¿Por qué lo dices, si le están dando un baile a México?

—Porque Holanda con el empate pasa, no tiene ningún aliciente para seguir atacando.

Y efectivamente, México metió dos goles.

A Manolo Martínez le hice una entrevista muy larga. En esa ocasión, el matador regiomontano me enseñó sus piernas y eran impresionantes: estaban inflamadas de tantos impactos con las astas de los toros. Recuerdo que Manolo no quería ir al estudio, era un hombre muy parco e introvertido, pero ese día se portó muy bien. Le pusimos al teléfono a su hijo y en una escena muy tierna le dijo:

—No quiero que seas torero, hijo. La vida de un torero es muy ingrata. Mejor retírate.

—No, papá, yo quiero ser como tú —le respondió el joven.

—No. El toro es muy peligroso. Es un mundo muy difícil.

—Ya lo descubriré por mí mismo.

Manolo tenía un problema de alcoholismo. Ya estaba enfermo del hígado, pero aun así aceptó estar con nosotros un buen rato, como dos horas. También entrevisté a El Santo, el padre. Cuando estaba en el área maquillaje, antes de entrar al estudio, me dijo:

—Mira, José Ramón, conóceme —y se levantó la máscara.

—No sé quién eres, pero eres una leyenda —le dije.

36

Las instrucciones: directores del canal

En las dos décadas que trabajé para Canal 13 e Imevisión, cuando dichas cadenas eran propiedad del gobierno federal, traté con alrededor de 18 directores. Entre 1973 y 1993, el cargo de director era un trampolín político, un puesto temporal para brincar a otra cosa: a una diputación, una senaduría o una gubernatura. De modo que a la silla principal llegaron personajes de todo tipo, desde aquellos que tenían nociones de comunicación y se esmeraron por mejorar los contenidos, aquellos que utilizaban al canal como arma política, hasta intelectuales que tenían buenas intenciones, pero no sabían de periodismo, de rating ni de audiencias. Pasa como hoy en la 4T: cualquiera se acomoda en posiciones de gobierno sin necesidad de tener capacidades ni competencias. Pero me acostumbré a trabajar así. Aguantando, lidiando con diferentes humores y criterios.

Pablo Marentes y Enrique González Pedrero fueron los mejores directores que hubo en el canal, durante su primera década de existencia. Pero también hubo personajes sui géneris, como es el caso del doctor Alfonso Cueto, que era el médico de la mamá del presidente José López Portillo. A veces, por las tardes, nos invitaba al hospital ABC para ver cómo practicaba una colostomía o una operación de estómago. Por las mañanas era director del canal y por las tardes era gastroenterólogo.

Yo tenía muy buena relación con Moisés Saba, que era accionista de TV Azteca y encargado del área de futbol en la empresa. Él fue uno de los responsables de que se desarrollara la multipropiedad en México. Siempre que iba a su oficina estaba viendo la bolsa de valores de Nueva York, porque, como buen judío, tenía muchas inversiones. Saba llevó su capital al grupo de Salinas y, además de comprar los canales de televisión, se hicieron de muchos cines que el gobierno tenía olvidados. Los demolían y construían fábricas, edificios, centros comerciales. Tenían mucho dinero los Saba. Moisés tenía buen olfato para los negocios en el futbol. Me decía: "Tenemos que conseguir un equipo grande para que genere rating".

Por esas fechas, yo tenía buena relación con Cruz Azul y logré que Billy Álvarez se saliera del Estadio Azteca y se viniera con nosotros. Billy estaba inconforme porque en plenos partidos de Cruz Azul le ponían anuncios de Cemex en publicidad estática. Se ponía verde cuando ocurrían esas trastadas. Por eso, cuando se mudan al Estadio Azul, no duda en firmar con TV Azteca para transmitir los partidos. Y estuvo seis años con nosotros el Cruz Azul, era el equipo que más rating nos daba en ese momento. Hubo una época en que llegamos a transmitir partidos de 18 equipos de Primera División, con excepción de América y Necaxa. No sé cómo lo hacíamos.

37

Fuera de lugar: el vuelo de Pajarito

Mi padre era un aficionado de los toros. Algunas veces me llevó a la Plaza México cuando yo era muy chico. Desde entonces le tomé cierto gusto a las corridas, y cuando tenía oportunidad me escapaba los domingos a disfrutar de la fiesta brava. Ya estando en TV Azteca, un buen amigo mío, Luis Niño de Rivera, me invitaba a la México, donde él tenía una platea, para ver a toreros como Enrique Ponce, el Juli o a eventos especiales. En una de esas ocasiones tuve la oportunidad de conocer a Pablo Hermoso de Mendoza, un rejoneador excelente, que fue padrino en alguna ocasión de *Depor-TV*; un rejoneador muy espectacular, con unos caballos que hacían maravillas. El 29 de enero de 2006 me invitó a la Plaza México a ver su presentación y me dio barreras de primera fila. Para mí era todo un acontecimiento, pues nunca había estado tan cerca del ruedo y menos ante un lleno impresionante. Recuerdo que esa vez me sentó junto al ganadero Germán Mercado, con quien comencé a platicar sobre las virtudes de toreros como Manuel Arruza y otros que se presentaron ese día. Estaba a punto de entrar el segundo toro de la tarde, un animal de nombre Pajarito.

Cuando Pajarito entra al ruedo, lo hace a tal velocidad, que Mercado toma mi brazo y lo aprisiona con su mano. Imagino que lo habrá visto inusualmente nervioso, que me alertó: "Agáchate, José Ramón, porque este va a saltar". Y, en efecto, el toro avanzó a todo tren y antes de estamparse contra la barrera, pegó tremendo brinco que alcanzó la segunda fila. Pasó por arriba de nosotros. ¡Si me hubiera dado una coz, me mata! Era un toro de 520 kilos, grande, fuerte. Lo único que recuerdo es que le alcanzó a pegar en la espalda a la madre del ganadero y logró lastimar a otros cinco aficionados. Finalmente, el propio Pablo Hermoso subió al tendido y lo mató ahí mismo. Cuando los toros saltan, es que suelen ser cobardes, es decir, los invade el miedo y lo único que quieren es huir del ruedo. Ven la posibilidad de escapar y saltan. Pero que salga un toro de más de 500 kilos y verlo pasar por arriba de ti es impresionante. Ese fue un susto mayúsculo.

38

Juego limpio: buen periodismo

En el periodismo televisivo, radiofónico, escrito o, más recientemente, el que se hace a través de los pódcast, los valores que deben
cuidarse a toda costa son la ética, la entrega y el profesionalismo.
Los periodistas deben estar cerca de la verdad; si se desvían, lo más
probable es que caigan en un foso de mentiras, falsedades e inven-
tos. Y eso la gente lo percibe; aquel que se aleja de la verdad termina perdiendo su credibilidad, que es el atributo más importante
para un informador. Hay personas que pueden estar de acuerdo con
lo que dice el periodista, hay gente que no, pero siempre se debe
ser muy honesto con el televidente, con el escucha, con el que lee.

No se pueden dar bandazos, debe haber congruencia. No es
posible que un día se critique la corrupción en los altos mandos del
futbol y al otro se elogie a los directivos. No es ético trabajar en
dos empresas que compiten entre sí. No se debe tener una agenda para intereses personales; la agenda está determinada por el derecho de las audiencias a tener información confiable. También es
muy importante saber competir. Hay que superar a los adversarios
con creatividad, no con trampas; con profesionalismo, no con fa-
vores inconfesables. Hay que saber cuándo se hicieron bien las cosas, cuándo se hicieron mejor y cuándo se cometen errores.

Los periodistas en funciones debemos ser una referencia para
la formación de futuros comunicadores que hoy están en las uni-

versidades. Debemos mostrar integridad con lo que decimos y escribimos. Hay que alejarse de todo acto de deshonestidad y no involucrarse en manejos turbios y sucios. Esas conductas hay que denunciarlas, hay que documentarlas, como pasó con el caso de los cachirules y otros más. Pero cuando se tengan "los pelos de la burra en la mano" hay que ventilarlo, pues de lo contrario se incurre en complicidad. Un error muy frecuente y peligroso es dejarse seducir por los rumores. Si existe una versión de algún acto de corrupción, lo más profesional es investigarlo y buscar evidencias.

Yo me voy satisfecho de una carrera muy profesional, de honestidad, de mucha entrega. Con cosas buenas, cosas regulares y cosas malas. Como pasa en todas las profesiones. Buenos momentos y malos momentos. Y el resultado está a la vista: hay una gran cantidad de gente joven y no tan joven que se formó en los espacios que me tocó dirigir y ahora trabajan en diferentes medios y lo han hecho bien.

39

En el vestidor: la vida laboral

Estar en el "vestidor" con todo el equipo de Deportes, reporteros, camarógrafos, comentaristas y administrativos suele ser una tarea desgastante. Muchas veces hay que entrar a las juntas con cara de cabrón, aventar una puerta, dar la impresión de que estás enojado, pedir un café y decir que está frío. En esas juntas se escuchaba de todo: que si dos reporteros ya se agarraron por su lucha de egos, que si otros no se presentaron a la cancha, o que otros más perdieron el avión y no cumplieron con sus órdenes de trabajo. Unos se quejaban de por qué siempre les toca ir a los partidos de Guadalajara, otros sugerían contratar a gente de Monterrey para narrar los partidos de allá. Mi trabajo, muchas veces, era lidiar con los inconvenientes y administrar problemas.

En esos casos trataba de mostrar carácter fuerte. Buscaba transmitirle al equipo de Deportes que en ocasiones había limitaciones presupuestales, que no teníamos derechos para todos los eventos, pero que teníamos que ser profesionales y creativos para seguir trabajando y ser competitivos, aun con las carencias. Sin embargo, persistían las quejas de por qué los partidos de la NBA pasaban tan tarde, por qué no se tenían todos los juegos de la NFL, por qué no se incluían ciertos eventos en *DeportTV*, por qué el futbol monopolizaba los debates en *Los Protagonistas*.

A todos los que trabajaron conmigo a lo largo de cinco décadas siempre les aconsejé ser cien por ciento entregados y ser leales a la empresa para la que trabajaban. La lealtad no es para el jefe en turno, sino para la empresa. Si de pronto surgían otras alternativas laborales, nunca se les detuvo, se podían ir, como se fueron muchos. Pero el legado ahí queda: gente importante que hoy se mueve en los espacios deportivos de la mayoría de los medios abrevó de Canal 13, de Imevisión y de TV Azteca.

Nunca fui de muchos amigos. Yo me dediqué a trabajar. Quizá ese legado de esfuerzo es el que ahora mis hijos me reclaman fuertemente. Porque es muy difícil dedicarse a trabajar intensamente casi las 24 horas del día, entregarse a la empresa al máximo, llevar en las espaldas toda la carga y la presión de los directores, de los dueños en su momento, trabajar para el gobierno con salarios bajos, trabajar para la empresa privada con otro tipo de presión.

Estoy satisfecho con los resultados que me dejaron los más de 50 años de trabajo arduo, aunque la factura fue muy alta y la sigo pagando en la actualidad. Para muchos quizá no fui un gran jefe, para otros sí. En el tiempo que estuve en Canal 13 y Televisión Azteca, jamás despedí a un solo colaborador. Bueno, hubo uno: un asistente que llegó en estado de ebriedad y tuve que mandarlo a recursos humanos.

El legado que dejo es haber transmitido a las personas con quienes laboré la idea de que cuando se entra a un terreno tan difícil como es el de los medios de comunicación, automáticamente se adquiere la responsabilidad de estar al tanto de todo lo que pasa en México y el mundo, no solo en deportes, sino en temas culturales, económicos, de política nacional y política internacional. Hay que estudiar, aprender, prepararse. No solamente saber los nombres de los jugadores de futbol, o cómo van en la tabla, sino empaparte del deporte en general.

Y algo no menos importante es aprender a descifrar las señales de los personajes de pantalón largo. Los directivos de los equipos siempre van a querer manejar a los periodistas e influir en su información. Una invitación a Europa no es gratuita, siempre hay intenciones ocultas para alienar a los informadores. Yo nunca fui de esos. Siempre me mantuve al margen. Conocí a mucha gente poderosa, pero nunca cambié mi sentido crítico por ningún regalo.

Ese es mi legado: el trabajo, el esfuerzo, la preparación y la ética. Aunque todo tiene un precio; al consagrarme al trabajo, abandoné un poco, o un mucho, a la familia. Un día mi hijo mayor me dijo que tuvo un "papá electrónico", es decir, uno al que solo podía ver por televisión. Eso duele. Pero, lamentablemente, no me di cuenta hasta que un día mi carrera llegó al clímax y empecé a bajar. Por lógica, los años te van ganando. No es que no quieras trabajar, es que las aptitudes se van menguando. Y en esas circunstancias, lo que no puede perderse es la actitud para demostrar siempre lo mejor de nuestros talentos.

Aprovechando este momento de reflexión, quiero expresar mi profundo agradecimiento a las personas que durante años trabajaron conmigo en TV Azteca, que no salían a cuadro, pero que trabajaban incansablemente. Es el caso de Jessica Espinosa, que fue una extraordinaria coordinadora de eventos. Mi secretaria, Emma, que fue incondicional, un ejemplo de gratitud, lealtad, integridad y ética.

En la televisión hay varios grupos: está el área de producción, están los encargados de la ingeniería, los que se parten la madre poniendo escenografías, y estamos los que ponemos la cara. Este último grupo es donde más se palpa la lucha de egos, porque se siente superior al resto. Y esto no es así. Todos somos iguales y yo se los remarcaba a los conductores. Algunos lo entendían, a otros les valía.

Se ha comentado mucho sobre mi carácter irascible, pero no siempre se ponen las cosas en su justa dimensión. Se confunde ser gruñón con ser estricto; yo siempre fui exigente y demandaba calidad y profesionalismo en lo que se hacía. A veces me enojaba, obvio, como toda persona que tiene responsabilidad y las cosas no salen bien, pero muchas veces también estaba contento con las buenas coberturas y los buenos programas. A diferencia del comentarista, que se limita a recibir una orden y prepararse para un partido o un programa, a mí me tocaba enfrentar al dueño de la empresa o al director general, a mí me llovían los regaños, las exigencias, los latigazos, a mí me correspondía resolver.

Si eres blando, te toman el pelo. Si eres muy amigo de los colaboradores, abusan de la amistad para tener concesiones. Yo no quise ser así. Siempre fui un tipo directo y exigente. Es cierto que tuve algunos altercados, pero nunca me peleé con nadie. Cuando viajamos a eventos de gran magnitud, como Copas del Mundo o Juegos Olímpicos, estaba al frente de 80 o hasta 100 personas. No es fácil. Por eso los dividía en grupos: gente que estaba dedicada a la producción, los encargados de la tecnología, los que salen a cuadro y las personas que se dedican a la organización del evento. Nunca faltan las quejas: que si a este le tocó mejor hotel, que si ese tiene mejores horarios, que si aquel tiene más tiempo a cuadro.

40

De local: TV Azteca

Los orígenes de TV Azteca están en el Canal 13, que se funda en 1973. Después se junta el Canal 7 y ambos forman parte de una cosa que se llamó Imevisión (Instituto Mexicano de Televisión). En 1993 el presidente de la República, Carlos Salinas de Gortari, decidió vender los dos canales públicos y quedarse solo con Canal 11 y el Canal 22. Quiso abrir la cancha para que otros actores pudieran entrar a la televisión y los puso en una subasta. Se formaron cuatro grupos que visitaron las instalaciones, revisaron la programación, los ratings, el inventario, la nómina, cuánto se gasta, por qué se tiene esto, por qué se tiene aquello. Me acuerdo de que el último en visitar los estudios fue Ricardo Salinas Pliego. Estaba bien enterado del funcionamiento de los canales, porque él patrocinaba un programa de concursos con Elektra.

Los grupos interesados armaron sus planes de trabajo y los mostraron a las autoridades federales. La Secretaría de Hacienda fue la instancia encargada de organizar la subasta y realizar la operación de compraventa. Un año antes de la transacción, Hacienda ya había tomado el control de los canales para poner al día los estados financieros. El titular del ramo en ese momento era Pedro Aspe, quien dijo claramente que la sociedad que aportara la mayor cantidad de recursos se quedaría con el paquete de medios, que incluía los canales de televisión, salas cinematográficas y los Estudios América.

Cuando llegaba alguno de los grupos interesados, yo me encargaba de darles un recorrido por las instalaciones del Ajusco: los estudios, el control maestro, las cámaras, las escenografías, las cintas que teníamos, los videotapes, que era en donde se guardaban todos los programas que se habían generado. Fue en el marco de ese carrusel de empresarios que conocí a Ricardo Salinas. Él se mostró amable durante su visita, aunque por momentos me pareció que quería dar la impresión de que conocía el negocio de la televisión, la realidad es que su mayor acercamiento había sido como anunciante. Al principio del proceso, Salinas había hecho alianza con el Grupo Radio Centro, que es una de las empresas más fuertes de la radio en el país, pero de último momento se bajó. Salinas se puso en contacto con Moisés Saba y le dijo: "Quiero comprar los canales, necesito que me ayudes". Los Saba se interesaron mucho por los cines, la mayoría de los cuales eran construcciones viejas, pero estaban muy bien ubicados, lo que las hacía altamente rentables si se convertían en centros comerciales o desarrollos inmobiliarios. Saba aportó un capital extra y entonces su oferta se elevó ampliamente por encima del resto. Al final de la puja, los canales fueron adquiridos por Salinas y Saba, quienes pagaron alrededor de 650 millones de dólares, una suma que superaba por más de 150 millones la propuesta del más cercano competidor.

Cuando Salinas sale como ganador y Hacienda se retira, los funcionarios de gobierno se autoliquidan, pero a los trabajadores que estábamos desde que era Canal 13, nadie nos liquida; nos quedamos esperando a que llegara el nuevo dueño para renegociar nuestra situación laboral. Cuando Salinas ofrece su primer discurso como propietario de la naciente TV Azteca, lo hace frente a los anunciantes y el personal de los canales. Advirtió que sería un canal donde no se iban a hacer grandes producciones como telenovelas y series, sino que iban a transmitir programas enlatados. Eso quiere decir que compraría series estadounidenses, como *Los Simp-*

son y otras más, y las pondría al aire. El mensaje causó cierta desconfianza entre los anunciantes, pues daba la impresión de que TV Azteca no sería competitiva. Con el tiempo, Salinas cambió de opinión y comprendió que había que generar contenidos atractivos, porque, de otra manera, nadie querría anunciarse, aunque se trajeran novelas de Turquía o Corea. Quizá su postura inicial fue para darse el tiempo para saber con qué recursos contaba, qué inversiones se necesitaban y cómo implementar su plan de comunicación. Al principio eran muy comunes las quejas sobre el mal estado de los estudios y del rezago tecnológico, pero ¿qué se podía esperar de una televisora que estaba en manos del Estado y con poco presupuesto? Una de las primeras acciones de Salinas fue construir un edificio dentro del complejo para ampliar las oficinas y se habilitó un comedor para los empleados.

En el área de Deportes, la mayoría de los colaboradores decidió quedarse y trabajar en la nueva etapa. Nos mantuvimos con Salinas y él nos apoyó. Eso sí, gritaba: "Yo no le voy a pagar tanto dinero al Guadalajara, así que 'bye bye'. No lo quiero". Guadalajara estaba vacante y Televisa se lo llevó sin pensarlo. Hubo un año que nos quedamos únicamente con Pumas y Monterrey. Pumas, porque yo era muy amigo de los directivos, sobre todo del grupo del patronato de los Ingenieros Civiles Asociados (ICA) y logramos negociar cuotas accesibles. Pero con el tiempo las negociaciones con la UNAM se complicaron, pidieron más dinero y no hubo manera de que se quedaran con Azteca. Burillo aprovechó la situación y se los llevó. Perdimos a equipos importantes y, para entonces, la Selección Mexicana se había dividido entre las dos grandes televisoras. Los directivos de Televisa y TV Azteca llegaron a un arreglo: los primeros compraban los derechos de transmisión y después nos los compartían por cierta cuota.

Salinas llegó a TV Azteca con un equipo muy compacto; ninguno tenía experiencia en televisión, pero le eran muy leales. Al principio, ninguno de los nuevos directivos intervino en el área de Deportes, nos dejaron trabajar, en tanto hacían ajustes en otros departamentos, como Noticias y Espectáculos. Pero nada es para siempre, y al final nos alcanzó el destino. La gente de Salinas metió mano en Deportes, quitaron gente, cambiaron la programación, ajustaron la línea editorial. Yo me molesté mucho en la época en que uno de los nuevos directivos se declaraba admirador de ESPN y nos daba la orden de hacer todo igual que ellos; decía que el Sport Center era maravilloso y en las juntas nos reiteraba: "Tenemos que ser parecidos a esta cadena americana que lo hace muy bien".

En el camino se empezaron a quedar algunos. Se nos murió Pepe Espinosa, que era muy buen narrador de futbol americano y basquetbol. Recuerdo que Pepe hacía tremendos corajes por los horarios. "¿Cómo ponen una película en blanco y negro en lugar de poner la NBA?". En esos tiempos costaba mucho trabajo conseguir eventos; las empresas estadounidenses iban subiendo cada vez más las tarifas, porque el futbol americano fue cobrando mayor fuerza en México, al igual que el basquetbol. El tenis nunca ha sido muy taquillero en México, pero aun así las cuotas se iban por las nubes.

Años antes de la privatización de TV Azteca, a finales de los años setenta, López-Dóriga era jefe de noticieros y yo trabajaba en deportes. Un día entré a su oficina y le dije:

—Oye, Joaquín, fíjate que tenemos un problema.

—¿Cuál?

—Generalmente pasamos los torneos de tenis, los Grand Slam y Wimbledon, pero de 10 mil quieren subir a 20 mil dólares los derechos.

—¿Qué? ¡Están locos! —exclamó, mientras tomaba el teléfono para llamarle a Emilio Diez Barroso.

—Lo mismo pienso.

—¿Quieres Wimbledon? Quédate con él, nosotros no lo vamos a comprar. Ya está, listo, ¿qué más?

Así se manejaban las cosas.

41

De visitante: las rivalidades

El día que salí de TV Azteca encontré un elemento más para confirmar el poder de Televisa y del América. Después de 35 años dedicados a criticar el sistema y el manejo sucio del futbol, después de más de tres décadas orientadas a denunciar cómo el negocio y los intereses económicos están por encima del deporte y del espectáculo, me di cuenta de que cambiar el estado de cosas es prácticamente imposible. Las mafias tienen raíces muy profundas.

Prueba de ello es lo que pasó a finales de 2024 con Juan Carlos Rodríguez, alias "la Bomba", quien renunció como presidente de la Federación Mexicana de Futbol. Presentó un plan financiero de mil 250 millones de dólares, con el objetivo de mejorar las plantillas de jugadores, eficientar las áreas técnicas y modernizar las instalaciones, lo que en conjunto le daría al futbol mexicano estándares internacionales de calidad. No le hicieron caso, renunció y se fue. Todo lo que habían construido se volvió a caer, volvió a empezar de cero. A Emilio Azcárraga le interesa el América, no el futbol mexicano; si el nivel es mediocre, mejor para él: las Águilas seguirán reinando. Azcárraga es un apasionado del América, quiere que su equipo sea triunfador, que arrase con todos los campeonatos, no quiere elevar el nivel de juego a escala nacional. Ha vivido siempre en un monopolio y es entendible, los monopolios hacen lo que quieren.

En su última junta con directivos, Juan Carlos Rodríguez presentó el plan financiero. Equipos que estaban en contra le dicen que no; equipos que estaban a favor le dicen que sí. Después de varios jaloneos, la Bomba renuncia y nos quedamos sin salir el agujero. Televisa tiene demasiado poder y han sabido moverse como camaleones: cambian de bandera fácilmente. Hoy se alinean a la 4T, pero en el pasado fue con el PAN y antes con el PRI; jalan con el gobierno en turno y obtienen beneficios.

Clásico Pumas-América

La rivalidad entre América y Pumas comenzó a crecer cuando el equipo de la Universidad decide irse a Televisa, después de décadas en que sus partidos eran transmitidos por Canal 13, después Imevisión y, a partir de 1993, TV Azteca. Y yo me encargué de atizar esas rencillas hasta convertirlo en el clásico capitalino que conocemos hoy en día.

Antes de la privatización de TV Azteca, las negociaciones con la Universidad Nacional eran sencillas, porque ellos, al recibir presupuesto del gobierno, cedían a lo que le pudieras dar. Le daban los derechos a Canal 13 y después a Imevisión, que también eran parte del sector público. Pero las cosas cambiaron con la compra del canal —y tenían razón—, porque al ser una empresa privada, TV Azteca ya iba a ganar dinero con la comercialización de los partidos; fue entonces que elevaron sus tarifas. El responsable de la ruptura fue Raúl Borja Navarrete, consejero del Colegio de Ingenieros Civiles de México y vicepresidente de los Pumas de la UNAM, quien tomó las riendas del equipo al enfermar su hermano, Gilberto, presidente del Patronato de la Universidad y un hombre más conciliador durante las negociaciones. Pero Raúl era un mercenario, elevó los contratos hasta hacerlos impagables y se fue a Televisa. Nos dijo: "Alejandro Burillo nos da tal cantidad y nos vamos a ir con él". Fue un golpe duro porque, durante décadas, los partidos de los Pumas eran una tradición en la televisión estatal.

Los personajes que a mediados de los años noventa jugaban en Pumas y que ahora laboran en ESPN me contaron que después de esa decisión abrupta, el cuerpo técnico de la Universidad tenía que andar por la calle sin logotipo en sus sacos, ya que se exponían a ser agredidos por los aficionados, que veían como una traición haberse ido a Televisa. La unidad móvil de la televisora se pintaba de blanco, para que los hinchas inconformes no la vandalizaran. Los jugadores no llegaban en autobús, como era tradición; ahora llegaban en camionetas blindadas, porque la gente de Pumas los rechazaba. Por instinto, repudiaban a Televisa y todo lo que representa: prepotencia, control mediático, manejo sucio del futbol y desprecio hacia el resto de los equipos. Eran los ricos contra los estudiantes. Yo aproveché esa coyuntura para arremeter contra el América y, por otro lado, conjuntar a los universitarios. Esa fue la tierra donde germinó el clásico América-Pumas.

Desde tiempo antes, Gilberto Borja y yo platicábamos en su casa sobre la rivalidad entre ambos equipos. Él quería fomentar el antagonismo con el América. Yo le dije: "Para hacer eso tienes que invertir y montar un buen equipo de futbol". Fue entonces que trajeron a Evanivaldo Castro "Cabinho", a Spencer Coelho y a Juan José Muñante; ya jugaban Miguel Mejía Barón, Héctor Sanabria y el "Gonini" Vázquez Ayala. Con el tiempo, la escuadra se completó con Hugo Sánchez. Durante los años ochenta, Pumas se consolidó como un equipo competitivo y para los noventa estaba la mesa puesta para plantarle cara al América.

Guillermo Cañedo

Antes de llegar a Televisa, Guillermo Cañedo de la Bárcena era un empresario originario de Guadalajara que había instalado una llantera. No le iba mal, había buenos ingresos y tenía roce con los políticos del estado de Morelos. En 1954 las autoridades de Cuernavaca lo invitaron a ser presidente del Club Deportivo Zacatepec, y en un lapso de siete años logró dos campeonatos de liga, lo que de inmediato lo encumbra en el mundo del futbol. Cinco años más tarde, en 1959, Emilio Azcárraga Milmo tomó la decisión de comprar al América, un equipo menor que por aquellos días era propiedad de Isaac Bessudo Pérez, dueño de la refresquera Jarritos. Azcárraga había tomado la decisión de invertir lo que fuera necesario para hacer del América un equipo grande, por lo que en 1961 contrató a Cañedo, quien ya era todo un especialista en administración deportiva. Para cumplir la misión, Cañedo llegó acompañado de Panchito Hernández y José Antonio Roca, dos cerebros que le ayudan al despegue del equipo, con la contratación de estrellas brasileñas y toda una estrategia de mercadotecnia. La operación resultó tan exitosa, que Cañedo se convirtió en la mano derecha de Azcárraga. Ya con la confianza del magnate, Cañedo se volvió pieza fundamental para la construcción del Estadio Azteca y las negociaciones para que México fuera la sede del Mundial de 1970.

Cañedo era un tipo inteligente, hábil, que fue ganando posiciones en el futbol internacional hasta hacerse muy amigo del brasileño João Havelange, quien dirigió la FIFA durante más de 20 años (1974-1998). En todo ese tiempo, Cañedo fue un hombre poderoso, pues era el vicepresidente del organismo internacional y tenía toda la confianza del titular para tomar decisiones a escala global. Lo conocí en 1971, cuando se crea la Organización de Televisión Iberoamericana (OTI), que reúne a casi todos los canales de Centro y Sudamérica, incluyendo México, España y Portugal. En esos foros se acordaban los derechos de transmisión de grandes eventos como los mundiales y los Juegos Olímpicos, y Cañedo presidía las sesiones.

Conforme Cañedo se va haciendo cada vez más fuerte, América cobra relevancia, se vuelve un equipo ganador, protagonista del futbol mexicano, y empieza a ganar títulos como siempre los ha ganado: con ayuda arbitral, con enjuagues, con cosas raras.

Yo me acuerdo de que en las reuniones de la OTI Cañedo a veces llegaba de malas y, para variar, los de Venezuela, los de España, los de Colombia, le preguntaban: "Guillermo, ¿qué te pasa?". Entonces, cuando se volvían conmigo, les decía: "Seguro pasó algo con el América". Una vez, el América necesitaba ganar con cinco goles de diferencia para calificar a la Liguilla. Y, casualmente, en un partido ganó 6-1. Esa vez, Cañedo llegó enojado porque yo había dicho que ese partido había estado comprado. Y así era, pero no les gustaba que se los dijera. Empezaban los roces, aunque al final tuvimos una buena relación y hasta una amistad. Conocí a los hijos y a la esposa de Cañedo, porque viajábamos juntos a las reuniones de la OTI que se hacían en Brasil, Argentina o Venezuela.

Cañedo no solo era vicepresidente de la FIFA, era el director de Comunicaciones, o sea, el encargado de administrar los derechos de transmisión de las Copas del Mundo, lo que, desde luego, le daba a Televisa, en ese entonces Telesistema Mexicano, todas las facilidades para los eventos. Cañedo había formado la OTI y Havelange le daba los derechos muy baratos; posteriormente Cañedo hacía un prorrateo entre los países que más pagaban: Brasil, México y Argentina.

El fondo de inversión y el fifa Gate

En mayo de 2023 Juan Carlos Rodríguez fue nombrado presidente de la Federación Mexicana de Futbol, y desde el primer día dejó en claro que su principal objetivo sería la puesta en marcha de un plan de inversión que buscaba la modernización y el relanzamiento del balompié nacional. Se trata de una inversión estratégica de capital privado propuesta por Apollo Global Management, un fondo estadounidense de alto perfil, que plantea inyectar entre mil 200 y mil 300 millones de dólares en la Liga MX. El objetivo es rediseñar la estructura comercial y operativa del deporte en el país a cambio de que los 18 clubes que integran el futbol profesional cedan entre 10 y 20% de los ingresos consolidados del futbol mexicano por los siguientes 50 años.

El plan de inversión propone unificar la venta de los derechos de transmisión por televisión, taquillas y patrocinios de los 18 clubes y la Selección Nacional, para ofrecer un producto global y con mayor valor comercial. También sugiere la creación de una instancia "comercializadora" que se encargaría de negociar de manera centralizada los acuerdos de transmisión, patrocinios, uniformes y licencias, un modelo de negocios inspirado en los esquemas que rigen a ligas como la NBA, la NFL, la MLB y la MLS.

El Grupo Apollo exige auditorías en todos los clubes y la eliminación de prácticas como la multipropiedad, además de un control estricto en el uso de los recursos. Los recursos inyectados están destinados a mejoras en estadios, academias, seguridad para aficionados e incluso programas para formación juvenil. Sin embargo, aunque la mayoría de los dueños aprobó el fondo en diciembre de 2023, equipos como Chivas, Cruz Azul, Tigres, Pachuca, Monterrey, León, Toluca y Juárez se opusieron parcialmente, lo que ha frenado su implementación. Pumas, por ejemplo, no puede acceder a ese plan porque los estatutos de la UNAM se lo impiden, mientras que Cruz Azul tampoco puede aprobarlo porque es una cooperativa.

En diciembre de 2024 el comisionado Juan Carlos Rodríguez renunció debido a la falta de consenso entre los dueños, pero la FMF declaró que el proyecto sigue vivo, aunque no se sabe cuándo se aplicará. Las cosas se complicaron cuando, entre los equipos opositores, surgió la versión de que un porcentaje del plan de inversión lo tenía Emilio Azcárraga. Entonces dijeron: "Es lo mismo de siempre; vamos a volver a caer en las manos de Televisa".

Otro factor que dejó el fondo de inversión en la "congeladora" fue el estallido del FIFA *Gate*, que salpicó a Emilio Azcárraga Jean. Este escándalo de corrupción inició en 2015, cuando el Departamento de Justicia de Estados Unidos acusó a funcionarios de la FIFA, agencias de marketing y medios —incluidos Televisa y su filial suiza Mountrigi— de pagar sobornos millonarios para adquirir derechos de transmisión de mundiales, Copa América y Libertadores.

Según las investigaciones, en 2013 Televisa, junto con Globo (Brasil) y Torneos y Competencias (Argentina), habrían pagado unos 15 millones de dólares en sobornos a altos ejecutivos de la FIFA —incluido Julio Grondona, directivo del futbol argentino, ya fallecido— para obtener derechos para los mundiales de 2026 y 2030.

En octubre de 2024 se informó que Emilio Azcárraga Jean solicitó una licencia administrativa como presidente ejecutivo de Televisa, para cooperar con el proceso legal del Departamento de Justicia. Sin embargo, en México ningún medio le ha dado seguimiento al caso y no se tiene claro hasta dónde está implicado el imperio de Televisa. ¿Por qué? Porque Televisa da las acreditaciones para el Mundial y nadie quiere arriesgarse a quedar fuera de la cobertura. Ese es solo un ejemplo de que el monopolio de Televisa y su control sobre los derechos de transmisión de los mundiales tiene repercusiones en la libertad de expresión y en el derecho a la información de los mexicanos.

Televisa había creado una empresa fantasma en Suiza para comprar los derechos de los mundiales. Había comprado hasta el de 2030, que para entonces todavía no tenía sede, pero hoy se sabe que será organizado por tres países: España, Portugal y Marruecos, con tres partidos inaugurales en Argentina, Uruguay y Paraguay. Estos tres países sudamericanos fueron incluidos para celebrar el centenario del primer Mundial de 1930, que se disputó en Uruguay. Del mismo modo será el primer Mundial de la FIFA en la historia en jugarse en tres continentes diferentes.

ENEMIGOS DEL FUTBOL

Los directivos son los peores enemigos del futbol mexicano, lo manejan a su antojo. La liga mexicana está estructurada de tal forma que los dueños son los que deciden todo.

Televisa se adueñó del futbol hace 60 años y en ese tiempo México no ha ganado nada importante, salvo la medalla de oro en los Juegos Olímpicos de 2012. Quizá en categorías menores haya ganado mundiales, pero en categorías mayores no ha pasado prácticamente nada. Ahora es más fácil jugar con siete u ocho extranjeros en el campo que con 10 u 11 mexicanos, eso no ayuda al desarrollo de los jugadores nacionales.

Y ahora que han creado el sistema del VAR (Video Assistant Referee o Asistente de Árbitro por Video), que es una tecnología implementada en el futbol profesional para ayudar a los árbitros a tomar decisiones más precisas en jugadas clave, en algunos países europeos está muy bien instalado, pero en México no. Aún existen ángulos y perspectivas que las cámaras no logran captar con nitidez.

En el futbol americano, por ejemplo, es difícil que se les vaya una jugada. Hay seis árbitros que mandan su señal hasta Nueva York y en Nueva York la revisan y la regresan con decisiones muy precisas de lo que pasó. En México, la tecnología está muy atrasada, el sistema del VAR no funciona y el sistema del arbitraje ha sido malo. Yo no diría corrupto, pero sí tendencioso. Y ese es uno de los grandes males en este deporte.

Por ejemplo, en el boxeo un golpe bajo se sanciona con puntos. Pero si noqueas, ya ganaste. Y no hay quien pueda objetar un nocaut. En el futbol mexicano no pasa lo mismo, no hay esa claridad, todo está muy viciado. Y, mientras tanto, el público mexicano se deja llevar por el equipo del momento. Y en ese caso el equipo del momento es el América, que ha ganado títulos, aunque la lealtad no es tan firme como en otros países. En Inglaterra, en España, en Italia los aficionados le van a un equipo y no se separan de él desde los 15 años hasta que mueren. Aquí no, aquí varían, cambian, regresan.

Cruz Azul, por ejemplo, ha hecho esfuerzos y no ha podido tener un patrocinio que le permita cultivar una afición, hacerla crecer, formar comunidad y ensanchar sus bases. Pumas es otro equipo que ha hecho esfuerzos, pero tampoco ha podido. Además del América, no hay otro equipo cuyo dueño tenga una televisora que hable todos los días de ese equipo. La gente termina por volverse loca, no oye más que ese nombre a todas horas. Antes no pasaba, pero ahora el nombre del América penetra hasta en las capas más desfavorecidas de la sociedad. Y la gente de pueblos alejados simplemente le va a la América porque lo oyó en la televisión y pensó que es el mejor. Pero el futbol está muy distorsionado, muy alejado de la realidad, es poco competitivo.

42

Fuera del terreno de juego

Tengo muy presente una carta en la que mi hijo mayor, José Ramón, reflexiona sobre mi papel como padre. Palabras más, palabras menos, el mensaje dice: "Te vi más por televisión que de manera presencial en casa. Te vi llegar en las noches, llorando, después de haber batallado duramente en el programa *En Caliente* contra la censura que existía en aquel entonces. Me tuve que ir a la escuela, te di un beso, pero estabas dormido". Son palabras que siempre me han pesado mucho. Había Navidades en las que tenía que trabajar y no podía estar con mis hijos, y en ocasiones me han recriminado que no los acompañé en momentos difíciles.

Algo que no sé si algún día me perdonaré es haber estado fuera cuando nacieron mis cuatro hijos. José Ramón nació el 10 de diciembre de 1973, mientras yo estaba en Haití, por lo que lo conocí dos semanas después. Llegué a la Ciudad de México la noche del 23 de diciembre, procedente de Miami. Estuve a punto de pasar la Navidad en Haití, lo cual hubiera sido terrible. Después, mi segundo hijo, Juan Pablo, nació el 6 de junio de 1978, justo a la hora que yo estaba narrando el partido de México-Alemania, en el Mundial de Argentina, cuando perdimos 6-0. Él dice ahora que nació durante alguno de los dos goles que clavó Karl-Heinz Rummenigge. La más chica de mi primer matrimonio, Asunción, nació mientras yo estaba cubriendo la Universiada

245

Mundial de 1979. Estaba haciendo un resumen para la televisión, cuando mi mujer me llamó para decirme que ya iba para el hospital y que la alcanzara allá. Y, finalmente, cuando nació Lorea, mi hija más pequeña, yo estaba en Alemania dando cobertura al Mundial de 2006, de modo que a mi niña la vi un mes después de su llegada al mundo.

Con el correr de los años y volviendo la mirada atrás, pienso que si pudiera cambiar algo de mi vida, sería dosificar más el trabajo y pasar más tiempo con la familia. La adrenalina del trabajo no me dejaba ver que le hacía daño a la mujer con quien estaba casado. Primero a Asunción, una gran mujer, una madre educadora, cariñosa, quien siempre cuidó muy bien a nuestros hijos; nos separamos después de 27 años de casados. Y actualmente a Adriana, que ha sido mi compañera de vida estos últimos 25 años y a quien le guardo un cariño muy especial.

Mis hijos no olvidan que con frecuencia yo salía muy tarde de Azteca o de Canal 13, y cuando llegaba a la casa los veía dormidos. Y en la mañana, cuando me despertaba, ellos se habían ido al colegio o a la universidad. Y los fines de semana siempre estaba viajando para narrar los partidos. Le dediqué demasiado tiempo al trabajo.

En ocasiones me he preguntado si el ego o la fama llegaron a modificar mi forma de ser, pero honestamente pienso que no. Nunca me consideré presumido o engreído, más bien era muy dedicado al trabajo, y exigía calidad y entrega. Sí sabía que mucha gente me conocía, por supuesto, con tantos años en la pantalla, en programas de buena audiencia, era inevitable. Si hay algo de lo que me arrepiento es de no poder estar más tiempo con mis hijos; es un trauma que me persigue, que me azota, que me lastima, porque no los vi crecer. El día de la graduación de Asunción me cayó un balde de agua fría; ya había terminado la carrera, había salido con un gran promedio y yo no estuve presente en todo ese proceso, encerrado siempre en mi mundo del trabajo. Todos son muy buenos chicos, muy completos, salieron a su madre, por supuesto. Ahora vivo con Adriana, la madre de Lorea, y estoy tratando de enmendarme un poco.

AUSTERIDAD

Fuera del set de televisión, me considero un hombre ahorrativo, que gasta en lo necesario. No soy de comprarme un Porsche, un McLaren o un carro de esos; tengo una camioneta funcional, sin lujos, y todavía guardo un coche blindado que nos dio TV Azteca para nuestra protección. Después del atentado contra Lilly Téllez, Ricardo Salinas se puso muy nervioso y a todos los que salíamos a cuadro nos dio un coche blindado. A mí me tocó uno, que me da mucha lata cada vez que lo saco, ya que es pesado, lento y gasta muchísima gasolina; no lo he podido vender, a pesar de que es de muy buena calidad. Nunca me ha gustado el despilfarro ni la excentricidad. Vivo de mi sueldo.

43

Los mentores

Yo siempre he sido un admirador de personas como César Luis Menotti y Jorge Valdano. Son unos sabios del futbol, ellos fueron mis maestros. Menotti nos acompañó en los mundiales de 94, 98, 2002 y 2006. Se divertía mucho con Andrés Bustamante y con el famoso Tachidito.

Tanto Menotti como Valdano se expresan muy bien, descifraban como pocos el futbol. Y no solamente en los programas, sino en las innumerables charlas que teníamos fuera de cámara. Valdano era el discípulo joven de Menotti, con esa mezcla del futbol europeo y sudamericano. Como jugador, Valdano fue campeón del mundo con Argentina en México 86, y con el Real Madrid fue campeón como jugador y como técnico. Menotti, a su vez, fue campeón del mundo como técnico de Argentina en 1978 y además dirigió a Maradona en el Barcelona. En fin, dos maestros geniales. El futbol que sé lo aprendí de ellos.

44

Silbatazo final

Yo pienso que mi legado profesional ha sido de trabajo y honestidad. Si después de mi muerte alguien se acuerda de mí, quisiera que fuera como un profesional que se entregó a su trabajo y que buscó darles lo mejor a sus hijos.

Nunca tuve amigos en el futbol. Sí conocía a los directivos, pero nunca establecí una gran amistad. Por convicción personal y por ética. A diferencia de otros comunicadores, que se hacían amigos de los directivos, yo siempre marqué distancia. No hay que ser ingenuos: los directivos siempre querrán utilizar a los periodistas para sus intereses. Sabiendo que tenemos un micrófono, nos quieren utilizar. Sabiendo que tenemos una pluma, buscan comprarnos para utilizarla a su favor.

Conocí a la mayoría de los directivos. Algunos eran buenos, honestos; otros eran muy malos, ambiciosos. Hay de todo en el futbol mexicano. Cuando había que ir a comer con ellos, solo era para asuntos de contratos. De cuánto les íbamos a pagar, si estaban a gusto, si no estaban a gusto. Aunque las comidas también eran para reclamaciones, cuando alguna opinión no les parecía, cuando algún reportaje les había causado incomodidad. También había llamadas telefónicas: "Oye, tal comentarista está muy lanzado contra nosotros. ¿Qué se trae?". O para pedir cancha pareja: "José Ramón, le das más juego a Pumas que a Chivas. ¿De qué se trata?".

Esas eran conversaciones cotidianas, pero siempre hay que mantener distancia. Es verdad, son clientes y hay que escucharlos, pero también hay que defender nuestra libertad de expresión, nuestro espíritu crítico y nuestra independencia editorial.

Al aproximarme a los 80 años y ya con el retiro en puerta, hay quienes me preguntan si hubo algo en la vida que me faltó por hacer. Alguien me decía: "¿Por qué no te dedicas a la política? Tú hablas bien y conoces el manejo de las cosas públicas". Yo solía decirles que, para mí, la política es sumamente peligrosa, porque hay que callarse muchas cosas, no es posible tener criterio propio ni ejercer la libertad de expresión. En el periodismo se puede tener espíritu crítico, pero en la política debes alinearte a ciertos intereses. En el periodismo se denuncian malas conductas, pero en la política a veces hay que hacerse de la vista gorda. En el periodismo se vela por los derechos de las audiencias a estar informadas; en la política se suelen enterrar las cosas para que nadie se entere. Quizá me hubiera gustado dedicarme más tiempo a la docencia. Cuando di clases en la Universidad de Puebla y en la Anáhuac, lo disfruté mucho. Me gusta enseñar y eso traté de hacer en las jornadas diarias de trabajo. Me tocó laborar con gente mayor que yo, con personas de mi edad y con jóvenes, y a todos traté de enseñarles. A mi manera, con mi carácter, con exigencia, pero cada que pude mostré cómo se hacían las cosas.

45

Mis alineaciones

LOS 11 MEJORES ATLETAS DEL MUNDO

1. Pelé
2. Muhammad Ali
3. Leo Messi
4. Cristiano Ronaldo
5. Johan Cruyff
6. Alfredo Di Stéfano
7. Billie Jean King
8. Nadia Comaneci
9. Usain Bolt
10. Nadal-Djokovic-Federer
11. Michael Phelps

La historia del deporte mundial tiene infinidad de figuras que han deleitado a la humanidad con sus hazañas. Pero en este esfuerzo de hacer una lista de 11, yo no solo consideraría su calidad como deportistas, sino el legado que han dejado como personas. Yo colocaría en este listado a atletas como Muhammad Ali, Leo Messi y Cristiano Ronaldo, que son superfiguras en el deporte que practican, que se mantienen físicamente muy bien, que no dan pena y que no caen en vicios.

En esta misma categoría están personajes como los futbolistas Zinedine Zidane, Alfredo Di Stéfano, Pelé y Johan Cruyff. Por supuesto, por encima de todos los futbolistas está "el Rey" Pelé. Un poco más abajo está Garrincha, que fue un fantástico extremo. Mucha gente lo recuerda, muchos posiblemente no lo vieron, porque jugó entre 1958 y 1962, pero era un extremo derecho impresionante. El propio Pelé decía que lo admiraba muchísimo.

Entre las mujeres, destacaría a las tenistas estadounidenses Billie Jean King y Chris Evert. Sin duda, en la lista debe estar Nadia Comaneci, que cambió totalmente la gimnasia, y la nadadora de Estados Unidos, Katie Ledecky, nueve veces campeona olímpica y más de 20 veces campeona mundial. Es un fenómeno similar a Michael Phelps, pues nadie ha sido tan laureado como él; ganar 23 medallas de oro no cualquiera lo puede hacer.

Usain Bolt es un ejemplo de superatletas que son éticamente profesionales y absolutamente entregados a su disciplina. Derrotó a los estadounidenses, que eran los grandes triunfadores, e hizo de una isla pequeña, como Jamaica, la cuna de los hombres y mujeres más veloces del planeta. Es impresionante verlos. Maradona fue un gran jugador de futbol, pero lamentablemente cayó en el vicio.

En el tenis, Rafa Nadal, Roger Federer y Novak Djokovic son una trilogía que difícilmente volveremos a ver: enteros, profesionales, no daban un punto por perdido, era dificilísimo ganarles. Nadal es el ejemplo del atleta que da todo su esfuerzo. Es el mejor jugador que ha habido en la historia del deporte español. Federer, por supuesto, el mejor atleta austriaco; era imponente en su calidad tenística. Djokovic, por su parte, a pesar de que ha habido buenos basquetbolistas serbios, es el mejor atleta de su país.

La integridad de los deportistas es, desde mi punto de vista, un factor casi tan importante como el desempeño mismo en las canchas. Prueba de ello es el caso del tenista italiano Jannik Sinner, quien al momento de escribir estas páginas era número uno del mundo; el raquetista negoció un caso de sustancias prohibidas con la Asociación Mundial Antidopaje. El organismo internacional lo inhabilitó tres meses por haber incurrido en dopaje, pero no lo excluyó de los torneos importantes, fuente principal de los puntos que son considerados por la Asociación de Tenistas Profesionales (ATP) para definir el ranking internacional. Es decir, las leyes y las normas ya no están para cumplirse, sino para negociarse.

¿Qué pensarán los jóvenes que vienen detrás y que sueñan con ser deportistas profesionales? ¿Que se vale jugar al margen del reglamento? Un caso similar es el del ciclista estadounidense Lance Armstrong, admirado por muchísimos, que ganaba la Tour de Francia en forma espectacular. Sin embargo, la Asociación Mundial Antidopaje lo persiguió muchos años, hasta que finalmente descubrió lo que consumía.

Eso es algo que hace muy seductor al deporte, que detrás hay historias de superación muy inspiradoras, pero hay páginas negras también. Es el caso de Ben Johnson, aquel atleta canadiense que en Los Ángeles reventó al estadounidense Carl Lewis, y que al día siguiente fue una bomba: lo descubrieron con dopaje.

LOS 11 MEJORES DEPORTISTAS MEXICANOS

1. Julio César Chávez
2. Hugo Sánchez
3. Rafael Márquez
4. Javier "Chicharito" Hernández
5. Antonio Carvajal
6. Raúl González
7. Ana Guevara
8. Pilar Roldán
9. Soraya Jiménez

10. Fernando Valenzuela
11. Raúl "el Ratón" Macías

Por méritos propios, el boxeo ha sido el deporte en que más ha destacado México a nivel internacional, y nuestro máximo representante en esa disciplina es Julio César Chávez, aunque, después de su retiro, tuvo un comportamiento terrible. Enseguida citaría a Hugo Sánchez, a Antonio Carvajal, a Rafael Márquez y al criticadísimo "Chicharito" Hernández, quien tiene una forma de ser muy emocional, pero hay que reconocer que no es fácil jugar en el Manchester, en el Real Madrid, en el Leverkusen y meter goles. Es verdad que su carrera ha venido en declive, pero es normal, no se le puede exigir lo mismo a los 36 años que cuando tenía 20. Todo sube y todo baja. Un claro ejemplo es Hugo Sánchez, un jugador inteligente que supo integrarse a buenos equipos de futbol, como son el Atlético de Madrid y el Real Madrid.

En materia de atletismo, los mejores han sido Raúl González y la propia Ana Guevara, que dio buena pelea por las medallas, mucho mejor atleta que dirigente. Hay que mencionar a la esgrimista Pilar Roldán, que fue la primera mujer en conseguir una medalla olímpica, al colgarse la plata en los Juegos de 1968. Desde luego, Soraya Jiménez, la única mujer que ha ganado oro en la historia del deporte mexicano y en una disciplina tan retadora como es el levantamiento de pesas; la entrevisté varias veces y me dijo que tenía destrozadas las rodillas, cada año se operaba para hacerse limpieza en las rótulas. Finalmente, se fue muy joven de este mundo. La halterofilia es un mundo muy complicado y ganarles a Bulgaria y Hungría es extremadamente difícil, por lo que la leyenda de Soraya es digna de contarse.

Alguien que no puede faltar en la lista es Fernando Valenzuela, quien logró destacar en un deporte tan profesionalizado como es el beisbol en Estados Unidos. Valenzuela era muy introvertido, un personaje difícil de entrevistar, pero sin duda tuvo una carrera limpia. Se trata de una persona que nunca perdió la humildad, pese a que llegó a ser un lanzador de primer nivel y tejer una trayectoria brillantísima en los Dodgers de Los Ángeles.

Y para completar la oncena, me inclinaría por un personaje que no llegó a ser un superboxador, pero era un superídolo: Raúl "el Ratón" Macías. No es lo mismo ser un gran deportista que ser un ídolo. La gente lo consideraba como un ser poderoso. Desde mi perspectiva, Hugo Sánchez no llegó a ser ídolo, y no por falta de atributos o de méritos, sino porque cuando jugaba en el futbol español no era tan visible en México, no se transmitían sus partidos. Eran más reconocidos jugadores como Enrique Borja o Tomás Boy. Cuauhtémoc Blanco, aun con todas sus impurezas futbolísticas y sus impurezas fuera del futbol, llegó a ser ídolo, pero en cierto sector de la afición, pues no llegó a permear a todos los mexicanos.

El basquetbolista Eduardo Nájera merece una mención honorífica, pues su incursión en la NBA demostró que en México también se jugaba buen basquetbol. Lo mismo Felipe "el Tibio" Muñoz, que en 1968 ganó una prueba en la que no era favorito; para los 200 metros estilo pecho, el enemigo a vencer era el soviético Vladimir Kosinsky, quien se quedó perplejo con las brazadas del Tibio.

LOS 11 MEJORES PERIODISTAS DEPORTIVOS

1. Manuel Seyde
2. Fernando Marcos
3. Pedro "el Mago" Septién
4. Antonio de Valdés
5. Raúl Orvañanos
6. Christian Martinoli
7. Luis García

8. Ángel Fernández
9. Enrique "el Perro" Bermúdez
10. Jorge Valdano
11. Roberto Gómez Junco
12. José Ramón Fernández

Es difícil armar una lista de informadores, porque el periodismo no se ejerce para ganar una medalla o un trofeo. El periodismo es para informar, para educar, para formar gente con mayor ética, personas con mayor profesionalismo dentro de los medios de comunicación. Ha habido voces y plumas maravillosas en México y en el mundo, como Manuel Seyde, por ejemplo, aquel que les llamó "ratones verdes" a los seleccionados nacionales; Fernando Marcos, Antonio Andere y "el Mago" Septién, que les dabas una lista de incidencias del partido y te lo narraban como había sido, aunque hubiera pasado una hora. Entre quienes están en funciones, destaco a Antonio de Valdés, de Televisa, porque lleva años narrando un deporte tan difícil como es el futbol americano y ha creado un estilo. No podemos olvidar a Ángel Ferrández, al famoso "Perro" Bermúdez y a Raúl Orvañanos, quien ha seguido su trayectoria de narrador. Y la lista la deben cerrar, sin duda, Christian Martinoli, Luis García, Roberto Gómez Junco y Jorge Valdano, el número uno de todos. Y una disculpa por la falta de modestia, pero yo colocaría mi nombre al final de la lista.

III

Mano a mano con José Ramón

Nacho Trelles
(1916-2020)

Nacho Trelles fue el padre del futbol mexicano. Tenía las piernas chuecas porque se le habían roto los meniscos de las rodillas y lo habían operado en varias ocasiones, por lo que caminaba de manera muy peculiar. Cuando ganaba algún partido en el Azteca, no faltaban los reporteros que se le acercaban y le decían: "¡Nacho, ganamos 3-0!". Él, con su típico humor cantinflesco, se volteaba y les preguntaba: "¿Con qué número jugó usted?". Conviví mucho tiempo con don Nacho. Recuerdo que él y "la Tota" Carvajal nos acompañaron en la cobertura del primer Mundial al que yo asistí, que fue el de Argentina 1978. Era un obsesivo de la puntualidad. Si la noche anterior acordábamos tener una junta a las nueve de la mañana, desde las ocho él ya estaba listo, bañado y tomando café. En aquella ocasión el presupuesto era limitado y había que compartir las habitaciones, por lo que Trelles y Carvajal se quedaban juntos, pero eran como dos adolescentes. Trelles se quejaba de que Carvajal llegaba a las tres de la madrugada y que dejaba todo tirado en la habitación, mientras que él incluso tendía su cama. Era un muy buen tipo, muy agradable para platicar, con muchas anécdotas y ocurrencias.

Es el director técnico más exitoso en la historia del futbol mexicano, con 15 títulos nacionales e internacionales. Fue campeón con el Marte, Zacatepec, Toluca y Cruz Azul. Dirigió la Selección

Mexicana para el Mundial de Chile 1962, donde le tocó un grupo bestial: nada menos que Brasil, Checoslovaquia y España. El primero fue campeón y el segundo subcampeón. En esa edición, México ganó por primera vez un partido mundialista, al vencer 3-1 a los checos. Ante Brasil cayeron 2-0 con goles de Pelé y Zagallo, pero hicieron un juego muy digno.

El camino al Mundial de Chile no estuvo exento de tropiezos. Nacho Trelles era el timonel de la Selección en la goliza de 8-0 frente a Inglaterra, durante un juego amistoso de preparación, en 1961. Aquella ocasión, Carvajal se reportó enfermo y no pudo jugar; en su lugar, Trelles alineó a Tony Mota, que era un portero bajito, y le metieron ocho tantos. Después, en Inglaterra 1966, no hizo mal papel, perdió con Inglaterra 2-0 con un gol de Bobby Charlton. Empató a cero goles con Francia, marcador que se repitió en el tercer juego frente a Uruguay. En el Mundial de México 70, Trelles quería dirigir al equipo mexicano, pero Cañedo lo hizo a un lado y puso a Raúl Cárdenas.

Nacho Trelles es legendario. Ganador de múltiples títulos y un maestro del futbol. Aunque también tenía sus mañas. Un día, dirigiendo al Puebla, La Franja iba ganando al América 3-0 con tres goles de Lapuente. América estaba echado para adelante y Trelles, temiendo una remontada, aprovechó que uno de sus jugadores se había lesionado cerca de la línea de banda y, en lugar de sacarlo del terreno de juego, lo empujó para meterlo a la cancha y que se detuviera el juego. El árbitro, Arturo Yamasaki, se da cuenta de la situación y le pregunta a Trelles: "¿Por qué hizo usted eso?". El técnico le contesta: "¿No está viendo que está lesionado?". Entonces, el silbante lo amaga: "O saca al jugador de la cancha o me voy yo". Con el desparpajo que lo caracterizaba, Trelles le responde: "No, pues váyase usted". Y se fue Yamasaki. Faltaban siete minutos para que terminara el juego y se marchó. Yo bajé al vestidor para saber si el juego se iba a reanudar, cuando veo a Guillermo

Cañedo salir del lugar después de hablar con el árbitro. A los pocos minutos reapareció Yamasaki y dejó a todo mundo atónito al informar que el juego se iba a repetir completo. Y en efecto, el partido se jugó de nuevo, aunque de nada le sirvió al América, porque la reposición terminó 3-2 en favor del Puebla.

João Havelange
(1916-2016)

Havelange fue un poderoso presidente de la FIFA, sin haber jugado nunca futbol. Él era waterpolista, incluso llegó a competir en
los Juegos Olímpicos de Berlín de 1936 con la Selección Brasileña.
Era muy alto, soberbio y muy hábil para el dinero. Cañedo logró
ganarse su confianza, ser su brazo derecho y manejarle absolutamente todo a Havelange, al grado de hacerlo vicepresidente de la
FIFA. Cañedo salvó a Havelange cuando Colombia no pudo hacer
el Mundial de 1986 y México se ofreció como sede alterna. Havelange dirigió la FIFA durante un cuarto de siglo, tiempo en el que
el futbol se consolidó como un multimillonario negocio internacional.

Luis de Llano Palmer
(1918-2012)

Luis de Llano fue mi gran maestro en la televisión. Era un refugiado de la Guerra Civil, oriundo de Valencia, exilado en México. Había trabajado en la NBC de Nueva York y había sido director de telenovelas y de teleteatros de Televisa. En los seis años que estuvo con nosotros en Canal 13 le aprendí mucho, aunque también lo sufrí porque cada semana renunciaba. Nunca se acostumbró a que éramos un canal del Estado y, por tanto, los políticos lo usaban como querían. A pesar de eso, realizó muy buenas cosas, como *Los Miserables*, *Los bandidos de Río Frío* y *Juan Pirulero*.

Guillermo Soberón
(1925-2020)

A Soberón lo conocí cuando era rector de la UNAM y uno de los más entusiastas aficionados a los Pumas. La primera vez que coincidimos fue en una junta a la que convocaron Gilberto Borja, que era presidente de ICA; Guillermo Aguilar, presidente de Pumas, y gente del patronato. Ahí les platiqué una idea para que Pumas se reforzara y se convirtiera en el máximo rival del América en la capital del país. A Soberón le pareció una idea muy buena y la impulsó. Apoyaba mucho al equipo, bajaba a los vestidores, echaba porras e iba a todos los partidos. Fue entonces cuando contrataron a Cabinho, a Spencer Coelho y a Juan José Muñante. En paralelo, el cuadro ya contaba con buenos jugadores como Hugo Sánchez, Arturo Vázquez Ayala, Miguel Mejia Barón, Héctor Sanabria y Leonardo Cuéllar. El objetivo de ese plan era propiciar el clásico Pumas-América, lo que contó con la complicidad de Soberón.

Alfredo Di Stéfano
(1926-2014)

A Alfredo Di Stéfano tuve la suerte de entrevistarlo en 1992, cuando ya era una leyenda, en su calidad de presidente honorario del Real Madrid. Para ese entonces, el argentino nacionalizado español tenía 66 años. Debido a las glorias que le dio al cuadro merengue, Di Stéfano fue el primer presidente honorario. Cuando lo entrevisté, estaba muy preocupado por la salud de Puskas, su compañero de mil batallas, quien estaba hospitalizado en Budapest, Hungría.

Di Stéfano es un caso peculiar: jugó en tres selecciones distintas, la argentina, la colombiana y la española, pero nunca disputó un Mundial. Una serie de circunstancias, entre lesiones, decisiones políticas y problemas de clasificación, provocaron que uno de los más grandes futbolistas de todos los tiempos nunca haya ido a una justa mundialista.

Era un tipo serio y, ya de grande, lo era aún más. Nunca se consideró el mejor jugador del mundo, decía que Pelé era superior y le profesaba una gran admiración, lo mismo que a Johan Cruyff. El Real Madrid de aquel entonces era maravilloso, ganó cinco Copas de Europa seguidas, con una delantera donde estaban figuras como Valdir Pereira Didi, Darcy Silveira dos Santos "Canario" y Héctor Rial, además de Di Stéfano y Puskas. Les llamaban "la Galerna del Cantábrico", en alusión a la fuerza arrolladora que tiene ese fenómeno meteorológico en las costas del norte de España. Entre Di Stéfano y Puskas metieron más de 500 goles, por lo que están entre los 10 máximos anotadores en la historia del Real Madrid.

A principios de los años sesenta tuve la oportunidad de ver jugar una vez a Di Stéfano con el Madrid. Yo estaba en Oviedo estudiando en un colegio dirigido por curas jesuitas, quienes tenían la buena costumbre de llevar a los alumnos de América a excursionar a los picos de Europa. Regresando de uno de esos paseos, nos enteramos de que el Real Madrid estaba en Oviedo para enfrentar al equipo local. Compraron boletos y nos llevaron a ver el partido. De manera sopresiva, Oviedo empezó ganando 2-0. El estadio se caía de emoción, pero para el segundo tiempo entran Di Stéfano y Puskas, que habían estado en la banca. El partido terminó 5-2, tres goles de Di Stéfano y dos de Puskas. Ahí entendí por qué le decían "la Saeta Rubia" a Di Stéfano: era rápido, frontal y letal a la hora de estar en el área.

En mayo de 1960 hubo una final de la Copa UEFA entre el Frankfurt y el Real Madrid, en el estadio de Glasgow, ante 100 mil espectadores. La escuché por la radio en compañía de mi padre. El Madrid empezó perdiendo 1-0 y terminó ganando 7-3. Para variar, tres goles de Di Stéfano y cuatro de Puskas. Eran dinamita. Con el tiempo llegó a los merengues Raymond Kopa, un extremo derecho francés fantásico que le dio todavía más fuerza ofensiva. Esa generación le dio cinco copas de Europa al Real Madrid. Y después de esas cinco vinieron otras 10 con jugadores como Zinedine Zidane, Cristiano Ronaldo, Ronaldo Nazario, Roberto Carlos, Marcelo, David Beckham, Luis Figo y toda una constelación de virtuosos.

José Antonio Roca
(1928-2007)

Roca fue campeón con Zacatepec en dos ocasiones y jugó dos Copas del Mundo, en 1950 y 1958. Después de su retiro, se fue a dirigir al América, donde hizo crecer al equipo, entre otras cosas porque inventaba frases a favor del americanismo y en contra de las Chivas. Fue campeón con América. Era todo un caballero.

Raúl Cárdenas
(1928-2016)

A Raúl Cárdenas lo conocí cuando era jugador del Zacatepec, equipo del que salieron muchos talentos para el América. En su ciclo como entrenador, Cárdenas dirigió al América y después al Cruz Azul, a quien hizo tricampéon en la década de los setenta, lo que le ganó el apodo de La Máquina. Era un buen técnico, buena persona y un jugador de gran categoría.

Antonio "la Tota" Carbajal
(1929-2023)

"La Tota" Carbajal fue un legendario portero del futbol mexicano que participó en cinco Copas del Mundo. Era un portero a la antigua, al estilo del ruso Lev Yashin. Se retiró en 1966 y duró mucho tiempo como director técnico del Atlético Morelia. Pocas personas lo creen, pero no tenía cuerpo técnico ni preparadores físicos, al equipo michoacano lo dirigía él solo con la ayuda de una secretaria. El dueño del equipo lo único que hacía era comprar los jugadores que la Tota le pedía, la mayoría de ellos chilenos. Trabajó también con el Atlético Curtidores. Al terminar su etapa como técnico, se refugió en la ciudad de León, Guanajuato, donde atendía una vidrería. Era buena persona, muy decente y, al mismo tiempo, muy simpático.

José Luis Lamadrid
(1930-2021)

A José Luis Lamadrid le aprendí mucho en el análisis del futbol. Jugó en el Mundial de 1954, en Suiza, donde marcó un gol contra los franceses. Solía pelearse mucho con Fernando Marcos, porque tenían visiones distintas del juego. En el programa *Los Protagonistas* teníamos una sección donde aparecían dos peluches ancianos, testarudos y que nunca dejaban de pelear. Ellos representaban a Marcos y Lamadrid.

José Sulaimán
(1931-2014)

José Sulaimán era amo y señor del Consejo Mundial de Boxeo. Él lo decidía todo y no tenía contrapesos. Duró más de 30 años al frente del organismo y le heredó su imperio al hijo, Mauricio Sulaimán, que es una buena persona. El Consejo Mundial de Boxeo es quizá el ente mejor organizado para promover el boxeo. Ha apoyado a muchos pugilistas, entre ellos Julio César Chávez. Algo que me sorprendía del poder que tenía José Sulaimán era que podía hacer sus convenciones en cualquier rincón del planeta, en Tenerife, en Tailandia, donde fuera. Tenía un don para conseguir y organizar peleas maravillosas.

Mario Vázquez Raña
(1932-2015)

Mario Vázquez Raña era un tipo difícil, con mucho poder. Dueño de la cadena de periódicos encabezada por *El Sol de México*. Varias veces fui a su oficina y tenía una galería impresionante de fotos con mandatarios y líderes del mundo. Aparecía con Nelson Mandela, con presidentes de Estados Unidos y atletas de todos los rincones del planeta. Tuve un fuerte encontronazo con Vázquez Raña durante los Juegos Olímpicos de Sídney 2000, luego de que Bernardo Segura fuera descalificado a destiempo, tras haber terminado en primer lugar la marcha de 20 kilómetros y dar la vuelta olímpica con el lábaro patrio. Mario Vázquez era el presidente del Comité Olímpico Mexicano y tenía facultades para intervenir ante las autoridades internacionales, podía exigir una investigación exhaustiva de la supuesta infracción de Segura y, de ser el caso, sancionar la anomalía de haber sido expulsado varios minutos después de concluir la competencia. "He pedido tu cabeza a cambio de la medalla de Bernardo Segura", le dije cuando fue a visitarnos al estudio de TV Azteca. Nunca se aclaró del todo el caso Segura, pero todo apunta a que se impuso la mafia que controla a los jueces de atletismo.

Olegario Vázquez Raña
(1932-2025)

A don Olegario lo conocí bien, porque durante mucho tiempo fue parte del Comité Olímpico Internacional y era presidente honorario de la Federación Mexicana de Tiro. Yo narré su medalla de oro en los Juegos Panamericanos de México de 1975, donde se impuso en la categoría de rifle de aire 10 metros. Fui a verlo varias veces a las oficinas que tenía arriba del Hospital Ángeles. En una ocasión fui a pedirle apoyo para editar un libro que hicimos como homenaje a los atletas del 68 que ganaron medallas en México. Accedió sin problemas. Y con su hijo, Olegario Vázquez Aldir, tengo una buena relación. Nos conocimos justo en un hospital Ángeles; a mí me habían operado de una hernia y él también estaba hospitalizado por dos hernias. Cuando me dieron de alta, se me acercó uno de sus hombres de seguridad para decirme que Vázquez Aldir quería saludarme. Fui a su cuarto, donde estaban algunos de sus familiares. Me contó cómo evolucionaba su operación y me dijo: "Cuando quieras, háblame". Se portó muy bien.

César Luis Menotti
(1938-2024)

Menotti era un sabio. Platicar con él significaba recibir cátedras de futbol, tanto del desempeño dentro del terreno de juego, como de estrategia desde el banquillo. Con él, todo era hablar de futbol, de política y de música, pues era un admirador del tango. Un día, mientras estábamos en Buenos Aires, nos dijo: "Los voy a llevar no al tango turístico, sino al tango de verdad". Nos llevó a un centro nocturno donde se cantaba el tango real, con bailarines extraordinarios; estando con Menotti, nos dieron la mejor mesa y fue una noche inolvidable.

Emilio Maurer
(1938)

Con Emilio Maurer Espinosa me unen varias cosas: el cariño a Puebla, el amor al futbol y el anhelo ferviente de que un día Televisa quite sus garras del balompié mexicano para dejarlo florecer y que sea respetado en el mundo.

Maurer fue propietario y presidente del club Puebla a finales de los años ochenta y principios de los noventa, cuando La Franja era un equipo protagonista. Era el equipazo de Carlos Poblete, Jorge Aravena, Marcelino Bernal, Roberto Ruiz Esparza, Edgardo Fuentes y Pablo Larios, quienes escribieron páginas doradas al ser campeones de liga, de Copa y de la Concacaf. Eran los tiempos del campeonísimo.

Durante la gestión de Maurer como vicepresidente de la Federación Mexicana de Futbol (1992-1993) se dieron pasos importantes en el deporte nacional, como contratos más justos para los equipos de futbol ante las televisoras, la incorporación de México a la Copa América y la llegada de César Luis Menotti como director técnico de la Selección Nacional.

Maurer tuvo la osadía de desafiar la hegemonía de Televisa en la Federación, pero lo pagó muy caro. Yo viví de cerca la etapa en que Televisa persiguió a Maurer con saña. En la temporada 1989-1990 Puebla se coronó campeón, al derrotar 4-3 a la Universidad de Guadalajara, en un partido vibrante en el estadio Cuauhtémoc.

Por aquellos días, Televisa tenía mucha influencia en los gobernadores y es muy probable que haya conspirado con el mandatario local, Mariano Piña Olaya, para cerrar el estadio de Puebla. El pretexto fue que hubo sobrecupo durante el partido de la final, por lo que el equipo de La Franja empezó a peregrinar por otras plazas, generando una crisis institucional que terminó con la salida de Maurer y la entrada de nuevos propietarios. Pero el cierre del estadio era solo el primer golpe.

En noviembre de 1993, cuando ya no era propietario del Puebla ni vicepresidente de la Femexfut, Maurer iba hacia la Ciudad de México, cuando su auto fue interceptado por aficionados para pedirle un autógrafo; cuando se baja del auto, es detenido y llevado a la cárcel. Cuando me enteré del suceso, empecé a hacer hasta lo imposible para que Emilio recuperara su libertad. Hablé con Burillo y le dije:

—¿Cómo es posible que metan a Maurer a la cárcel? Ese no es juego limpio.

—No, no es cosa mía —respondió.

—¿Cómo de que no es cosa tuya? Televisa es el principal interesado en quitar a Maurer del camino.

—Hay indicios de que se robó 5 mil millones de pesos.

—¿Quién va a creer esa artimaña? Deben saber que Maurer no está solo.

A mí se me ocurrió hablar con Juan José Leaño, presidente del equipo de los Tecos de la Universidad Autónoma de Guadalajara. Él también estaba convencido de que la captura de Maurer era una gran injusticia, por lo que me preguntó qué se podía hacer. Le aconsejé: "¿Por qué no habla con Alejandro Burillo y lo amenaza? Le puede decir que si no sacan a Maurer, seis o siete equipos no van a ir a jugar a los partidos del fin de semana". Leaño tenía cierta influencia entre los directivos de equipos como Guadalajara, Atlas, UdeG, entre otros, por lo que el paro parcial de actividades era viable. "No es mala idea. Voy a hablar con Burillo", me dijo Leaño.

Al día siguiente sueltan a Maurer; la policía estatal lo escolta hasta San Martín Texmelucan, que es la frontera de la Ciudad de México con Puebla, y ahí lo sueltan, donde ya lo esperaban sus hijos. Días después, cuando platiqué con Maurer, me dijo que estar en la cárcel fue tan aterrador, que terminó firmando cualquier papel o confesión que le presentaron.

Desde entonces hemos mantenido una relación de amistad. En los últimos 30 años es una tradición ir a comer chiles en nogada una vez al año a su casa de Puebla. Ahí coincidimos varios amigos que nos involucramos en su salida de la cárcel y mucha gente del futbol, como José Luis Sánchez "Chelís", Arturo Brizio, el papá de Miguel Layún, Manolo Lapuente, el preparador físico Axel Bierbaum, el periodista Odín Ciani y muchos más. Hace dos años se coló David Faitelson a esa reunión, y le dije a Maurer que si aquel se volvía a aparecer, yo no acudiría más a la cita anual. Afortunadamente, ya no se volvió a presentar.

Muchos de los veteranos que nos reunimos en casa de Maurer alguna vez jugamos juntos en un equipo local llamado Plus Ultra. También acuden parientes y primos de Emilio, además de los amigos de sus hijos. Hay generaciones viejas y nuevas. Maurer tiene una relación muy cercana con Manuel Lapuente, que es un buen tipo y un conocedor de futbol, aunque la memoria comienza a traicionarlo. Es una pena, porque Lapuente tiene mil historias que contar como jugador y entrenador, pero en las pláticas en casa de Maurer cada vez es más frecuente que se le escapen nombres, fechas, resultados y lugares.

Maurer es tan buena persona que un día ya tenía todo listo para ir a su casa, cuando recibo la lamentable noticia de la muerte de mi hermana Ana María; además, mi chofer había pedido el día y no tenía manera de moverme. Me comuniqué con Emilio para decirle que le quedaría mal y que me disculpara. "¡No me digas! —contestó él—. Tu hermana fue compañera de mi mujer en la escuela. Pero no te preocupes, en este momento sale mi chofer, van por ti, vas al velorio y después te llevan a tu casa".

Maurer fue cazador profesional y tiene una galería impresionante de animales disecados. Forma parte de asociaciones que fomentan la caza sostenible, en las que pagan ciertas cuotas para la conservación de la fauna y sus hábitats y, a cambio, les permiten ir a los lugares donde la caza está permitida en varios países del mundo. Tiene un oso polar imponente, todo tipo de cabras del monte, bisontes, un elefante, un león, todo tipo de tigres. Yo la vi una sola vez y comprobé que, si se apaga la luz, da pavor por toda la serie de figuras y sombras que se ven ahí.

El oso polar que está de pie en su galería lo obtuvo durante una expedición en Alaska; Maurer cuenta que su grupo llevaba un par de horas persiguiendo al animal, hasta que el oso logró olfatearlos y se lanzó a toda velocidad contra ellos. Entonces el guía, que era un tirador profesional de origen portugués, les gritó: "¡Todos listos! Recuerden que tienen que darle exactamente en la frente, entre los ojos. Si no lo hacen así, no cae el oso. Si le tiran al cuerpo no va a caer". La bestia continuaba con su embestida, y ninguno de los cazadores lograba darle en el punto exacto. A pocos metros de distancia, el guía se dio cuenta de que el oso los atacaría, por lo que decidió disparar y fulminarlo. Con la inercia, el cuerpo inerte del oso patinó y se les fue encima, aventando cualquier cantidad de nieve.

Carlos Slim
(1940)

A Carlos Slim me lo presentó Luis Niño Rivera durante una cena. En esa ocasión me dio un gran consejo que hasta la fecha me pregunto por qué nunca lo seguí. Me dijo: "Deberías hacer tú mismo tus programas y vendérselos a TV Azteca. Inténtalo y verás cuánto ganas". Un día se lo propuse a Salinas pliego, pero me mandó a la chingada.

Edson Arantes do Nascimento "Pelé"
(1940-2022)

Pelé era un gran amigo, no solamente un gran futbolista. Lo vi jugar en el Mundial del 70, en compañía de mi padre, en la parte alta del Estadio Azteca. Ha sido el más grande futbolista de todos los tiempos, el auténtico dios del futbol. Era un hombre sencillo, humano y cariñoso. Lo entrevisté cuatro o cinco veces. Lo que han hecho Maradona, Messi y Cristiano ya lo hacía Pelé décadas antes, por eso para mí es el número uno.

Ángel Díaz de León
(1941-2007)

Ángel Díaz de León fue de los primeros que tuvieron una sección propia en *DeporTV*. Tenía un espacio de cinco minutos en los que hablaba de lo que pasaba en Plaza México y en el mundo de la fiesta brava. Muy amigo de los matadores, de los ganaderos y de los que conforman el universo de la tauromaquia. Con mucha frecuencia tenía como invitados a los toreros que triunfaban en las corridas dominicales. Por los sets de *DeporTV* desfilaron figuras como Eloy Cavazos, Manolo Martínez, Curro Rivera, Mariano Ramos y varios toreros españoles. Recuerdo que muchos de ellos se sentían incómodos en el estudio, ya que llegaban con sus trajes de luces. Con Ángel Díaz de León trabajó mucho tiempo Leopoldo de la Rosa, quien era un hombre muy exquisito al hablar, muy profesional, muy decente. Leopoldo había sido odontólogo y recuerdo que alguna vez me arregló una muela.

Muhammad Ali
(1942-2016)

Muhammad Ali fue un personaje histórico. Primero con el nombre de Cassius Clay, y más tarde como Muhammad Ali, cuando se convirtió al islam, para mí es el mejor peleador de los pesos completos de todos los tiempos: ágil, rápido y físicamente muy fuerte. Como él mismo decía: flotaba como mariposa y picaba como abeja. En enero de 1974 tuve la fortuna de saludarlo y entrevistarlo; fue el día que peleó en el Madison Square Garden de Nueva York contra Joe Frazier, quien era un auténtico ferrocarril: muy resistente y de golpes letales, tanto que alguna vez le rompió la quijada al propio Muhammad Ali. Aquella ocasión bajé a los vestidores en compañía de José Sulaimán, quien para entonces ya era alto directivo del Consejo Mundial de Boxeo. Fuimos a saludar a Ali, Sulaimán me lo presentó y pude hacerle dos o tres preguntas. Cuando llegamos a los casilleros, el boxeador estaba brincando la cuerda con una velocidad relampagueante, era todo un espectáculo verlo hacer ejercicio. Ali fue un luchador dentro y fuera del ring; yo lo admiraba porque se opuso a la segregación racial y se negó a ir a la guerra de Vietnam, lo que le costó una multa, el retiro de sus títulos y más de tres años sin poder ejercer el boxeo profesional. Decían que Ali era muy fanfarrón, y quizá sea cierto, pero la realidad es que siempre fue un hombre muy seguro de sí mismo. Un día dijo que iba a noquear en dos rounds a Sonny Liston cuando este era campeón mundial de peso completo. Y tal cual, para su siguiente encuentro cumplió el presagio y en el segundo round le pegó de tal forma que Liston cayó y no se levantó jamás. Ali era un superdotado.

Muhammad Ali sorprendió al mundo en la inauguración de los Juegos Olímpicos de Atlanta 1996, cuando se presentó de manera casi mística para encender el pebetero. Pese a sufrir los estragos del Parkinson, Ali ofreció una actuación cargada de dramatismo y emoción que hizo vibrar a todos los presentes. Verlo, en su última etapa, cumplir con ese ritual olímpico fue un acto de coraje y dignidad que parecía desafiar el paso del tiempo y la fragilidad humana.

Carlos Albert
(1943)

Carlos Albert fue mi compañero durante mucho tiempo en la conducción de *DeporTV*. Su primer Mundial como comentarista fue el de Argentina 1978 y después fuimos al Mundial de España en el 82. En México 86 fue su primer veto. Cañedo y la Federación Mexicana de Futbol le negaron la acreditación. Lo dejamos como hombre ancla en los estudios, pero logró colarse a un partido. Hay una foto donde aparece con Fernando Marcos y conmigo en la cabina de transmisión del Estadio Azteca. Lo metimos de contrabando para que se enojaran los de Televisa y fueran con el chisme a sus jefes. Era un buen colaborador, pero Albert había quedado fichado por el grupo de Guillermo Cañedo al tratar de formar un sindicato de futbolistas. Albert platica que fueron con Ernesto Uruchurtu, que era el regente del Distrito Federal, para hablar del tema y el funcionario se comprometió a apoyar la creación de un gremio. Dice Albert que brindaron con una copa de champaña, pero que al salir de las oficinas del regente se encontró con Guillermo Cañedo, quien le dijo: "Ni te creas lo que pasó ahí dentro, ¿eh?". Al final se impuso la mafia que controla el futbol mexicano y el sindicato nunca se formó, pero Albert quedó marcado como conflictivo e instigador. Albert quería unir a los futbolistas, que nunca han estado unidos. Los futbolistas están ensimismados por la fama y el dinero, y los directivos los manejan como si fueran peleles.

Manuel Lapuente
(1944-2025)

Lapuente era un buen entrenador. Dirigió al Puebla y lo hizo campeón en dos ocasiones en la década de los ochenta; hizo campeón dos veces al Necaxa en los noventa y fue campeón con América en 2002. Tomó a la Selección Nacional para el Mundial de Francia en 98 y logró montar un buen equipo. Pasa la primera ronda jugando bien. Tenía a Luis García como centro delantero, pero decidió dejarlo en la banca y opta por Luis Hernández. Enfrenta a Alemania en los octavos de final y da la sorpresa al anotar el primer gol por conducto del Matador. Sin embargo, la magia se acaba cuando el propio Hernández falla un gol clarísimo dentro del área chica y viene entonces la debacle. Lapuente decide adelantar a Claudio Suárez y bajar a un medio volante, y es el momento que aprovechan los alemanes para tomar el control del partido. Un cabezazo de Klinsmann y otro de Bierhoff acaban en goles y termina la ilusión mexicana.

Bora Milutinović
(1944)

Bora Milutinović llegó a México en 1972, poco antes de que nosotros, en Canal 13, comenzáramos a transmitir los partidos de los Pumas los jueves por la noche. Bora venía de una temporada en el futbol francés, luego de dejar su natal Yugoslavia. En Pumas jugó cuatro o cinco temporadas, para después convertirse en técnico del cuadro universitario. Le gustaba mucho la cantera de Pumas y se encargó de formar e impulsar nuevos talentos. Tan es así que, cuando llega el Mundial de 1986 y se convierte en seleccionador nacional, recurre a las bases universitarias: Miguel España, Luis Flores, Raúl Servín, Rafael Amador, Manuel Negrete e, incluso, Hugo Sánchez.

Miguel Mejía Barón
(1944)

A Miguel Mejía Barón lo conocí desde que jugaba como defensa central en los Pumas de la UNAM. Él y Héctor Sanabria formaron una barrera casi impenetrable, jugaban al filo del reglamento y golpeaban mucho a los delanteros. No era muy técnico, pero tenía mucho liderazgo. Su vida la consagró al equipo de la Universidad, al grado de que hoy es vicepresidente del club. Hombre inteligente, preparado, odontólogo; se retiró un tiempo del futbol y se fue a vivir a Puebla. Introvertido, pero buena persona. Le dio la oportunidad a Hugo Sánchez de jugar la Copa América 1993 y el Mundial de Estados Unidos 1994, antes de que el exmadridista se perfilara hacia el retiro.

Enrique Borja
(1945)

Enrique Borja fue goleador con Pumas y goleador con el América. La suya fue la primera transferencia que costó un millón de pesos. Guillermo Cañedo se lo llevó a Coapa en una transacción que enfureció a los aficionados de la Universidad. Borja tuvo sus mejores años con la camiseta amarilla, con la que logró ser campeón goleador tres veces consecutivas. En la Selección Nacional no tuvo buenas participaciones. Él, en sí, no era un buen jugador; metía goles con la nariz, de talón, de rebote y hasta por accidente, pero los metía y era el ídolo del América. Como directivo fue un desastre, quiso ser presidente de la Federación apoyado por Televisa, pero lo derrotaron el arquitecto Francisco Ibarra, que era presidente del Atlas, y Emilio Maurer, directivo del Puebla, cosa que a Televisa le enfureció. Después fue un comentarista gris, no pasó nada trascendente con él.

Franz Beckenbauer
(1945-2024)

Fue una leyenda del futbol alemán: campeón con el Bayern Munich, campeón con Alemania en el Mundial de 1974 —cuando vence sorpresivamente 2-1 a la Naranja Mecánica en la final— y repitió la hazaña en 1990 como entrenador.

Miguel Marín
(1945-1991)

Miguel Marín era un fenómeno, un portero adelantado a su época. En la Selección Argentina no pudo brillar por dos motivos: salió muy joven de su país y, además, en aquella época había grandes arqueros como Ubaldo Fillol y Héctor Baley. Marín maduró y mostró todo su potencial hasta que llegó a Cruz Azul; para mí es el mejor portero argentino que ha venido a México, por mucho.

Carlos Reinoso
(1945)

A Reinoso lo traté poco. Era un buen jugador. En los años setenta, el chileno llegó a ser ídolo del América. Se fue a la cumbre con un golazo de tiro libre que le hizo a Boca Juniors en la Copa Intercontinental de 1978. Fue toda una hazaña, porque el portero de los argentinos era Hugo Orlando Gatti, un gran atajador que esa vez se quedó parado ante el chanflazo de Reinoso. Le decían "el Loco" Gatti, y no era para menos: solía salir hasta la media cancha burlando jugadores, o se iba a rematar en los tiros libres. Llegó a jugar en la Selección Argentina, pero no vino al Mundial de 1986, porque Nery Pumpido era mejor que él.

Luis Niño de Rivera
(1946)

Luis Niño de Rivera es un gran amigo. Fue a muchos Juegos Olímpicos conmigo, en su calidad de exclavadista profesional. En las Olimpiadas de México 68 quedó en cuarto lugar. Narraba muy bien los clavados, conoce las reglas, los criterios de los jueces y las diversas técnicas. Es un tipo inteligente, maduro. Luis trabajaba en el Deutsche Bank, cuando Ricardo Salinas me preguntó si conocía a alguien que pudiera encargarse de Banco Azteca. Sin dudarlo, les recomendé a Niño de Rivera. Lo mandé, lo entrevistaron y se quedó. Es un buen tipo.

Emerson Fittipaldi
(1946)

Fitipaldi fue un gran corredor de Fórmula 1 y de Indycar que marcó una época, al ser campeón en ambos circuitos. Un piloto legendario de Brasil que corría a grandes velocidades. En la Ciudad de México, cuando se veía a un automovilista rebasar los límites de velocidad, se hizo común decir: "Ahí va un Fittipaldi". Él vino al aniversario de los 30 años de *DeporTV*, en 2004, y en esa ocasión nos demostró que era una persona extraordinaria.

Johan Cruyff
(1947-2016)

A Johan Cruyff lo entrevisté en 2012, cuando llegó a México con la misión de asesorar a las Chivas y visitó el nuevo estadio de Guadalajara. Aquella vez hablé con Jorge Vergara para que me ayudara a gestionar el encuentro, y me dijo: "Jálate temprano, yo te lo pongo". Tomé el primer avión que encontré y me fui a la Perla Tapatía para conocer a esa leyenda holandesa. A mí siempre me gustó el esquema de la Naranja Mecánica; Cruyff era un fenómeno: jugaba de todo, de defensa, de medio, de delantero, todo un espectáculo.

Raúl Orvañanos
(1947)

Orvañanos empezó conmigo en 1974 y se fue en 1991. Es la mejor pareja que yo tuve en la conducción de *DeporTV*. Jugó en el Atlético Español y en el Atlante. Vivía de un par de atajadas que le hizo a Pelé durante un pentagonal en el que el equipo brasileño de Santos vino a México, en 1966.

Enrique "el Ojitos" Meza
(1948)

A Enrique Meza lo traté poco, era un hombre muy callado. Sufrió mucho porque siempre fue suplente de Miguel Marín en Cruz Azul. Después se fue a Tigres y fue suplente de Mateo Bravo. Pero como técnico fue muy destacado y le dio al Toluca su época dorada, a finales de los años noventa, de la mano de José Saturnino Cardoso, quien era un delantero letal.

Niki Lauda
(1949-2019)

El austriaco Niki Lauda fue mucho más que un campeón de Fórmula 1, fue un ejemplo de lucha y superación. Tras el devastador accidente en el Gran Premio de Alemania de 1976, en el que sufrió quemaduras graves que amenazaron su vida, Lauda se levantó con una fuerza impresionante. A pesar del dolor y las secuelas físicas, su determinación lo impulsó a regresar a las pistas.

Rafael Puente
(1950)

Rafa Puente es otro buen maestro. Es buen tipo. Hemos trabajado juntos durante más de 30 años. El Wama fue un buen portero
del Atlante y del América; pudo haber tenido una carrera brillante, pero una lesión en la rodilla lo sacó de las canchas a los 26 años.
Tuvo siete operaciones en la rodilla, lo que lo obligó a retirarse. Su
último partido fue un Pumas-América, juego que tuvo que abandonar después de sufrir una lesión. Yo estaba narrando ese partido y recuerdo que cuando sale de cambio, la porra de Pumas lo
abuchea y le mienta la madre. Rafa Puente no se deja intimidar,
les muestra el puño y luego alza el dedo medio. Todo en vivo y a
todo color. Tenemos una relación aceptable. Sabe mucho de futbol y posee una memoria privilegiada.

Ricardo La Volpe
(1952)

En TV Azteca apoyamos mucho a Ricardo La Volpe cuando estaba peleando por ser entrenador de la Selección Mexicana en 2004, con miras al Mundial de Alemania de 2006. En ese tiempo estaba el debate de si traían a Carlos Bianchi, pero finalmente quedó La Volpe, quien llevó a una gran Selección a la Copa Confederaciones de 2005. Estaban Jared Borgetti, Rafa Márquez y Omar Bravo, aunque con la notable ausencia de Cuauhtémoc Blanco. Ya en el Mundial, bajó el rendimiento del equipo, se sufrió para llegar a la ronda de finales y fuimos eliminados por Argentina. La Volpe es un técnico que sabe mucho de futbol, aunque, desde mi punto de vista, le hicieron falta variantes, pues llegó el momento en que su esquema de 5-3-2, con dos carrileros, se volvió predecible y poco funcional.

Raúl Ramírez
(1953)

En la década de los años setenta y ochenta, seguimos muy de cerca la carrera de Raúl Ramírez. Era un muy buen tenista, diferente a los de ahora, aunque no a la altura de Nadal, de Djokovic o de Federer. Nunca ganó un Grand Slam, pero sí ganó en dobles, modalidad en la que hizo una gran pareja con Brian Gottfried. Y fueron campeones mundiales. Recuerdo un partido muy apretado de Copa Davis en 1976, que se disputó en el Deportivo Chapultepec entre Jimmy Connors y Raúl Ramírez. Las luces del inmueble eran tan malas que, cuando comenzó a oscurecer, todo se veía sombrío, por lo que el juego se tuvo que suspender y se retomó al día siguiente. El lunes por la mañana, Raúl Ramírez venció a Connors, quien, del coraje, rompió la raqueta al golpearla contra un poste. Raúl Ramírez llegó a estar en el top 10 mundial, en una época en que la tabla la dominaban Jimmy Connors, John McEnroe, Guillermo Vilas y Stan Smith.

Ricardo Ferreti
(1954)

Ricardo Ferretti es uno de los técnicos más ganadores que han venido a México. El Tuca jugaba de extremo derecho en Botafogo, donde es una de las figuras históricas. Cuando fuimos al Mundial de Brasil de 2014, tuve la oportunidad de visitar la academia del Botafogo, en Río de Janeiro, donde hay una foto de sus grandes figuras, y ahí aparece Ferretti. Botafogo es célebre por ser semillero de jugadores fantásticos, como Garrincha y Didi. El Tuca llegó en 1977 al Atlas de Guadalajara en momentos en que los rojinegros luchaban por no descender. Al año siguiente fichó con Pumas y ahí comenzó a construir su leyenda. Recuerdo con emoción el gol que le hizo al América en la final de la temporada 1990-1991, un cañonazo desde fuera del área que dejó sin oportunidad al portero Adrián Chávez. Ese día bajé al vestidor de Pumas a platicar con él. Estaba emocionado, empapado en lágrimas, y me dijo: "Con este gol y con este título, me retiro. Se acabó". Y después fue técnico. Con Pumas fue campeón, con Chivas fue campeón. Y con Tigres fue multicampeón. Ganó títulos y títulos. Ahora está incursionando en la comunicación y es comentarista de ESPN.

Ricardo Salinas Pliego
(1955)

Ricardo Salinas tiene una forma muy especial de ver la vida y es muy hábil para los negocios. Siempre lo dije: fue el que más rápido entendió la televisión como negocio. Yo le preguntaba: "¿Qué prefieres: *rating* o dinero?". Sin dudarlo, decía: "Dinero. Trabajamos por el dinero". Es un financiero de pies a cabeza. Salinas sabe que Elektra le deja dinero, que Azteca le deja dinero, que el Banco Azteca le deja dinero. Tiene tiendas Elektra por todo México y vende a crédito. Compras un refrigerador, y si a los tres meses dejas de pagar, te caen y te dicen: "Paga o nos lo llevamos". Si no hay respuesta, se llevan el refrigerador y lo trasladan a una planta donde lo reacondicionan y lo vuelven a vender como nuevo. No le pierden nada. Grupo Salinas debe tener unas 2 mil 500 tiendas Elektra en todo el territorio nacional, y ahí está metido el Banco Azteca.

El Banco Azteca tenía un contrato con Western Union, la empresa que domina los servicios para el envío de remesas desde Estados Unidos. Era un negocio redondo, porque al mismo tiempo que las madres de familia recibían sus recursos, en Elektra se les decía: "Señora, le tenemos una lavadora preciosa, un refri maravilloso".

Jorge Valdano
(1955)

Valdano es un sabio del futbol, al estilo de César Luis Menotti. Valdano fue campeón del mundo en México 1986, después se va a España y juega con el Real Madrid, donde también fue campeón. Después, se hace técnico del Tenerife y le quita dos ligas al Madrid. Y no porque el Tenerife estuviera disputando la cima, sino porque les ganó a los merengues en momentos en que estos necesitaban los tres puntos para coronarse. Sin embargo, su buen desempeño lo llevó a ser entrenador y director deportivo del propio Madrid, etapa en la que consiguió más campeonatos. Cuando se aleja del futbol, se dedica a escribir y a dar conferencias magistrales; Valdano sabe mucho de futbol porque tiene la mezcla del juego sudamericano y del europeo. Nosotros lo llevamos a los mundiales, sabiendo que tenía una buena relación con Menotti, y formaban una dupla excepcional. Daban cátedra.

Arturo Brizio
(1956)

Me parece que ha sido uno de los mejores árbitros que ha tenido el futbol mexicano. Honesto, directo, sincero. Es de la vieja escuela, pero eso no le quita que sea un gran analista del arbitraje. Ve con mucha claridad lo que algunos no vemos, como la interpretación del reglamento, el criterio de los silbantes y la intencionalidad de los jugadores. Fue un gran árbitro, al igual que Edgardo Codesal y Bonifacio Núñez. El primero tenía una gran personalidad, hijo de un árbitro internacional de origen uruguayo. El segundo era carismático y tenía fama de correr hacia atrás, tan rápido como lo hacía para adelante, lo que llamaba mucho la atención.

Roberto Gómez Junco
(1956)

Gómez Junco es un sabio del futbol. Jugó en varios equipos de la Primera División y sabe diseccionar los partidos. Se extiende mucho en los comentarios, pero analiza muy bien los encuentros. Es un tipo preparado y tiene cultura. Tiene una esposa y unos hijos maravillosos.

Hugo Sánchez
(1958)

Yo tuve la oportunidad de narrar muchos partidos de Hugo Sánchez cuando era delantero del club Universidad. Llegó a ser campeón de goleo, junto con Cabinho, en la temporada 1978-1979, ambos con 26 goles. Poco tiempo después fue prestado al Atlético de Madrid, equipo que a los tres meses ya lo quería devolver, porque el presidente de esa institución, en aquel entonces Alfonso Cabeza, estaba medio loco y tomaba decisiones arrebatadas. Hugo empezó a meter goles y durante los cuatro años que estuvo en el equipo colchonero llegó a ser campeón de Copa y campeón goleador. En 1985 apareció Ramón Mendoza, presidente del Real Madrid, y se llevó a Hugo. Fue su mejor etapa, brilló intensamente; cuatro veces pichichi en el Real Madrid. Muchas veces lo critiqué porque llegaba a México con una actitud extremadamente arrogante. En conferencias de prensa, cuando se le preguntaba: ¿qué es el Real Madrid?, él solía responder: "El Real Madrid es Hugo Sánchez". Se olvidaba de que sus compañeros, como Emilio Butragueño, Míchel, Martín Vázquez, jugaban mucho para él.

A pesar de ser un goleador en España, no lució con la Selección Mexicana, porque no jugaba los partidos amistosos y a veces ni los hexagonales, dado que en aquel entonces no se utilizaba mucho convocar a los que estaban fuera de México.

Pese a todo, Hugo era espectacular en el área. En el duelo uno a uno no pasaba, pero en el área era un acróbata, remataba de cabeza, le pegaba con la izquierda, metía goles con la derecha, remataba de chilena, y triunfó en el Real Madrid. Fue un jugador que metió más de 200 goles con el cuadro merengue y ahí queda su historia.

Javier Aguirre
(1958)

Javier Aguirre forjó su carrera en el América y llegó a ser pilar de la Selección Nacional en el Mundial de 1986. Poco después de esa copa, el Vasco se fue a jugar a España para probar suerte en el Osasuna de Pamplona. Algunos meses después de su debut, durante un partido con la Real Sociedad, Aguirre chocó con el portero y se rompió la tibia y el peroné. En ese momento se retiró temporalmente, pero ya jamás recuperaría su mejor nivel. Al poco tiempo, se volvió entrenador y desde entonces ha dirigido muchos equipos en México y el extranjero. A la Selección Nacional la dirigió en el Mundial de 2002, con un pésimo resultado. En octavos de final, México enfrentó a Estados Unidos en esa Copa del Mundo y perdió 2-0. No le gusta recordarlo, pero fue un duro golpe para el futbol mexicano.

Ocho años después, en el Mundial de Sudáfrica 2010, volvió como timonel y México quedó eliminado en octavos de final. En 2026 tendrá su tercera oportunidad. Hay quienes piensan que la Selección Mexicana va a llegar hasta semifinales, lo cual es una locura. Aguirre se acostumbró a jugar como lo hacía en España, donde se dedicó a salvar equipos del descenso, era un bombero. El último equipo que rescató fue el Mallorca, por eso el estilo de juego en la Selección Nacional es como Mallorca: pases largos al área enemiga en espera de un gol y luego a defenderse.

Earvin "Magic" Johnson
(1959)

El "Magic" Johnson es un personaje legendario. Despegó como figura internacional en los Juegos Olímpicos de Barcelona de 1992, cuando, por primera vez, se permitió la participación de jugadores profesionales, lo que dio lugar al Dream Team, el equipo que reunió a las principales figuras de la NBA. El equipo estadounidense se hospedaba en el centro de Barcelona y cuando salían a las calles se generaba todo un alboroto, pues literalmente era un desfile de gigantes: "Magic" Johnson, Larry Bird, Michael Jordan, Charles Barkley, Patrick Ewing, Scottie Pippen, John Stockton, Karl Malone, Clyde Drexler... En Europa, el basquetbol tiene muchos fanáticos, principalmente en Italia, Croacia, Serbia y España. Recuerdo que el día de la final entre Estados Unidos y Croacia había filas kilométricas para ir a verlos; los españoles se volvían locos cada vez que alguna estrella del Dream Team sumía la pelota en la canasta.

Francisco Javier González
(1959)

Francisco González es un tipo poco comprometido, pero tiene talento. En plenos Juegos Olímpicos de Sídney de 2000 lo veía desconcentrado durante la conducción, pues era pareja mía en *Los Protagonistas*. Le pregunté: "¿Por qué estás tan distraído?". Entonces, me presentó a Juan Carlos Rodríguez, con quien estaba armando un proyecto para W Radio. Regresando de la cobertura, le pedí que hablara con claridad.

—Tienes que decidirte: TV Azteca o Televisa —le dije.

—Pues me decido por la radio —contestó sin pensarlo mucho.

—Ah, bueno. Pues adelante. Me di cuenta en Australia de que lo estabas preparando todo. Lo lamento, porque perdiste una buena oportunidad. No brillaste para nada en los Juegos Olímpicos.

Pero Francisco Javier no se fue solo a W Radio. Ciro Procuna, Antonio Moreno y Alfredo Ruiz, entre otros, se fueron con él. Le dije: "Tarde o temprano vas a terminar trabajando para Televisa". El tiempo me dio la razón.

Toño de Valdés
(1960)

Mi admiración y mi respeto para Antonio de Valdés, por el tiempo que ha durado en Televisa, por su compromiso con la empresa, por su lealtad al beisbol y porque tiene una gran cualidad: nunca se mete en un problema. No hay polémicas para él. Toño de Valdés es un hombre cuyo compromiso es hablar de los temas que conoce. Y lo hace muy bien.

Fernando Valenzuela
(1960–2024)

Fernando Valenzuela es un histórico de los Dodgers, un personaje irrepetible, el mejor beisbolista que ha tenido México en Estados Unidos. Los Dodgers le hicieron todo un homenaje el día de su fallecimiento; la afición de Los Ángeles lo quería mucho. Tenía un *screwball* espectacular y con su poderoso brazo izquierdo ponchó a cualquier cantidad de bateadores. Tuvo una carrera brillante y por muchas décadas se recordará al número 34 de los Dodgers.

Ayrton Senna da Silva
(1960-1994)

En mayo de 1988, la tercera vez que Ayrton Senna da Silva vino al Gran Premio de México, tuve oportunidad de entrevistar al piloto brasileño. José Antonio Álvarez Lima, quien era el director general de la televisora, me llamó un día a su oficina y me dijo: "Te conseguí una entrevista con Ayrton Senna; te va a dar 10 minutos nada más". Senna era un tipo muy serio, callado y metódico. Eso lo pude notar por el orden extremo que mantenía en su oficina en México. Al tenerlo enfrente, le pregunté:

—¿Quieres la entrevista en español o en inglés?

—No, en portugués.

—Perdón, yo no hablo portugués…

—Pero yo sí lo hablo.

—Bueno, ¿qué te parece que sea en portuñol?

—¿Qué es portuñol?

—Una mezcla de portugués y de español.

—Está bien.

Conforme avanzaba la entrevista, el piloto se fue soltando un poco para hablar en español; era un tipo enigmático y con una personalidad un tanto imperativa.

—¿Tú eres amigo del dueño de la Fórmula 1 en México? —me preguntó.

—No somos amigos, pero lo conozco bien —le respondí.

—Dile, por lo que más quiera, que quite la curva peraltada. ¡Es peligrosísima!

Ese año, Senna estuvo a punto de perder el control en la peraltada, al igual que otros bólidos como el británico Nigel Mansell. "Tienen que quitarla, si no yo no vuelvo a este Gran Premio", me insistía el brasileño en la entrevista. Pero no fue hasta 2015 cuando finalmente quitaron esa famosa curva que le daba distinción al Autódromo Hermanos Rodríguez.

Yo me acuerdo de que en la primavera de 1994 las carreras del Gran Premio de San Marino de Fórmula 1 se transmitían a través de los servicios de paga a las seis de la mañana en México, un horario muy incómodo para el público, por lo que las repetíamos a las ocho para que la gente pudiera seguirlas en un horario más accesible. El 1 de mayo de ese año, mientras me alistaba para salir al canal, encendí el televisor para ver las competencias y ahí me enteré del terrible accidente en que murió Senna da Silva, al tomar la llamada curva Tamburello. Las noticias en aquel momento no corrían de manera inmediata como lo hacen hoy a través de las redes sociales, por lo que de pronto me vi en un dilema: dar a conocer la terrible noticia al llegar al canal de televisión o fingir que no sabía nada y narrar la carrera como si todo fuera en vivo.

La narración de la Fórmula 1 la hacía en mancuerna con Marco Tolama, un comentarista que ha dedicado su vida al automovilismo. Cuando llegó Tolama al estudio, le dije:

—Te tengo una noticia.

—¿Qué pasó?

—Senna tuvo un accidente muy grave.

—No me digas.

—Sí, chocó en la curva Tamburello.

—¿Y está muerto?

—Tiene muy pocas posibilidades de sobrevivir.

Poco antes de comenzar la transmisión, llegaron cables de agencias informativas confirmando que el piloto brasileño había llegado sin vida al hospital de Italia al que fue trasladado.

Estábamos a punto de entrar al aire con la transmisión de la carrera, cuando Tolama me aconseja: "Debes tener mucho cuidado de no anunciar la muerte al principio. Ve con calma. Narra la carrera, como una ordinaria. Elogia mucho a Senna y, finalmente, ya todos verán el trágico accidente". Me acuerdo de que a Tolama se le salieron las lágrimas, porque él era admirador del piloto paulista.

Víctor Trujillo
(1961)

Víctor Trujillo es un amigo entrañable. Últimamente lo he dejado de ver, pero tenemos recuerdos de mil batallas juntos. En 2000, decidió irse a Televisa. Encabezó un noticiario que tuvo mucho éxito. Después se salió y ahora está en Latinus, con Carlos Loret de Mola. Tiene un estilo de comedia muy diferente al de Andrés Bustamante, más político, más ácido, más frontal. Luché mucho para que se quedara en Azteca, pero me dijo: "Me ofrecen un mejor sueldo y me dejarán hacer un noticiario diario; aquí no quieren hacerlo". Víctor quería un programa donde pudiera hablar de política y explayar su espíritu crítico.

Juan Carlos Osorio
(1961)

Al colombiano Juan Carlos Osorio lo conocí más de cerca cuando llegó a ESPN como comentarista. Es un tipo que le fascinaba hacer cambios en sus alineaciones. Le gustaba experimentar con la rotación de jugadores, a veces le funcionaba, pero otras parecía que andaba sin brújula, como pasó en aquel desastroso 7-0 que Chile le metió a México en la Copa América de 2016. Para la cobertura del Mundial de Qatar de 2022, nosotros teníamos un programa nocturno llamado *Futbol Picante* en el que participaba Osorio. Como los estadios estaban muy cerca unos de otros, el colombiano se dio el lujo de ir a 28 partidos. Todo un récord. Llegaba barriendo al programa, pero eso sí, empapado de futbol. Osorio se fogueó en Inglaterra, entre 2001 y 2006, donde fue preparador físico y asistente técnico del Manchester City.

Ben Johnson
(1961)

En los Juegos Olímpicos de Seúl narramos la final de la prueba de 100 metros, en la que Ben Johnson, jamaiquino naturalizado canadiense, había impuesto un nuevo récord mundial, al registrar 9.79 segundos. En esa competencia también corrió Carl Lewis, la gran figura de Estados Unidos, quien había quedado en segundo lugar con 9.92 segundos. Aquel 24 de septiembre de 1988 nos fuimos a dormir con la idea de que teníamos a un nuevo rey de la velocidad. Sin embargo, al día siguiente muy temprano sonaron las alarmas; me llamaron por teléfono para informarme que habían descalificado a Ben Johnson por usar sustancias prohibidas que aumentan la masa muscular y elevan el rendimiento físico. Nos movimos rápido al aeropuerto de Seúl para ver la huida de Johnson, quien de inmediato admitió su culpa y fue despojado de su título, por lo que la medalla de oro fue a parar al cuello de Lewis. En esos Juegos, el estadounidense ganó el oro en 100 metros y en salto de longitud; era un corredor del estilo de Usain Bolt, con piernas largas y enorme potencia.

Enrique Garay
(1963)

Enrique Garay trabajó mucho tiempo junto con Pepe Espinosa y Joaquín Castillo, que había sido *quarterback* de los Pumas de la Universidad, y formaron un trío muy bueno para narrar el futbol americano. Garay era muy estudioso, Pepe Espinosa sabía muchísimo y Joaquín había jugado futbol americano en México y conocía a fondo ese deporte. Fuimos de los primeros en traer el futbol americano a México. En 1973 comenzamos a transmitir los partidos de los Dallas Cowboys, con lo que se forjó en el país una cultura sobre el deporte de las tacleadas.

Mercedes García Ocejo
(1962)

Uno de los valores que siempre traté de transmitir en los equipos de trabajo que me tocó dirigir es respetar mucho a las mujeres. Ahora que la mujer se ha integrado tanto a los medios de comunicación y que existen tantos riesgos por todos lados, es necesario insistir en que la mujer debe desarrollarse en espacios libres de violencia.

Hoy se habla más de equidad de género, pero hace apenas un par de décadas no había calado tanto ese mensaje. En esta ocasión, quiero hacer un agradecimiento muy especial a una mujer que combina belleza, profesionalismo e inteligencia: Mercedes García Ocejo, quien hacía los reportajes sobre cultura, arte y estilos de vida durante los mundiales y los Juegos Olímpicos.

Los reportajes en Francia 98 fueron maravillosos, los de Sídney 2000 también fueron impresionantes. Muy bien hechos, con un gran profesionalismo y con un conocimiento profundo de la cultura y las expresiones artísticas. Gracias a ella, la gente que seguía nuestras coberturas no solo se enteró de marcadores y hazañas deportivas, también conoció la arquitectura, la moda, las tradiciones y la forma de ser de los habitantes de las ciudades que visitábamos. Estoy muy agradecido con ella y con todos los que han trabajado conmigo. Todos hicieron su esfuerzo. Y todos siguieron su camino, a nadie se le pusieron obstáculos.

Julio César Chávez
(1962)

Julio César Chávez es el mejor boxeador que ha dado México en categorías de peso peso ligero y peso welter. Boxeador de gran inteligencia, muy técnico, rápido, noqueador. Un ídolo. Tuvo problemas muy fuertes con las drogas, pero salió adelante, lo cual es un ejemplo de lucha contra los vicios. Julio César peleó con los mejores de su categoría y es el mejor boxeador que ha dado México, por encima de cualquiera.

Michael Jordan
(1963)

Nunca lo vi jugar en la duela, pero lo veía mucho por televisión. Lamentablemente, no se dio la oportunidad de que viniera a México. Lo vi jugar en los Olímpicos de España, en Barcelona. Era la gran estrella del equipo, aunque Magic Johnson y Larry Bird eran los más famosos. Michael Jordan era un joven frente a Charles Barkley y algunos más. Tenía una gran capacidad para sostenerse en el aire y encestar. Era un líder, fuerte y muy inteligente. Llevó a la gloria a los Toros de Chicago. Para mi gusto, es el basquetbolista más completo de todos los tiempos. Hay jugadores que marcaron diversas épocas, como Shaquille O'Neal, LeBron James, Luka Doncic y Stephen Curry, pero Jordan cumplía todo lo que ellos hacen. Jordan botaba, pasaba, tiraba, se metía, tiraba de lejos, encestaba de las esquinas, del centro, de todos lados. Era un fuera de serie, no pisaba en la duela, volaba sobre la duela.

Carlos Hermosillo
(1964)

Lo traté poco como futbolista, pero lo entrevisté en algunas ocasiones cuando estuvo al frente de la Comisión Nacional de Cultura Física y Deporte (Conade). Es un exfutbolista engreído y eso lo podemos percibir en su faceta como comentarista. Los exfutbolistas y los exentrenadores se han adueñado de todas las mesas del debate de la televisión mexicana. ¿Por qué? Porque ven en el Mundial de Futbol un botín: buscan que se les pague mejor, obtener algún puesto, que la FIFA los traiga para arriba y para abajo, como trae a jugadores internacionalmente conocidos, como Roberto Carlos, Marcelo, Del Piero, Andrea Pirlo, jugadores de mucha categoría.

Jorge Campos
(1966)

A diferencia de Cuauhtémoc Blanco, Jorge Campos sí llegó a ser ídolo de la afición mexicana. Sin ser un portero alto ni corpulento, como puede ser el belga Thibaut Courtois, Campos llegó a ser un fuera de serie. Era bajito, pero muy ágil y fuerte de piernas. Sus suéteres con colores extravagantes llamaron mucho la atención y se convirtieron en su emblema. Fue un gran arquero y era un buen jugador de campo. Los delanteros se enojaban cuando Miguel Mejía Barón lo ponía a jugar en los Pumas, donde llegó a marcar 14 goles en una temporada. No es un tipo extrovertido, es más bien tímido, y eso se nota durante las transmisiones en que acompaña a Luis García y Christian Martinoli, en las que habla poco. Pero en el terreno de juego era un portero diferente, jugaba muy bien por arriba, era seguro de manos y achicaba bien los ángulos frente a los delanteros. Tuvo épocas memorables con Pumas y con la Selección Nacional. Fue y sigue siendo un ídolo.

Pablo Hermoso de Mendoza
(1966)

Pablo Hermoso de Mendoza es un rejoneador que revolucionó el arte en el ruedo. Era un maestro en la doma del caballo y un artista al enfrentar a los toros. Tenía una cuadra de caballos que era una mezcla de razas de origen portugués, español y árabe. Recuerdo que un día me invitó a una hacienda que compró en México, donde había una alberca para que nadaran los animales, pues necesitan una alimentación muy específica y tratamientos especiales.

Aquella vez me permitió montar un caballo blanco gigantesco, pero de inmediato le pedí que me bajara, pues mis pies no alcanzaban los estribos. Pablo Hermoso me dijo: "Mejor agárrate fuerte, porque va a querer olerte y se va a mover bruscamente". Y así fue, aquel caballazo dio un reparo y casi me tira al suelo. Hermoso de Mendoza tenía un caballo espectacular que se llamaba Cagancho, negro azabache, al que le brillaba no solo el pelo, sino incluso la piel; fue el animal más famoso que ha tenido el rejoneo. Pablo me contó que se lo compró a un rejoneador portugués que lo tenía abandonado en un establo. "Es muy rebelde, no me gusta", decía el dueño, por lo que no hubo problema para que se lo vendiera al español.

Al cabo de unos meses, esa bestia indomable se convirtió en un virtuoso para enfrentar a los toros. Ha sido de los pocos caballos capaces de dar una vuelta completa al ruedo corriendo a toda velocidad de manera lateral, sin dar la espalda al toro que lo persigue, lo que da todas las facilidades al jinete para picar al toro. Además, Cagancho era capaz de parar en seco y darle un pase de pecho al astado. Hacía maravillas.

David Faitelson
(1968)

El año 2024 fue muy desgastante porque, al mismo tiempo que colaboraba en ESPN, David Faitelson empezó a hacer el programa *Tercer Grado Deportivo* de Televisa, con Denise Maerker, Javier Alarcón, Alberto Lati, André Marín y otros. Esa acción no solo implicaba una deslealtad con la empresa que lo había contratado primero, sino que Faitelson tenía el descaro de llevar a *Futbol Picante* la agenda de la competencia.

Javier Alarcón me platicó que fue muy difícil grabar el programa *Tercer Grado*, porque Marín no podía respirar bien y a cada rato tenían que interrumpir la grabación para que se pusiera el oxígeno. Marín estaba muy mal de salud y fue una crueldad hacerlo trabajar en esas condiciones. Le fallaban los riñones y los pulmones, y había quedado en malas condiciones después de la pandemia de covid-19. Marín llegó a estar intubado; sin embargo, tenía mucha pasión por el trabajo y era feliz yendo al programa.

Cuando comenzó la transmisión de *Tercer Grado*, le pregunté a Faitelson: "¿En cuántos programas vas a estar?". Y me respondió: "Cuatro programas nada más". Con el tiempo se comprobó que iban a ser más programas y que en realidad lo que quería era irse a Televisa. Él llevaba la agenda de Televisa al programa *Picante*. En las mesas de ESPN nos decía: "Ojo, porque va a venir un comisionado, Juan Carlos Rodríguez, que va a revolucionar el futbol

",

mexicano". Yo lo cuestionaba: "Ah, ¿sí? ¿Y cómo lo sabes? ¿Te lo dijeron en Televisa?". Yo no era el único que se daba cuenta de la "doble cachucha" de Faitelson, por lo que comenzó a despertar muchas suspicacias, mismas que se reflejaban en las mesas de debate. Faitelson estuvo a punto de agarrarse a golpes con Paco Gabriel de Anda y con el Chelís, quienes le hicieron ver su conflicto de intereses. Otro comentarista, Juan Carlos Gabriel de Anda, lo llegó a llamar "cerdo del micrófono".

Los engaños y deslealtades de Faitelson me quedaron claros un día que llegó a mi oficina un tal Miguel Ángel Arizpe, presentándose como el nuevo director de Cancha, la sección deportiva del diario *Reforma*, medio en el que llevaba más de 27 años publicando dos columnas por semana. Antes de dejarlo hablar, le platiqué que cuando surgió el periódico, en noviembre de 1993, yo fui de las personas que salió a las calles a vender ejemplares, luego de que no se alcanzara un acuerdo con el gremio de los voceadores para distribuir el nuevo rotativo. Le conté además que esa labor de reparto me costó varias mentadas de madre de parte de los aficionados al América.

Después de contarle mi trabajo de casi tres décadas en *Reforma*, Arizpe me dijo: "Pues tengo órdenes de la dirección general de que ganas mucho y te vamos a bajar el sueldo". De inmediato le pregunté: "¿Después de 27 años, me van a bajar el sueldo?". El emisario me dijo que Ernesto López, antiguo director de la sección deportiva, me tenía muy consentido, pero que eso se había acabado. Yo le dejé en claro que no era un acto de consentimiento, sino que era el pago que merecía por el trabajo que desempeñaba. Fue una discusión fuerte. Al notar la altanería de Arizpe, le dije que hablaría con los directivos del periódico para conocer las razones de la sanción. Acto seguido le pedí que saliera de mi oficina porque, de lo contrario, llamaría a seguridad. "Te vas a salir porque no te quiero ver más. Y si no es por las buenas, entonces van a venir por ti para llevarte fuera".

A los tres días, hablé con los directivos de *Reforma* para anunciarles mi renuncia. Dos días después, apareció en Cancha un promocional en el que Arizpe anunciaba la nueva columna de Faitelson, a quien describe como el mejor periodista de México. ¡De ese tamaño! Al parecer, todo estaba preparado. Se lo reclamé personalmente a David, pero nunca lo admitió. A partir de entonces, la relación se fue deteriorando, hasta que vino su salida de ESPN. Yo lo despedí en el programa *Futbol Picante*, le deseé suerte y al aire le pregunté por qué si alguna vez había dicho que "jamás" trabajaría para Televisa, se estaba yendo con ellos. En esa misma transmisión, dijo que yo había sido "como un padre" para él y reconoció públicamente que, en cuestión de periodismo, yo había sido un "maestro". No obstante, a los pocos días de la despedida, lo primero que hizo fue recorrer todos los espacios de entrevistas en Televisa para hablar mal de mí, poner en duda mi trabajo y mi honorabilidad. Por eso lo llamé "sicario", porque estaba claro que lo hacía por órdenes y por el sueldo que le pagan en Televisa.

El historial de Faitelson también tiene páginas vergonzantes. Una de ellas ocurrió en el año 2000, cuando TV Azteca tenía un programa llamado *La Polaka*, que se hacía con peluches que personificaban a políticos, artistas, deportistas y demás figuras públicas. Era un programa muy simpático y muy visto en aquellos días. Yo no lo vi directamente, pero algunos testigos presenciales me contaron que en el grupo de los realizadores había una chica que, en ciertos momentos de relajo, le daba por subirse a las mesas y bailar. Todo hubiera quedado en ratos de juego y destrampe, de no ser porque en una ocasión Faitelson tocó de manera inapropiada a la chica. Quienes estuvieron presentes me contaron que el propio Faitelson ordenó cerrar las puertas de aquella oficina para que lo sucedido no trascendiera, pero él no contaba con que quedarían pruebas gráficas de ese momento bochornoso. Cierta mañana, cuando salí a recoger los periódicos y la correspondencia, me encontré un sobre que tenía una leyenda escrita a máquina: "Señor José Ramón Fernández, le envío estas dos fotos". Una imagen está borrosa y está tomada de lejos, pero la segunda es más nítida y se puede apreciar perfectamente el abuso. Son fotografías lamentables, muy sucias, que nunca daré a conocer y jamás utilizaré para destrozar familias.

Otro día, mientras yo estaba en Miami grabando unos comerciales, Faitelson me mandó un mail en el que me decía que me invitaba a comer en las instalaciones del periódico *Reforma* y que hablaríamos con el cuerpo directivo. Pensé que se trataría de alguna propuesta de colaboración y decidí acudir a la cita. Tenía pocos minutos de haber llegado, cuando se me acercó un maquillista para aplicarme polvo y quitarme el brillo de la cara. Sin saber exactamente de qué se trataba, vi que llegaban iluminadores y camarógrafos para poner en funcionamiento un pequeño set. Poco después llegó Faitelson y me dijo que estaban poniendo en marcha un nuevo programa de televisión... ¡en el que yo iba a ser el entrevistado! A base de engaños y sin importar los desencuentros que habíamos tenido, me llevó a una cita para hablar de mi trayectoria, de las coberturas que habíamos hecho juntos y hasta de mi familia. Al llegar a mi casa, me puse a reflexionar sobre las intenciones de Faitelson y de lo lejos que había llegado al querer utilizarme. Entonces llamé a *Reforma* y les dije: "Tengo una pena enorme, pero si ustedes publican la entrevista, los demando". Les reenvié el correo de Faitelson, en el que se hacía una cita de trabajo y en ningún momento se hablaba de una entrevista. David me llamó para preguntarme sobre mi reacción. Le dije: "Es la última vez que hablo contigo". Y le colgué.

Desde entonces se ha dedicado a decir locuras e incongruencias sobre mi persona, entre ellas mi supuesta adicción a la cocaína. Pero todo tiene una explicación. Previo al Mundial de Alemania 2006, había una gran tensión en el área de Deportes de TV Azteca.

Faitelson y Marín libraban una pelea a muerte para quedarse con mi puesto. Por otra parte, el director ejecutivo de la televisora, Mario San Román, estaba bloqueando mi trabajo; había corrido a la directora administrativa, que llevaba muchos años conmigo en la coordinación de eventos, y despidieron también al equipo que se encargaba de montar las escenografías. Había mucho estrés, lo que me orilló a tomar medicamentos: me dolía mucho la cabeza y tomaba pastillas; no podía dormir y tomaba pastillas; tenía dolores estomacales y volvía a tomar pastillas. En ese entonces, no faltó quien me ofreciera probar la cocaína para calmar la ansiedad. La probé, no me funcionó y la dejé. Fue en este contexto que Ricardo Salinas me dijo: "No te ves nada bien, ¿por qué no te vas a descansar unos días?". Le dije que conocía a un médico muy bueno en España y me fui a aquel país por ocho días. Me explicaron que no era sano tomar tantos fármacos y me dieron un tratamiento especial para recuperar la salud y mejorar mis hábitos. Estuve tres o cuatro días en la clínica, me fui a pasear por España y regresé. De ahí es de donde Faitelson saca que Ricardo Salinas me corrió. Es mentira. Al contrario, me liquidó conforme a la ley.

Después vino mi salida del área de Deportes, mi reubicación en las oficinas de Unefon y el proyecto del programa *Joserra Presenta*, el cual duró menos de un año. Después de reconocer que ya no tenía nada que hacer en TV Azteca, se dio la oportunidad de ingresar a ESPN y renuncié. Yo tenía una relación directa con Salinas, y cuando le dije a dónde me iba, me dijo: "¿Qué vas a hacer en ESPN, si es una chingaderita de este tamaño?". Le argumenté: "Me voy porque lo mío es el deporte y aquí no me dejan hacer nada sobre deportes".

Miguel "el Piojo" Herrera
(1968)

Controvertido. Pésimo jugador. Peleonero, altanero en algunas ocasiones, pero buen entrenador. Hizo campeón al América en un par de ocasiones. Es memorable aquella final de 2013 contra Cruz Azul en la que el América, con un marcador en contra, con 10 jugadores y con un dramático remate de cabeza de último momento por parte del portero Moisés Muñoz, logra llevar el juego a los penales. Al final, la lluvia pertinaz y los errores de Cruz Azul permiten el encumbramiento del "Piojo" Herrera. Dirigió la Selección Nacional en el Mundial de Brasil de 2014; le ganó a Croacia, a Camerún y empató con Brasil, lo que posibilitó el pase a la siguiente ronda. En los octavos de final, México encaró a Holanda, en un juego cerrado y de llegadas en ambas porterías. El juego iba empatado a un gol, cuando vino la polémica falta de Rafa Márquez sobre Arjen Robben; Holanda clava el penal y gana el partido, a pesar del delirio de los mexicanos, que siempre estamos pensando que vamos a ser campeones del mundo y no pasamos de octavos de final.

Emilio Azcárraga Jean
(1968)

Emilio Azcárraga Jean es un empresario con personalidad y bien preparado. Cuida mucho sus discursos y es articulado al hablar. No es muy emotivo, es un tipo frío. Es egresado del Tecnológico de Monterrey y tiene estudios de posgrado en universidades de Estados Unidos. Azcárraga hereda Televisa, un consorcio muy grande, y pelea mucho con los primos Diez Barroso y Burillo para quedarse con el liderazgo del emporio. Cuando muere Emilio Azcárraga Milmo, el negocio se tambalea financieramente y entra al rescate Carlos Slim, quien le arregla todas las finanzas a Televisa, incluso le presta dinero para que tengan más posibilidades de modernizarse y explorar nuevas oportunidades de negocio. A diferencia de Ricardo Salinas Pliego, Azcárraga es más cercano a la gente, a sus empleados, aunque el surgimiento de las plataformas digitales y el *streaming* lo ha puesto contra las cuerdas y ha tenido que recortar mucho personal en Univision y en Televisa.

Cuando Joseph Blatter va a la cárcel por el famoso FIFA *Gate*, se ven involucradas muchas personas que son detenidas por sobornos para obtener derechos de transmisión y favorecer a ciertos países en la selección de sedes de los mundiales. Lo que detona la investigación es la decisión de dar el Mundial de 2022 a Qatar, cuando ese torneo le pertenecía a Estados Unidos. La justicia de ese país decide entonces investigar a los altos mandos de la FIFA y empieza a perseguir a presidentes de las diversas federaciones de futbol, a dirigentes de la Conmebol, al presidente de la Federación Argentina, Julio Grondona, que era un capo mayor; al de Trinidad y Tobago, Jack Warner, y a Chuck Blazer, un dirigente de futbol estadounidense que vivía en el edificio Trump de Nueva York. Yo lo fui a entrevistar una vez a su oficina que estaba en el piso 32, un departamento impresionante. Era el secretario de la Concacaf y, después de su detención, se le declara testigo protegido. Blazer empieza a soltar nombres y nombres sobre los enjuagues en la FIFA. Nosotros estábamos esperando que, en cualquier momento, agarraran a alguien de Televisa. Era lógico.

Emilio Azcárraga Jean es un apasionado del futbol. A diferencia de Ricardo Salinas, le gusta ir a los estadios. En el Mundial de Estados Unidos de 1994, Salinas nos visitó en Dallas y yo aparté boletos para él y para Moisés Saba, su socio, para el Holanda-Brasil, que ganan los sudamericanos 3-2, con goles de Romario, Bebeto y Branco. Fue un gran juego, pero ellos eran indiferentes a toda la euforia que se vivía en el estadio. Jamás volvieron a aparecerse en un partido. En cambio, a Azcárraga lo veía más seguido en las competencias mundialistas.

Pero toda esa pasión se ha visto opacada por las sospechas de malos manejos. Azcárraga tuvo que salir de la televisora y de México cuando descubren que en la Bolsa de Valores de Nueva York había movimientos inusuales por millones de dólares. Eran para tapar lo que había hecho Televisa, que había comprado cuatro mundiales consecutivos, junto con el grupo Globo y Fox.

Emilio Azcárraga tiene que separarse del puesto de CEO de Televisa y comienza a colaborar con la investigación. Ya habían comprado el Mundial de 2030, que va a ser en España, Portugal y Marruecos, pero a base de sobornos. Es un golpe muy duro para la credibilidad de la televisora, pero lo han tapado muy bien. La prensa no le ha dado mucho juego, ni *Reforma* ni *Proceso* han querido meterse de lleno.

Los problemas se le agolpan a Televisa, porque a la par del *FIFA Gate*, está una crisis en Univision por pérdida de audiencia, además Sky Sports tiene pérdidas, Vix tiene pérdidas, IZZI va a desaparecer. No compraron el Mundial de Clubes porque Televisa quería meter al América y no pudo clasificar. Se especula que Televisa le filtró a la FIFA que al torneo habían calificado dos equipos de un mismo dueño: Pachuca y León, lo que provocó que sacaran el cuadro guanajuatense.

La gente podría pensar que yo tengo una mala relación con Emilio Azcárraga, pero todo lo contrario. A pesar de que nuestras posturas sobre el manejo del futbol mexicano son diametralmente opuestas, jamás he dicho una mala palabra sobre él, y él jamás ha dicho algo malo sobre mí. Él salvó a la OTI cuando la OTI se venía abajo. Yo hablé en un evento público y le dije frente a todos: "Todo mi respeto por haber rescatado a la organización". Azcárraga Jean siempre ha sido respetuoso conmigo. Es una persona agradable, tratable. Hace tiempo participé en un documental sobre el América y, en esa ocasión, tuve oportunidad de saludarlo. Esa vez me dijo: "El América no sería lo que es hoy sin el antiamericanismo".

Michael Schumacher
(1969)

Michael Schumacher es un piloto que dominó toda la categoría de Fórmula 1 durante siete años seguidos. Corrió en Ferrari y probó los mejores autos de su época. Como buen alemán, es un tipo serio, solo se le veía sonreír cuando ganaba alguna competencia.

Hubo una carrera en 2005 que recuerdo muy bien, cuando el joven español Fernando Alonso, a bordo de un Benetton, iba en primer lugar, y Schumacher, después de un arranque flojo, venía rebasando hasta que se encontró el Benetton. Las últimas siete vueltas del circuito de Imola, en Italia, fueron una persecución de Schumacher a Alonso. Todo el tiempo pegados.

El alemán se abría para rebasar, pero el español le cerraba el paso. Alonso hizo un carrerón y nunca lo dejó pasar, aguantó la presión de su perseguidor durante más de 15 minutos. Es increíble que, después de ser siete veces campeón del mundo, un mal día, durante unas vacaciones en 2013, Schumacher se va a esquiar con su familia a los Alpes franceses, tropieza y se golpea contra una roca, lo que provoca una hospitalización de emergencia.

Desde entonces, nunca más volvimos a saber del corredor. Su esposa decidió alejarlo de la luz pública, lo guardó y solo los médicos y los familiares pueden verlo. Tengo entendido que en su casa tiene un cuarto de hospital que tiene todo lo necesario para atenderse. Estuvo mucho tiempo en coma, pero nadie sabe si se ha recuperado. Simplemente desapareció.

Luis García
(1969)

Luis García es, para mi gusto, el analista que mejor comunica el futbol a través de la televisión en nuestro tiempo, tiene una visión más práctica del deporte y lo hace más fácil para la comprensión de la gente. Él no habla del 4-4-2, del carrilero ni de cuestiones tácticas, identifica dónde está funcionando bien un equipo y dónde presenta errores.

No tiene un lenguaje técnico, a pesar de que fue un buen futbolista. Recuerdo que una tarde me llamó a Grupo ACIR, donde hacíamos la versión radiofónica de *Los Protagonistas*; me habló casi llorando por teléfono. Me dijo que se quería regresar de España, que extrañaba a sus padres y que sentía que no encajaba allá. Le dije: "No digas eso, Luis, apenas tienes seis meses en el Atlético de Madrid. Mantente allá, es un buen equipo, estás jugando bien, estás haciendo goles".

Él me argumentaba que la adaptación estaba siendo muy difícil y que extrañaba su país. Al final se logró mantener, y del Atlético Madrid se fue a la Real Sociedad. Era una buena apuesta. Lo había fichado Benjamin Toshack y tenía grandes planes para el equipo, pero nunca se imaginó que el clima iba a jugar en su contra.

En San Sebastián, al norte de España, los campos suelen ser muy húmedos, lo que obliga a los jugadores a no rodar mucho el balón y optan por el juego aéreo. Luis García veía la pelota por arriba y no la alcanzaba nunca, eso hizo que su rendimiento bajara y marcó el final de su carrera.

José Saturnino Cardozo
(1971)

Cardoso fue un futbolista maravilloso. Paraguayo, vino a México en 1994 y se convirtió en uno de los mejores goleadores de todos los tiempos; metió 249 tantos con el Toluca. No llegó a la altura de Evanibaldo Castro "Cabinho" (delantero brasileño que hizo 312 tantos en el futbol mexicano), pero está en segundo lugar de los extranjeros con más anotaciones. Recuerdo con emoción el partido en el que Toluca le metió 6-0 al América, en el torneo Apertura 2003. Uno de los goles fue una genialidad del juego de conjunto. La anotación comenzó con una descolgada de Cardozo y de ahí viene una serie de triangulaciones magistrales entre el paraguayo, Antonio Naelson Sinha y Rafael "el Chiquis" García. Se acompañan desde media cancha con puros pases de primera intención que aturden a los defensas de América. Y es justamente Cardozo el que culmina la jugada y sella aquella masacre.

André Marín
(1972-2024)

Marín era un muchacho que empezó a trabajar desde los 14 años con nosotros. Está prohibido meter a trabajar a un chico de esa edad, pero la radio nos ayudaba a disfrazar las cosas. Durante 10 años transmitimos en Grupo ACIR y él se encargaba de llevarnos los resultados del futbol internacional. Antes de cumplir la mayoría de edad, procuramos que no hablara al aire, solo se encargaba de recopilar la información y acercarla a la mesa. Después, a sus 18 años, lo metí en TV Azteca. Quería ser protagonista en todo, y ya le tiraba al puesto de jefe; quería ser jefe y peleaba con Faitelson por la jefatura. Me da mucha tristeza que haya muerto, era muy joven, tenía 52 años. La última vez que lo vi fue en un Teletón, donde fui a pedir disculpas por haberle dicho un árbitro que tenía síndrome de Down. Fue un comentario muy desatinado, por lo que intervino el Consejo Nacional para Prevenir la Discriminación (Conapred) y me pidió que ofreciera una disculpa pública. En aquella ocasión me senté junto a Marín, pero fue muy parco.

—¿Cómo estás? —lo saludé.

—Bien —respondió.

—¿Cómo está tu hijo? Supe que estaba delicado…

—Sí, ya lo estamos tratando.

—¿Y estás bien?

—Sí.

—Te sigo a veces en Fox Sports, pero te veo muy pálido.

—Sí, tengo un problema en el pulmón.

Un día, regresando de los Juegos de Atlanta de 1996, estábamos en un centro comercial y se desmayó. Lo llevamos de urgencia a un hospital y ahí nos enteramos de que se le había desinflado un pulmón, quizá debido a que fumaba mucho y era muy bilioso.

Cierto día, durante una cena en el marco de la OTI, realizada en Río de Janeiro, me encontré a Emilio Azcárraga Jean y estuvimos platicando ampliamente. Esa vez me reveló que Marín había ido a Televisa a decirles que después del Mundial de Francia de 1998 él podía llevarse a Roberto Gómez Junco y a Emilio Fernando Alonso a Televisa. Los directivos de la competencia le dijeron a Marín que les parecía buena idea, que los tres son muy buenos narradores, pero le pusieron una condición: ármale un gran escándalo a José Ramón. Le pidieron inventar cualquier cosa: vicios, delitos, infidelidades, traiciones. Al final, Marín no se atrevió y reculó. Azcárraga tenía mucha información de lo que pasaba al interior de TV Azteca. Me advirtió que Alemania 2006 iba a ser mi último Mundial en Azteca, sabía de las pugnas internas por mi puesto, estaba al tanto de que había quienes ya no me soportaban y de que estaban ocurriendo situaciones no accidentales para precipitar mi renuncia. "Nosotros somos tu competencia, pero los verdaderos enemigos están adentro, así que cuídate", me subrayó Azcárraga esa noche en Río de Janeiro.

Odín Ciani
(1972)

Odín Ciani apareció en el periodismo deportivo a principios de los años 90 y sigue vigente. Estuvo en TV Azteca muchos años, haciendo el "color" de los partidos de futbol. En los recientes Juegos Olímpicos de París hizo un trabajo formidable, al entrevistar a todos los atletas mexicanos que ganaron medalla y haciendo reportajes, con la dificultad de no tener derechos, lo que hace la labor más cuesta arriba. Sin embargo, gracias a la presidenta del Comité Olímpico Mexicano, Marijose Alcalá, obtuvimos acreditaciones y pudimos movernos con mayor libertad.

En la vida, siempre nos encontramos a buenas personas y Odín Ciani es una de ellas: es un buen amigo y un buen consejero. Nos vemos frecuentemente en ESPN, ha ido a mi casa, yo he ido a la suya, conozco a su familia y él conoce a la mía. Es un buen hombre: derecho, honesto, trabajador y muy leal a las empresas para las que trabaja. Y recuerdo con bastante frecuencia cuando él me ayudó durante la bronca con un cubano de Televisa, mientras cubríamos los Juegos Olímpicos de Atenas; él fue quien se llevó los golpes más fuertes. Gran amigo, gran persona.

Zinedine Zidane
(1972)

Para mí, Zidane es el más legendario de los futbolistas franceses: elegante, con gran técnica para conducir el balón, espectacular al hacer las famosas "ruletas"; parecía un cisne en el campo. No se cansaba de hacer gambetas, hasta que los italianos lo sacaron de quicio en la final del Mundial de Alemania de 2006 y lo expulsaron, lo que finalmente gravitó en la derrota de Francia.

La estampa que inmortalizará a Zidane será esa volea que anotó en 2002, durante la final de la Champions League, entre Real Madrid y Bayer Leverkusen. Todos recordamos cuando Santiago Solari filtra un balón por el corredor izquierdo a Roberto Carlos, quien de primera intención mete un "globo" al área. Es hermoso ver cómo se planta Zidane en el terreno con la mirada hacia el cielo, a la espera de que baje la pelota, y cómo prepara la pierna izquierda para prender el balón sin dejarlo caer.

El francés estaba muy cerca de la línea del área grande cuando cayó el esférico; desplazó su cadera hacia atrás e hizo un rehilete con los brazos para golpear la pelota con la parte externa del pie izquierdo, con lo que logró darle efecto y forzar al balón a caer cuando estaba próximo al arco. Fue el 2-1 para el Madrid y un trofeo más para las vitrinas de los llamados "galácticos", el equipo que contaba con figuras como Luis Figo, Ronaldo Nazario, David Beckham. Remates como los de Zidane se ven muy poco.

Cuauhtémoc Blanco
(1973)

A Cuauhtémoc Blanco lo traté mucho cuando coincidíamos en el club de golf de Tabachines, en Cuernavaca. Cuando era jugador, yo lo criticaba no por su forma de jugar, sino por sus desplantes y las tonterías que a veces hacía en el campo, pero era un excelente futbolista. Uno de los mejores futbolistas en los años noventa y principios del siglo XXI. Destacó en el club América y nos regaló grandes momentos en la Selección Nacional. Increíblemente, La Volpe no lo llevó al Mundial de Alemania de 2006, a pesar de que el oriundo de Tepito atravesaba por un buen momento. Pero quizá la indisciplina del jugador llevó a La Volpe a tomar esa decisión. El técnico sabía que Cuauhtémoc era un buen jugador de futbol, pero tampoco es que con él hubiéramos ganado un Mundial ni mucho menos. Era inteligente para resolver jugadas, tenía una muy buena visión de campo y metía goles. Fue campeón con el América y fue ídolo entre la afición del América. Después se dedicó a la política, con gestiones muy controvertidas como presidente municipal de Cuernavaca y como gobernador de Morelos. Recientemente hubo un intento por desaforarlo y llevarlo a juicio político en la Cámara de Diputados por presunto un abuso sexual, pero la iniciativa no prosperó.

Christian Martinoli
(1975)

Martinoli es un chico que ha crecido mucho, trabaja bien, es un tipo de buena familia, decente. Él y Luis García conforman la mejor pareja de narradores que existe actualmente en el país: tienen carisma, profundidad de análisis, espíritu crítico, energía, emoción y dinamismo. Martinoli estuvo muy confrontado con André Marín. Se pelearon muy fuerte a mi salida, porque Marín convenció a Pablo Latapí, entonces encargado del área de Deportes, de contratar a un narrador chileno para darle nuevas responsabilidades, sin importarle que en casa había mucho personal talentoso, mejor capacitado para realizar cualquier tarea. Martinoli y Luis García se le tiraron encima y lograron doblar a Marín.

Tiger Woods
(1975)

Tiger Woods era un fenómeno, revolucionó el golf y, a pesar de practicar un deporte de élite, lo seguía muchísimo el público. Tenía un problema grave: le gustaban las esposas de otros, pero fue un golfista extraordinario, por arriba incluso de Jack Nicklaus, el famoso "Oso Dorado", por arriba de Arnold Palmer, que eran muy buenos golfistas, un deporte que ha cobrado mucha importancia en décadas recientes.

Antonio Rosique
(1975)

Antonio Rosique es un chico que llegó muy joven a TV Azteca. Muy estudioso, muy trabajador. Le gustaba mucho el beisbol, pero lo fuimos metiendo poco a poco al futbol y lo hizo muy bien. Tenía facilidad de palabra, estuvo en algunos mundiales con nosotros. En Juegos Olímpicos tuvo un gran desempeño, pues llegó a narrar con mucha destreza las pruebas de natación. Un día se presentó en mi oficina y me pidió que lo ayudara, pues quería aprovechar una beca e irse a estudiar a Liverpool. Esa salida resultó muy oportuna, pues había tenido un pleito muy fuerte con André Marín. Decidí apoyarlo para que mantuviera su plaza en la televisora y, de hecho, se volvió nuestro corresponsal en Inglaterra para algunos eventos deportivos. Le ha ido muy bien en la conducción de los programas de *Exatlón*.

Santiago Solari
(1976)

El exjugador y entrenador argentino Santiago Solari es uno de los pocos americanistas que he entrevistado a lo largo de mi carrera periodística. Él fue técnico de las Águilas entre enero de 2021 y marzo de 2022, y durante esos meses hizo grandes campañas, aunque terminaba perdiendo en las liguillas. Solari fue quien trajo al español naturalizado mexicano Álvaro Fidalgo y le cambió la fisonomía al América. Solari jugó en el Real Madrid y es memorable su participación en el mágico gol de Zidane en la final de la Champions contra el Bayer Leverkusen, en mayo de 2002, pues es el jugador que filtra la pelota para Roberto Carlos, quien manda un centro elevado a la zona donde el francés se encontraba sin marca, lo que le da oportunidad de prender el balón de volea, con la parte externa del pie izquierdo.

Soraya Jiménez
(1977-2013)

Era una atleta que nadie pensaba que podría ser la primera mujer en la historia de México en ganar oro. Y esa hazaña la consiguió en Sídney 2000. Al principio, muy pocos volteaban a la mexicana que se estaba midiendo contra una norcoreana y una tailandesa imponentes, pero a nosotros nos llamó mucho la atención su preparación previa a las competencias olímpicas y su extremada concentración. La fuimos siguiendo durante las eliminatorias y más aún cuando se fue metiendo a las finales, en una disciplina que es extremadamente difícil, como la halterofilia. A Soraya la entrenaba el búlgaro Georgi Koev, quien se llevó a la atleta a los Balcanes durante cuatro meses para capacitarla rumbo a la justa de Australia. Lamentablemente, Soraya Jiménez murió muy joven, pero dejó un legado de empeño y dedicación. Ella me contó en alguna entrevista que, en al menos tres ocasiones, se operó las rodillas, la parte de su cuerpo que resultaba más afectada por las toneladas que llegan a levantar de manera acumulada durante entrenamientos y competencias. La recordaremos siempre por ser la primera mujer en ganar una medalla de oro en Juegos Olímpicos.

<h1 style="text-align:center">ESPN
(1979)</h1>

Quiero dedicar este espacio para expresar mi afecto y mi gratitud a personajes entrañables de ESPN, empresa en la que llevo 18 años trabajando y que pertenece a un grupo poderosísimo del entretenimiento, como es Disney. En los primeros años de su arribo al país, laboramos en Tlalnepantla, en un estudio modesto, pero que fue la semilla para levantar lo que hoy es ESPN México. Recuerdo con mucho cariño a Rodolfo Martínez, el hombre que me invita personalmente a trabajar en esta empresa. Yo me incorporé a finales de octubre de 2007, después de haber pasado toda la tensión que implicó el Mundial de Alemania 2006, las operaciones a las que fui sometido y los cambios de administración en TV Azteca. Al llegar a mi nueva casa, conocí a Rodolfo Martínez, vicepresidente de Deportes de ESPN, quien radica en Bristol, Connecticut, Estados Unidos. Tanto con Rodolfo como con Armando Benítez hemos recorrido juntos estos 18 años de viajes, de partidos de la Champions y de muchos eventos; del programa *Futbol Picante*, de *SportsCenter*, de tantas cosas que se hacen en la empresa, una empresa fuerte, muy equilibrada, muy bien dirigida y muy sólida financieramente hablando. Ellos son la base para que esta empresa camine de forma impecable. También saben manejar muy bien los egos de todos los comentaristas que hemos trabajado ahí.

También quiero expresar mi agradecimiento a otro muy buen amigo, un personaje sencillo, pero que sabe mucho de televisión. Su nombre es Yoyotzin Zúñiga y es productor en ESPN; es un compañero con quien he ido a comer en muchas ocasiones. Es un gran conocedor del negocio, del deporte, es inteligente y preparado. En ESPN, los productores son los que realmente sacan adelante los programas, y entre ellos hay gente muy valiosa como Dani Ramírez, Rodrigo Munguía y Katsuo Gallardo.

ESPN me ha dado también la oportunidad de coincidir con grandes profesionales como Paco Gabriel de Anda, Mario Carrillo —que fue entrenador y futbolista—, Roberto Gómez Junco, un sabio del futbol, Ricardo Peláez, Álvaro Morales, Ricardo Puig, Jorge Pietrasanta, Mauricio Ymay, Adalberto Franco, Vanessa Huppenkothen y Kary Correa.

André Jardine
(1979)

Nadie se acuerda, pero André Jardine ganó el oro olímpico en Tokio 2021. En el partido final, Brasil y España empatan en el tiempo reglamentario y se van a tiempos extras, hasta que una descolgada le da el 2-1 a la Canarinha.

Los socios mayoritarios del Atlético San Luis, de México, son los dueños del Atlético de Madrid, institución que tiene en órbita varios técnicos, los cuales son designados a sus distintos equipos. Después de su triunfo en Tokio, Jardine es enviado al Atlético San Luis, donde hace un buen trabajo. En 2023, tras la renuncia de Fernando Ortiz, el América se queda sin técnico y comienza una búsqueda frenética, hasta que se dan cuenta de que Jardine tiene todos los atributos para dirigir al cuadro de Coapa. Se lo quitan a San Luis con la mano en la cintura. Jardine llega y hace historia con un tricampeonato; no sería nada raro que ahora se los quite Brasil y lo ponga de técnico de la Selección Brasileña.

Rafael Márquez
(1979)

Rafael Márquez fue un jugador muy fino, muy elegante. Lo seguimos muy de cerca cuando se fue al Mónaco, primer equipo en el que militó al incursionar en Europa y donde ganó un torneo de liga. De ahí pasó al Barcelona, su mejor época, donde ganó cuatro campeonatos, una Copa del Rey y dos Champions League. Era muy técnico, gran pasador, inteligente, con mucha clase y personalidad. Triunfó en el futbol europeo. Después se fue a jugar a la MLS, donde jugó en Nueva York Red Bulls. Seguro se abrirá camino para llegar a ser un entrenador de jerarquía.

Lorena Ochoa
(1981)

Fue la mejor golfista femenil del mundo durante seis o siete años. Ganaba todos los títulos que jugaba. Era maravillosa, bien dotada físicamente, muy fuerte y sobre todo muy equilibrada en su trabajo. El golf parece fácil, pero es un deporte complicado, y Lorena Ochoa dominó la disciplina. Ahora vive con sus hijos y su marido, feliz de la vida.

Cristiano Ronaldo
(1985)

Cristiano Ronaldo es un superdotado. Hay delanteros que son peligrosos en cierto sector del campo, pero el portugués puede causar daño en cualquier lugar y en cualquier momento. Gran cabeceador y dueño de un salto espectacular. Mete goles de tijera, de cabeza y de remate con la pierna derecha; es veloz y muy habilidoso para desbordar. Cuando Cristiano estaba en el Real Madrid y Messi en el Barcelona, la liga española creció brutalmente, pues tenía a los dos mejores jugadores del mundo. Cristiano jugó 10 años con el Madrid, donde ganó Champions y Mundiales de Clubes; con los merengues metió cerca de 500 goles. Tenía una competencia con Messi por demostrar quién era el mejor, pero no había una mala relación entre ellos. Cristiano es más proclive a la mercadotecnia que Messi. Al portugués le gusta mostrar su físico, y no es para menos: lo cuida mucho y parece un jugador de 25 años, cuando ya rebasa los 40.

Paola Espinosa
(1986)

Paola Espinosa fue una gran clavadista. No ganó nunca la medalla de oro en Olímpicos, aunque sí logró ser la mejor en Panamericanos y Centroamericanos. Una atleta disciplinada, ahora es madre de dos hijos. Es la pionera de los clavados.

Nadal, Federer, Djokovic

El tenis llegó a tener dos figuras que se confrontaron mucho, que eran de estilos diferentes, Rafa Nadal y Roger Federer. El suizo Federer era un tenista muy fino, perfecto, con un revés a una mano maravilloso, que empezó a ganar torneos grandes: Wimbledon, Roland Garros, el Abierto de Estados Unidos, el Abierto de Australia. Y detrás venía el español Nadal, un chico que, a base de mucho esfuerzo, de lucha, entrega y mucho sacrificio, también conquistó ese deporte. Cuando le pregunté a Toni Nadal, su tío y entrenador, ¿quién es Rafa Nadal?, me dijo:

—Nadal es un hombre lastimado que juega al tenis.

—¿Lastimado? Pero si se ve en perfectas condiciones…

—Sí, es un hombre lastimado. Ha tenido 20 lesiones en su cuerpo que le impidieron ganar más títulos.

Nadal tiene en Mallorca un centro de entrenamiento para jóvenes tenistas con unas instalaciones maravillosas.

Después apareció el serbio Novak Djokovic, un poquito más joven que ellos, y entonces se formó la gran trilogía del tenis. Nadal y Federer son muy amigos; Djokovic no tanto, es más distanciado.

Recuerdo muy bien el juego de la final de Wimbledon, en julio de 2008, que duró casi cinco horas, cuyo último set se fue a 9-7, y Nadal derrota a Federer. Ese es considerado por muchos como uno de los mejores partidos en la historia del tenis y para Nadal representó su consagración.

En los alrededores del estadio Roland Garros, los franceses permitieron que el artista español Jordi Díez le hiciera una estatua a Nadal, el hombre que ha ganado más torneos en la historia de esa emblemática cancha de arcilla. Pero no es una típica estatua de mármol, sino una construida con varillas y fragmentos de acero, con su característico golpe de *drive* con el brazo izquierdo.

Hoy el tenis cojea sin estos tres grandes. Djokovic ya está en retirada, los otros dos se han ido. Nadal pudo haber ganado más, se quedó con 22 Grand Slams, Federer ganó 20 y Djokovic lleva 24. Va a ser muy difícil volver a encontrar una tercia de estas dimensiones. Hubo otros grandes, como Pete Sampras, Jimmy Connors o John McEnroe, pero nadie les llega esos tres, están muy por arriba.

Lionel Messi
(1987)

Lionel Messi llegó con 13 años a Europa, después de que el padre, Jorge Messi, lo ofreciera a los equipos argentinos y todos lo rechazaran porque era muy bajito, delgadito y no tenía fuerza muscular. Pero no faltó el inteligente que le sugirió llevar al chico a Europa, concretamente le aconsejaron llevarlo a Barcelona, institución que se preocupa mucho por formar y atender jugadores desde la infancia. Y no se equivocó, pues el club se hizo cargo de sus tratamientos hormonales, que eran muy caros. Cuando el padre de Messi llegó a la cantera catalana, les mostró al jugador y desde el primer momento se dieron cuenta de que era muy habilidoso. En este punto es fundamental el papel del director técnico Carles Rexach, quien "adopta" al niño Messi e impulsó la idea de asumir el costo de las terapias. Tanta era la esperanza en Messi, que la institución le brindó hospedaje y manutención a toda la familia; sin embargo, el único que permaneció cerca fue el padre, quien vivía en un departamento cercano a La Masía, como se le llama al conjunto de campos y oficinas donde entrenan todos los equipos del Barça. Los doctores trabajaron mucho con Messi, no creció mucho, pero lograron dotarlo de una buena musculatura. Finalmente, en octubre de 2004, cuatro años después de su llegada a la institución, Messi debutó en el primer equipo, pero su primer gol profesional lo concretó en mayo de 2005, durante un juego con el Albacete, tras un pase magistral de Ronaldinho, que en ese momento era la gran figura del equipo, con su estilo alegre de jugar, sus pases mágicos y esas gambetas que aturden a los defensores. Desde ese gol se acabó la época del brasileño y comenzó el reinado de Messi.

Javier "Chicharito" Hernández

(1988)

"Chicharito" Hernández era un ídolo de las Chivas cuando, desde muy joven, a los 22 años, se fue directamente al Manchester United, un equipo *top* de la Liga Inglesa. Lo hizo muy bien, empezó metiendo goles, aprovechando de manera brillante la mancuerna con Wayne Rooney. En 2010, año en que debutó Hernández en el futbol inglés, Manchester tenía un equipazo. Cuando el técnico Alex Ferguson habla con Jorge Vergara, este le dice: "Aquí tienes al 'Chicharito'". Al británico le agradó el perfil y el carisma del mexicano y lo puso a jugar rápidamente. Empezó a hacer goles hasta quitarle el puesto al búlgaro Dimitar Berbatov, que era el goleador del equipo. Cuando terminó con el Manchester pasó algunos meses por el Real Madrid, donde jugó al lado de Cristiano Ronaldo y llegó a marcar anotaciones que les dieron el pase a los merengues a la Champions. Después se fue al Leverkusen y al Sevilla, hasta llegar a la MLS con el Galaxy, donde las lesiones le impidieron retomar su mejor nivel.

Saúl "el Canelo" Álvarez

(1990)

Saúl Álvarez me parece un boxeador inteligente. Si bien no es el mejor del mundo, sí es uno de los más destacados en su categoría y ha ganado títulos al por mayor. Se le suele reprochar que no se enfrenta a verdaderos rivales, pero son comentarios de mala fe. Por supuesto que ha enfrentado a rivales de gran categoría, como Terence Crawford, Floyd Myweather Jr., Gennady Golovkin o Sergey Kovalev. A sus 35 años, es el boxeador mexicano que mejor se ha manejado financieramente hablando. Tiene una gran fortuna, no está maltrecho de la cara y goza de buena forma. Es un boxeador de categoría estelar.

Sergio "Checo" Pérez
(1990)

"Checo" Pérez es un piloto al que conocí de 12 años. Su padre lo llevaba a *Los Protagonistas* para que lo entrevistáramos, y desde niño tenía mucho interés por ser corredor de autos. Pegó un salto a la Fórmula 1, le fue bien. En Red Bull tuvo momentos brillantes, pero lamentablemente para él llegó Max Verstappen y lo opacó. Sin embargo, él era un segundo piloto de categoría, y ya en la recta final de su carrera empezó a tener malas salidas y algunos choques. La Fórmula 1 es exigente, por lo que debes permanecer en los primeros sitios o, de lo contrario, vas desapareciendo. Checo tuvo una buena carrera, hizo que el automovilismo de Fórmula 1 en México creciera mucho, tan es así que el autodromo se agrandó con el Foro Sol y en tiempos de grandes premios llegan a entrar hasta 350 mil personas para ver el espectáculo.

Vinicius Jr.
(2000)

El caso del brasileño Vinicius Jr., delantero del Real Madrid, ha demostrado que el racismo sigue presente en el futbol, principalmente en España. A Vinicius lo tratan muy mal los espectadores, los contrarios, los árbitros e, incluso, los medios de comunicación. Es un caso digno de estudio, si bien Vinicius juega muy bien y da grandes espectáculos con goles, desbordes y asistencias, lo repudian por su aspecto físico y por ser de origen humilde. Los defensas le pegan y lo empujan cada vez que pueden; él es provocador, pero lo golpean con alevosía descarada. Los aficionados de Valencia y Mallorca le gritan de todo, le dicen "simio", lo llaman "bestia". Han tenido que suspender partidos porque la violencia verbal y psicológica está sobrepasando los límites.

En boca de todos

Los siguientes comentarios son un extracto del contenido del libro *Treinta años de* DeporTV, editado en 2005.

«Como hombre del futbol, jamás me he sentido tan distinguido en mi vida por haber participado en un programa, como en esta oportunidad. Creo que José Ramón es un hombre que ejerce esta profesión con una dignidad absoluta, con una capacidad enorme y solo con un liderazgo de esta naturaleza se puede lograr la eficacia y el consenso que tiene este programa por su duración. José Ramón es excelente periodista, excelente persona, leal, correcto. Y yo no soy partidario de elogiar a la prensa, pero realmente para mí ha sido una enorme satisfacción disfrutar de esta relación con José Ramón. Le deseo el éxito que se merece.»

César Luis Menotti

«Yo creo que José Ramón ha sido un promotor del periodismo deportivo en México desde hace muchos años. Los programas buenos de televisión son los que duran, como este que ha durado treinta años.»

Emilio Azcárraga Jean

«José Ramón es el líder de opinión en cuanto a periodismo deportivo se refiere.»

CHRISTIAN MARTINOLI

«*DeporTV* es un referente. Ahí se inventó el periodismo deportivo.»

LUIS GARCÍA

«José Ramón empieza en el 74 con sus colaboradores a ofrecer una visión distinta del juego, una visión pensante, una crítica más profunda.»

Roberto Gómez Junco

«No ha habido un mejor programa deportivo en la televisión mexicana. Muchos comentaristas entraron a *DeporTV* y ahí se hicieron, ahí aprendieron.»

CARLOS ALBERT

«José Ramón es un visionario.»

RAFAEL PUENTE

«*DeporTV* es el buque insignia de la televisión mexicana en materia deportiva. Muchos de los hombres importantes de la comunicación han pasado por este programa. Yo a *DeporTV*, a Televisión Azteca y a José Ramón les vivo eternamente agradecido.»

EMILIO FERNANDO ALONSO

«*DeporTV* es un programa con personalidad deportiva, lo cual no es fácil lograr. Para nosotros es una forma de vivir. Estoy orgullosísimo y consciente de que falta mucho por hacer todavía. A José Ramón le debo todo lo que sé.»

ANDRÉ MARÍN, comentarista

«Muchos mexicanos —entre los que me incluyo— reconocemos en José Ramón un talento y una creatividad inagotables. Su estilo periodístico ha hecho y seguirá haciendo escuela.»

VICENTE FOX QUESADA

«Todos los famosos del deporte han pasado en una época y otra por la escuela de José Ramón, que es el hombre más responsable que he visto en mi vida.»

CARLOS ALAZRAKI

«José Ramón, más que comentarista, es un ícono de la información deportiva en México.»

JORGE CASTAÑEDA

«José Ramón es apasionadísimo por todos los equipos menos el América. La clave de su éxito, yo creo, es el amor propio, que es lo que más le admiro. Es muy profesional y estoy muy orgullosa de él y de todo su equipo.»

ADELINA ÁLVAREZ, mamá de José Ramón

Esta obra se terminó de imprimir
en el mes de marzo de 2026,
en los talleres de Diversidad Gráfica S.A. de C.V.
Ciudad de México